国家监察制度改革研究

RESEARCH ON REFORM OF STATE SUPERVISORY SYSTEM

秦前红　叶海波 等著

法律出版社
LAW PRESS·CHINA

作者简介

（以姓氏笔画为序）

石泽华　武汉大学法学院博士研究生

刘怡达　武汉大学法学院博士研究生

李　雷　武汉大学法学院博士研究生

底高扬　武汉大学法学院博士研究生

夏金莱　广东财经大学法学院讲师，法学博士

序

国家监察体制改革可谓牵一发而动全身,搅动了政治改革的“一池春水”,既重新配置了国家权力,形成新的国家民主架构,又重构了国家反腐败体制,为“打老虎”和“拍苍蝇”织下密网,几乎所有人都可能纳入其中,这可以说是当下一种根本性的宪制变迁。作为一项重大的政治改革,国家监察体制改革之关键正是宪法设计。如何进行宪法设计?这需要我们有宪法工程的思路,这是一种在立宪基本价值之下面向现实的研究取向。它必须面对具体的问题,解决具体的问题,塑造一个良好的宪法秩序。国家监察体制改革面对着权力与自由之间的张力如何化解的难题,它正是宪法的根本任务。所以,监察体制改革首先是而且必须是一个宪法学的问题,中国的宪法学者对此应该有准确的判断和清晰的思路。那么,面向现实的中国宪法学应该如何回应政治改革?我们必须回到更为宏观的层面,站在宪法工程的角度进行思考,把监察体制改革视作一项宪法工程,进行严密的宪法设计。

第一,监察机关性质的宪法设计。监察机关所行使的监察权(监督权)究竟属于何种性质?众所周知,权力划分是设计政体、配置权力的基本原理。监察委员会虽独立于政府,但其所行使的权力仍具有强烈的行政权特征,显然不属于司法权和立法权。但我们又必须将其与传统的行政机关进行隔离,并将其与党内事务和党内治理进行融合——不得不指出的是,政党内部治理的权力属性亦具有行政的特征。

监察权究竟是基于何种逻辑推演而出?又如何与权力划分理论进行协调?学者们在描述行政权的时候,总是试图调和民主制与君主制的逻辑,监察权的属性可否推及于此?在已经成熟的立法、行政、司法机构之外架设国家监察机构,必须从民主形式上进行整体考量,重新加以设计。在这个基础上,如何定位监察权与监察机关的名称就尤为重要。

第二,监察机关地位的宪法设计。监察体制改革的修宪工程既关系宪法权威,又关系监察委员会这一机构及其权力的正当性。改革涉及宪法权力配置结构的变动,通过宪法解释(constitutional interpretation)乃至宪法建造(constitutional construction)都是无法完成的。唯有修宪方可化解其地位难题。

全国人民代表大会是国家的最高权力机关,它是人民意志的制度和机构载体,所行使的立法权汇集并表达了人民的意志。我国《宪法》第 58 条规定,“全国人民代表大会和全国人民代表大会常务委员会行使国家立法权”;第 62 条第 3 款规定全国人大“制定和修改刑事、民事、国家机构的和其他的基本法律”。这是相对宽泛的立法权配置条款,全国人大是否可以以此为依据制定有关国家监察委员会的基本法律,目前正在审议的《监察法》需要进一步的理论证成。显然,增减权力配置的机构载体,改变国家政体——人民代表大会制度的基本内涵,应当是"宪法保留"的项目,它需要有明确的宪法依据,国家监察法亦需要明确的宪法授权。

同时我们也要清醒地意识到,当我们的中央国家机构转变为"一府两委两院",而宪法却没有相应的国家机构条款,会是何种局面。它对于国家监察委员会的存续及其权力行使乃至权力的限制也都是极为不利的。

与之相关的一个问题是采取何种修宪形态。针对宪法文本进行细致考察,监察委员会的修宪条款可高达40余条并需增加一节,此为大修;最简单的修宪方法仅为一条即授权条款,此为小修。然而,大修伤害宪法权威,小修却正当性不足。如此两难并不容易抉择。如若小修,则需要配合更为翔实的修法方案;如若大修,主要制度框架和原则需在宪法中加以明确。折中方案是尽量减少针对已有条款的删节、调整,主要增加有关监察机构的正当性及其授权的部分条款。现在看来,大修并不适宜,小修亦有不足,如能"中修",辅之以详尽立法,或较为适宜。

第三,监察机关目标的宪法设计。监察体制改革必须以保障人权为目标。尽管建设宪法工程会更强调宪法作为国家组织法的一面,但人权保障作为根本目标已深入宪法,这也符合人民制定宪法的基本出发点。既然如此,我们选择一种制度形式,设计一类国家机构,必须要坚持人权保障的原则,以保障人权为根本目标。

当然,权力的配置与行使在实现人权保障之目标方面存在不同的路径,也有不同的阶段。监察机关承担反腐败的责任,反腐败可以说是一种间接的实现人权之目标的方式。但关键在于,在这个过程中如何防止国家"依法设置"的权力与宪法原则相冲突。对国家权力机关及其行使权力的方式划出边界——设定基本的规则、明确严密的程序,其目的也在于此。这个时候,我们不能假定权力不会恣意行使,不会被滥用,不会为了达成短期效益而伤害制度之根本。

监察委员会所实现的"全覆盖",其权力所涉对象范围是非常广阔的,既包括所有的中共党员,又包括所有的公职人员,乃至企事业单位成员,从人口数上进行估算或高达亿万之众。影响面如此巨大的国家权力,从其性质上看又是一种具有直接强制力的权力,必然会产生如何约束以及如何平衡相对人对抗性权利的问题。它们恰是国家监察立法的原则性问题,也应该是《监察法》的主要内容。从这个角度来看,授权条款写入《宪法》,组织条款写入《监察委员会组织法》,而将权力行使方式与边界的条款、人权保障条款写入《监察法》,是一种较好的立法配合方式。

第四,监察机关结构的宪法设计。必须厘清国家监察机关与其他国家机关的关系,包括其与执政党的关系,让宪法设计的社会主义民主形式得以正常、有效运作。它主要涉及 3 个问题:其一是党政关系问题;其二是监察机关与人大及其常委会的关系问题;其三是监察机关与司法机关的关系问题。

就国家机关之间的关系而言,将监察委员会置于人大制度之下,它与其他国家机关的关系主要表现有二:一是基于民主集中制而形成的监察委员会与同级人大的关系;二是在"一府两委两院"的国家机关构架中,监察委员会与"一府两院"的关系。

作为国家机构组织原则的民主集中制,其内容体现在国家权力机关和其他国家机关的关系上,就是遵循其他国家机关由民选的国家权力机关产生,对其负责、受其监督的原则。依此逻辑,在监察委员会与人大的关系上,即为监察委员会由人大产生,对人大负责,受人大监督。然而,我们所设计的监察机关的监察对象是全覆盖的,即人大也在监察对象之列。这就产生了"监察全覆盖”与“监察委员会受人大监督”的逻辑关系难题。如何解决此一逻辑上的“悖论”无疑是改革面临的难题之一。

通常来说,代议机构的自律与自治是代议政治的基本原则。在监察委员会与“一府两院”的关系上,主要表现为监察委员会在法律规定的范围内有权对它们进行监督,但法院与检察院依法独立行使审判权与检察权,不受监察委员会的干预。

目前,正在如火如荼推进的司法体制改革是一个“马拉松式”改革,它经过了长期的酝酿、讨论,亦有多重反复,取得当下的成果颇为不易;而监察体制改革直接涉及检察院的定位及其权力行使,它必将影响司法体制改革的方向和效果。在未来的政治改革进程中,司法改革依然扮演相当重要的角色,统筹考虑甚至协调两者之间的权责关系,也是建设宪法工程时的必要任务。

中国宪法学必须面向现实,这是宪法学者在回应改革尤其是政治改革的具体问题时的一种强烈感受。改革的话语持续了已近 40 年,40 年来的改革成效可以说是非常显著的。秉持改革的理念建设中国的宪法秩序,必然会有一种现实主义的乃至实用主义的宪法学观念。然而,长期以来,我们的学者恰恰忽视了这种宪法学,忽视了对这些宪法现象的研究。立足于立宪基本价值、基本原则和制度共识的理论研究做得不够,回应改革难题、解决具体问题的制度研究做得也不够。

毋庸讳言,中国宪法学已经到了研究转向的时机。回顾宪法学的发展历程,在 20 世纪末 21 世纪初,一种重视宪法文本的观念深刻影响着理论界,先后涌现出宪法解释学、规范宪法学、宪法司法化、宪法释义学等不同主张,也引发了有关宪法权威和宪法实施的深刻讨论。尽管这些论述的内容或有差异,但都或多或少地吸纳了重视宪法文本的观念。“认真对待中国宪法文本”就如同一种宣示,试图回答“人们表面上都承认宪法的重要性,但在实际生活中宪法文本没有受到足够的重视”①的问题。在很长的一段时间里，中国宪法学寄期望于强调文本的重要性并通过文本解释达到发挥宪法效力的目标。然而，由于缺少对宪法发挥效力与功能的正确理解，这种理论路径走向了过分强调法律形式主义的窠臼之中，突出表现为严格释义学的兴盛并且占据主导地位。

单单重视宪法文本并不能完全解决中国的问题，甚至不能正确理解我们的宪法以及宪法现象，更不要说宪法秩序的建设。那些本质性问题在文本主义的喧嚷之中逐渐被忽略。我们的很多问题都不是纯粹文本性的，而恰恰是面向现实的——基于现实也作用于现实。在现代政治文明中，宪法的地位是明确的，宪法的功能也是明确的，宪法发挥效力的方式也是有迹可循的。我们要搞宪法，就是要建立宪法秩序。从这个角度来看，宪法有它的调整领域，有它的对象，也有它的作用方式。与国外相比，差异主要是制度和方式的选择。在改革过程中有没有宪法的问题？我们要不要建立宪法秩序？如何建立宪法秩序？这些问题正是中国宪法学的任务。

重视宪法文本的理念非常重要。这是宪法学赖以存在的基础，也是我们建立宪法秩序时必须要有的理论准备。从这个意义上说，围绕“规范—解释”展开的理论，是极具价值并且十分必要的。然而，“规范—解释”却不是宪法学的唯一问题，重视文本也不是宪法学的唯一取向。换句话说，中国宪法学不能仅停留在重视文本之上，不能陷入全然的形式主义窠臼之中。笔者认为，作为一门成熟的繁荣的学科，我们还要在文本主义尤其是形式主义的宪法学之外，发现适应中国现实需要的、解决中国现实问题的宪法学，这就是一种面向现实的理念。

---

① 韩大元：《认真对待中国宪法文本》，载《清华法学》2012 年第 6 期。

面向现实的中国宪法学,这是笔者希望同中国宪法学同行尤其是年轻的宪法学者所分享的研究理念。它是一种立基于现实主义和实证主义的宪法观,能够回应落实宪法、建成宪法秩序的需求,能够发现塑造政治秩序的宪法和宪法塑造政治秩序的功能。形式主义与现实主义的流派论争由来已久,这个问题对于国家来说尤为重要,为什么呢?因为我们迟迟没有通过某种合宪审查制度将文字上的宪法转换为动态的理想型的"规范性宪法"。换句话说,通过解释学尚无法实现塑造宪法秩序的目标;即便是有了合宪审查制度,它也不是宪法秩序和宪法发展的全部。建立某种形式的合宪审查制度十分必要,它一直都是中国宪法学的理论任务。但在此之外,我们还有很多任务要完成。至少,中国宪法学不应当是单一的文本主义观念或者说是形式主义主导的路径,而应当是两种取向并存且多元的状态,是形式主义和现实主义都有其强烈责任感的状态。理念是十分宽泛的。在面向现实的理念之下,我们还可以发展出很多新的理论、范式和具体的研究方法。针对改革,针对民主的设计和民主的维护,宪法工程学就很有必要,它当然不同于宪法解释学,但亦不等于宪法学的全部。总而言之,中国宪法学还有很宽泛的领域需要我们去研究,这个时代正是宪法学的时代。

国家监察体制改革属于国家政治体制改革范畴,涉及问题重大且复杂。深化监察体制改革相关问题研讨,有利于重大改革事项的科学民主决策,本书出版仅供决策机关参考。

秦前红

2017 年 10 月 9 日

目　录

第一章　国家监察改革

——从"三驾马车"到"一马当先"

中国历史上的监察制度是政治制度的重要构成之一，是中华法系的重要组成部分。[①] 中国自古以来就注重监察制度设计，早在秦汉时期中央层面就构建了统一的监察制度，御史大夫作为监察系统的负责人享有崇高的地位，与丞相、太尉比肩位列三公。自秦汉以来，各个封建王朝继承并完善前朝的监察制度，监察系统官职名称亦不尽相同，但完善监察、加强对官吏监督的初衷始终不曾改变。中国监察制度历史悠久，但远非现代意义上的国家监察，监察制度服务于封建皇权，成为皇权制衡、控制百官的重要手段，最终沦为皇帝个人的御用工具。新中国成立初期就成立了政务院监察委员会，随后演化为国务院监察部。[②] 目

① 参见姚秀兰：《南京国民政府监察制度探析》，载《政法论丛》2012 年第 2 期。

② 参见韩大元：《论国家监察体制改革中的若干宪法问题》，载《法学评论》2017 年第 3 期。

前行政体系内不仅成立了监察部，还成立了审计署、预防腐败局等机构，检察机关内部也成立了反贪污贿赂局、反渎职侵权局等，共同组成了监察反腐体系。

改革开放以来我国公共生活中存在一个值得深思的普遍现象：一方面规范公权力的法律越来越多；另一方面公权失范现象并未随之减少。[①] 党的十三大报告首次指出社会上存在的腐败问题，在随后党的代表大会报告中，腐败被视为可能导致“亡党亡国”的迫切问题。党的十八大以来，中央深化改革，完善体制机制建设，在反腐败领域加大惩处力度，查处了一大批违法违纪官员，初步完成了反腐治标的目的。在腐败案件的查处过程中，反腐败机构职权分散权责不够统一，对个案查处产生了不利影响，妨碍了整个监察系统的资源整合。鉴于此，为了从根本上解决这一问题，2013 年习近平总书记提出：“要加强对权力运行的制约和监督，把权力关进制度的笼子里，形成不敢腐的惩戒机制、不能腐的防范机制、不易腐的保障机制。”[②]2016 年 1 月 12 日，习近平总书记进一步指出要“完善监督制度，做好监督体系顶层设计”，“扩大监察范围，整合监察力量，健全国家监察组织架构，形成全面覆盖国家机关及其公务员的国家监察体系”。[③] 2016 年10 月27 日，党的十八届六中全会明确要求：“各级党委应当支持和保证同级人大、政府、监察机关、司法机关等对国家机关及公职人员依法进行

① 参见程竹汝：《论政治体制改革的重点与国家治理体系现代化》，载《上海行政学院学报》2014 年第 2 期。

② 习近平：《更加科学有效地防治腐败 坚定不移把反腐倡廉建设引向深入》，载《人民日报》2013 年 1 月 23 日，第 1 版。

③ 习近平：《在第十八届中央纪律检查委员会第六次全体会议上的讲话》，载《人民日报》2016 年 5 月 3 日，第 2 版。

监督，人民政协依章程进行民主监督，审计机关依法进行审计监督。”[1]2016年年底，中共中央办公厅印发《关于在北京市、山西省、浙江省开展国家监察体制改革试点方案》（以下简称《方案》），[2]国家监察体制改革从顶层设计步入实践操作阶段。随之，第十二届全国人大常委会于2016年12月25日通过全国人民代表大会常务委员会《关于在北京市、山西省、浙江省开展国家监察体制改革试点工作的决定》（以下简称《决定》），[3]国家监察体制改革由党的意志和党内决策转化为国家的意志和法律规定。

依据社会主义监督原则和宪法有关规定，我国长期以来形成了以人大监督为核心的国家监督体系，“一府两院”对人大负责、受人大监督，人大是国家权力机关和监督机关，人民法院是司法审判机关，检察权派生了职务犯罪侦查、起诉权，行政权派生出行政监察、行政复议监督和审计监督；执政党有监督国家的职能，党纪委则承担党内纪律审查职能，人民政协进行民主监督；此外，各民主党派、社会团体、新闻媒体和人民群众均有监督权。这套体系可以概括为“三驾马车”模式：纪委为主导、检察院为保障、政府监察机关为补充，三轨并行、相对独立，分工运作、协作配合。联系国内实际，一方面经济走进新常态、民主意识稳步提升，另一方面腐败等一系列社会问题凸显，如何以监察体制改革为切入点，为社会稳定和经济发展保驾护航，就显得尤为重要。

---

① 《中国共产党第十八届中央委员会第六次全体会议公报》，载《中国纪检监察》2016年第24期。

② 《关于在北京市、山西省、浙江省开展国家监察体制改革试点方案》，载《人民日报》2016年11月8日，第3版。

③ 《全国人民代表大会常务委员会关于在北京市、山西省、浙江省开展国家监察体制改革试点工作的决定》（2016年12月25日第十二届全国人民代表大会常务委员会第二十五次会议通过），载《人民日报》2016年12月26日，第4版。

一、困境：同体监督、资源分散、党纪断层

当前我国监察体系存在的主要问题是同体监督乏力，异体监督薄弱，监察资源分散，监察对象难以周延。

（一）行政同体监察：低效、冗员、乏力

我国的行政监察机关是隶属于政府的国家监察部、国家预防腐败总局、国家审计署及相应地方各级行政监察机构，依据《中华人民共和国行政监察法》（以下简称《行政监察法》）对同级政府行使监督职能（纪检监察也是由同级纪委监督同级党委）。就行政监察而言，其监察工作的“全覆盖”至多可达行政系统内部全体部门，难以覆盖全部国家机关及其公务员，“同体监督”由此成为必然。试想，行政监察范畴若增至行政系统外部，无疑开我国行政权限扩增之先河，一则与我国行政机关定位为权力机关之执行机关的宪制结构不符；二则与我国当下限缩行政权职能之宪法发展趋势不符；三则行政监察部门隶属于行政机关，以此身份不可能有效监督人大、政协和两院及其公务人员，缺乏可实施性。

行政监察多以派出监察专员模式，即向各监察单位派出监察专员，实现对行政机关监察工作的“全覆盖”。该模式的明显缺陷是“强枝弱干”，冗官严重，高成本，低效率。

同体监督问题之症结，在于决策权、执行权、监督权合为一体，这是现行监察制度的最大缺陷。唯有权力分解才能实现制衡，唯有权力制衡才能实现有效监督和制约。同体监察是一种内部监督、自我监督。“君子慎其独也”，[①]便是君子亦应于独处时谨慎自控，这是因为德高君子也难以自控言行。这种内部监督

① 参见《礼记·中庸》。

的矛盾在于，即便设想我国官员全是德高君子，也难保证权力不滥用；希冀于行政内部监督作用显著，无异于认为只要官员德行好就能自我监督、就能良治。这显然与社会主义监督原则相背离。实际上，大量贪腐官员初入官场时，并非道德沦丧、党性缺失，反而满腔热血，期待“为官一任，造福一方”，直到其最终“把政治职位当成致富工具”，此间有大量不足为外人道的复杂因素，简单的君子德行和自我约束，很难保障全部官员自始至终维系初心。

这种监督体制还是下级监督、同级监督。行政监察机关接受同级政府领导、对其汇报工作，这种“小弟监督大哥”的模式难以保障监督力度。党的十八大以来，多只地方“大老虎”的落马，几乎均由中央巡视组“捕抓”，甚至“文化大革命”结束行政监督恢复以来，极少有党政主要领导的贪腐是本级纪委监察部监督检举揭发的。期待一省监察部门“吃熊心豹子胆”去督查一省之长的贪腐行为，何其难也。

（二）检察同体监督：司法公信力弱

现代国家在刑事司法领域多选取侦查、起诉、审判三者独立运行、相互制约的体制。我国反腐败刑事司法的制度难题也在于“同体监督”：检察机关集职务犯罪预防、侦查、起诉和监督多权于一身。

“在检察监督模式下，检察机关集侦查主体与侦查监督主体于一身，自侦监督沦为自我监督，其本质是同体监督”，“而检察监督模式无法回答检察机关对自身行使侦查权如何实现有效监督的问题”。[①] 侦查监督部门在制度上存在同体监督缺

① 刘计划：《侦查监督制度的中国模式及其改革》，载《中国法学》2014年第1期。

陷,[①]在时空上事后审查机制无法防止刑讯逼供等现象的发生。上级检察院的监督范围局限于两种:一种是侦查过程中审查批准逮捕,但未包含其他强制侦查行为;另一种是作为侦查机关,成为实施侵权行为的被控告机关,但在检侦一体化体制背景下几乎难以客观公允。炙手可热的人民监督员制度在选任主体、选任程序、监督范围和监督程序上存在诸多问题,[②]导致其受制于检察院,难补自侦案件监督缺陷。可见,无论自我监督、上级监督还是人民监督员,都难防侵害贪腐人员刑事辩护权利,难保反腐败司法的公正性,由此造成司法检察公信力较弱。

分化检察机关职务犯罪预防、侦查权和监督权,乃反腐败刑事司法改革应有之义。这并非剥离检察机关全部职务犯罪侦查权,更不是剥离其全部侦查权,而是落脚于克服或缓解检察机关俱享职务犯罪侦查、监督权这一同体监督缺陷。实际上,检察机关在职务犯罪方面保有一定侦查权,仍具有理论价值和现实意义。

(三)异体监察受人事财务束缚,收效甚微

我国监察体系仍存少量异体监督,具备强制力的除了执政党

---

① 侦查监察之对象是检察院自侦案件。刘计划教授认为检察院的同体监督,不仅表现于从整体维度看侦查监督部门内设于检察院,还在于从部门维度看侦查监督部门难以独立运作,后者表现有三:其一,侦查监督部门审查范围狭窄,侦查监督部门仅审查逮捕一种强制处分;对于其他强制侦查行为如搜查、扣押、监听等,都是由侦查部门报请检察长决定,侦查监督部门连形式上的审查也不存在。其二,即便是审查逮捕过程中附带进行的监督,其保障人权的功能也是极其乏力的。其三,多服务于侦查职能,代表效率价值的侦查职能常凌驾于代表人权保障的监督职能之上。参见刘计划:《侦查监督制度的中国模式及其改革》,载《中国法学》2014年第1期。

② 关于人民监督员制度的缺陷和制度构建,参见秦前红等:《人民监督员制度的立法研究》,武汉大学出版社2010年版,第五章。

监督外，主要有权力机关监督、检察院法律监督中的一部分[①]和人民法院司法审判监督[②]等。其中，人大及其常委会限于会期制度，且财政受制于政府，难有监督实效，权威几乎无存。就检察院、人民法院的监督而言，二者人事任免权虽属人大，实际上人事和组织运作受政府干扰极大，且诉讼费用直接交与政府财政部门，薪酬福利由政府统一支出。除职务犯罪侦查权外，检察机关其他监督权并无强制力，而人民法院对于不履行生效判决书的行政主体，又常作出隔靴搔痒的处罚，最终异体监督收效甚微，也就不难理解了。

（四）党纪国法衔接障碍，“双规”合法难证

以党纪委为中心的监察体系，本质问题在于党的纪律审查和国家法律的衔接障碍，其表现于难以论证“双规”这一普遍存在的党纪审查手段的程序合法性。[③] 党员干部职务犯罪的司法程序通

---

① 包括诉讼监督权及对非自侦案件批准逮捕权、审查起诉决定是否公诉。有两个问题值得注意。其一，关于法律监督权的外延，有学者认为，党的十八届四中全会《决定》指出：“监察机关在履行职责中发现行政违法行使职权或者不行使职权的行为，应当督促其纠正”，可见，检察机关对于行政权的监督，即“行政检察”是完善检察机关行使监督权的重要一环。参见湛中乐：《三个层面构建科学的行政检察监督体系》，载《人民监察》2015年第2期。其二，对于自侦案件的侦查权、批准逮捕权、审查起诉决定是否公诉等，因属同体监督而排除之。

② 2015年实施的新《行政诉讼法》第1条规定“保护公民、法人和其他组织的合法权益，监督行政机关依法行使行政职权”，第2条规定“认为行政机关和行政机关工作人员的行政行为侵犯其合法权益，有权依照本法向人民法院提起诉讼”，表明行政诉讼的审查对象是“行政机关和行政机关工作人员的行政行为”，立法宗旨在于“监督行政机关”。可见，人民法院行政诉讼审理行政案件应属司法监督范畴。

③ 少数域外学者从党国体制的角度论证“双规”的实质合法性。See Larry Catá Backer, Wang Keren, “State and Party in the Scientific Development of a Legitimate Rule of Law Constitutional System in China: The Example of Lao jiao and Shuanggui” (June1, 2013), http://papers. ssrn. com/sol3/papers. cfm? abstract_id = 2273044. Larry Catá Backer, Wang Keren, “The Emerging Structures of Socialist Constitutionalism with Chinese Characteristics: Extrajudicial Detention (Lao jiao and Shuang gui) and the Chinese Constitutional Order”, *Pac. Rim L. & Poly J.*, Vol. 23, No. 4 (2014).

常以党内纪检为前置。制度困境在于，职务犯罪案件进入侦查起诉，贪腐人员情绪逐渐稳定，很难再取得有较大价值的犯罪证据；大量前期取得的证据本身有极大价值，却因“双规”期间采取过特殊手段，被纳入非法证据予以排除。“双规”措施合法化，不仅可以降低职务犯罪侦查工作难度，亦可从法律层面规范“双规”操作技术，避免地方纪检工作粗暴等问题。

（五）监察机构资源分散，对象难以周延

将监察权一分为三的“三驾马车”模式，从部分维度来看，三者分属不同系统、边界不清、职能重叠；从整体视角来看，由于执法方式和执法标准差异，缺乏统一指挥，三者难以形成稳定、高效的衔接机制，监察合力难聚、反腐实效难成，反致“部分之和小于整体”。

党内纪检委的纪律审查难以覆盖党外公务员；行政监察工作的“全覆盖”至多可达行政系统内部全体部门；检察院司法检察以党内纪检为前置，且限于现实因素难以发挥应有作用。当“每驾马车”都定位模糊、难以周延，三者又缺乏统一指挥和稳定、高效的衔接制度时，却要求三者合力能够全面覆盖国家机关及其公务员，以达监察良效，何其难也。

二、改革：从“三驾马车”到“一马当先”

监察体制改革欲以解决之困境，可归纳为如何整合资源、独立监察、扩大覆盖面、法纪衔接，最终健全国家监督组织，形成全面覆盖国家机关及其公务员的国家监察体系，取得监察良效。这也是探索适合国情的监察制度的关键、核心和目标。

域外对监察机构宪制模式尚无共识，主要模式有专门机构独享监察权、不同机构分享相关职能、行政系统内设检察机关，如欧盟借鉴丹麦等国模式制定了欧盟监察专员制度,[1]以英国为代表的下议院特别委员会制度,[2]瑞典等北欧国家为代表的议会行政监察专员制度等,我国港、澳特别行政区则实行廉政公署制度。

基于我国国情,较为可行的路径是借鉴我国港、澳特别行政区廉政公署,设立新的专门机构独享监察权,即国家监察委员会。这一重大制度变革,意在将现有党内巡查、行政监察、立法监督、司法监督整合为统一的国家监督,打破现有“一府一委两院”的宪制结构,形成“一府两委两院”的宪制结构,在异体监督基础上行形成全面覆盖国家机关及其公务员的国家监察体系。

第一,整合资源,统一监察。要解决多头监察、资源分散、力量薄弱的缺陷,就要建立“集中统一、权威高效”的监督机关,其关键在于整合“三驾马车”为“一马当先”,将现行检察院反贪污贿赂部门、渎职侵权监察部门、职务犯罪预防部门,政府监察机构、预防腐败机构等全部纳入国家监察委员会,构建统一的国家监督。

第二,独立监察,异体监察。其意蕴有四:其一,本质在于将监察权从行政权中剥离,变同体监督为异体监督;其二,监察委员会独立于“一府一委两院”,不受政府人事、经费等制约;其三,融入人大制度,由人大任命,对人大负责,受人大监督,但人大无权对监察委员会以个案指导;其四,垂直管理。

第三,坚持党的领导,与纪委合署办公,全面覆盖国家机关及公务员,解决法纪衔接问题。国家监察委员会可与中国共产党纪律检查机关合署办公,地方各级监察委员会主任由党纪委书记兼任,其意有二:一则既充分发挥纪委党内监督作用,又保证国家监

---

① 朱力宇、袁钢:《欧盟监察专员制度的产生及运作》,载《欧洲研究》2007 年第 1 期。

② 本问题的论述参见秦前红、王宇欢:《有限授权与有效监督——试论英国特别委员会的监督权及其对我国的借鉴意义》,载《湖南社会科学》2016 年第 5 期。

察机关依法独立行使职权；二则破解党纪难审非党员公务人员、监察难查非政府公职人员的难题，既合理衔接法纪鸿沟，又形成全面覆盖国家机关及公职人员的国家监督体系，即凡纳入国家行政编制、由国家财政负担工资福利、依法履行公职的公务员，包括党内机关、人大、政府、政协、法院、检察院、民主党派、人民团体、部分社会团体机关的公职人员，均受其监督。

第四，检察机关保有一定侦查权（包含且不限于职务犯罪侦查权）。假设检察院丧失现有全部侦查权，可想而知，其法律监督机关之本质作用将大打折扣，其民事行政监督、刑事侦查监督、立案监督、审判监督、监所监督均难以保障实际效果；即便仅剥离其职务犯罪侦查权，当亦结此果。其因在于我国检察机关之权威，一般多认为源于对职务犯罪的侦查权，而非没有实际强制力的检察建议和纠正违法通知书等；相反，其他机关正是迫于其手掌侦查大权，这才将检察建议、纠正违法通知书等"放在眼里"。可见，除非彻底修改我国宪制结构，抛却检察院"法律监督机关"之既有定位，变检察院"三层级"职能为简单公诉机关（亦含职务犯罪案件公诉权），[①]否则检察机关留有部分侦查权当属必要。以域外经验来看，德国、日本及我国澳门特别行政区等国家或地区，尽管存在这样或那样的统一监察机构，但这并不妨碍检察机关的侦查权

① 根据我国宪法和刑事诉讼相关法律，以人民法院审判权为参照，人民检察院职权可界定为"三层级"结构，即第1层级：法律监督权或称为"检察"之权（诉讼监督权）；第2层级：批准逮捕权、直接受理案件的侦查权、审查起诉决定是否公诉等；第3层级：派员出庭行使公诉权等。上述分别是略高于、等于、略低于人民法院审判权的权力位阶。其中，"法律监督权"的行使对象为刑事司法领域的"法律执行权"，即侦查机关（包括检察机关自侦部门）、审判机关、执行机关等三大类职权。其中对审判机关的监督在世界上主要国家的刑事诉讼制度中是极少见的。对于这一问题的论述，参见封安波：《论我国检察权的"三层级"结构——基于〈宪法〉与〈刑事诉讼法〉衔接的考量》，载《法学家》2015年第4期。本部分此处意在强调，若将检察院职务犯罪侦查权完全抽离，必然破坏现行宪制结构对于检察院的"法律监督机关"之定位。

力。行之有效的措施是，保有检察机关一定程度的侦查权，保障法律监督机关的权威性；在立法中，进一步研究国家监察委员会监察权与检察机关侦查权的职能划分、权限边界及衔接制度，尤为必要。

三、出路：中国宪制与特色监察

在我国宪制结构模式和特色政党制度下，国家监察制度的改革试验面临诸多挑战，包括且不局限于：监察委员会的宪制前提及其与人大的关系问题、监察委员会监察权的监督问题、监察委员会的监督操作技术问题及与中国特色政党制度合理衔接问题等。

（一）监察委员会的宪制正当性

一个前置问题是，监察委员会运行要求宪制机关具备明确的权力分置和权力法定运行程序，这个前提是否已具备？这一问题可分解为两重意蕴。

其一，人大制度所要求的权力一元与监察制度必备的权力多元如何能相容相生？1982 年《宪法》第 3 条第 3 款规定：“国家行政机关、审判机关、检察机关都由人民代表大会产生，对它负责、受它监督。”可见，现行宪法明确了国家机构的两级权力结构，第一级为全国人大及其常委会，第二级权力则为国务院、人民法院和人民检察院（以及中央军事委员会）。这不仅是宪法所规定的，而且是“议行合一”政治体制的基本原则。“权力分置”要求对现行宪制二级权力架构的一级化，这意味着对“议行合一”体制和人大制度的彻底改变，可见权力分置前提已不具备。

其二，监察委员会何以适应议行合一的宪制结构和人大制度？该问题的实质是如何协调全国人大与“一府两委两院”的关系，更确切地说，要求宪制机关具备明确的权力分置的监察委员会,如何适应我国权力一元化的宪制结构并尊重司法独立运作。基于监察委员会的宪制地位,其对人大、司法机关的监督,应仅限于法纪监督、会计审计监督,而不涉及立法民主、司法裁判等事务。

怎样从宪制层面解决权力法定运行程序这个问题?可行的方案为:通过修改宪法,改《行政监察法》为《监察法》,修订刑事诉讼法、行政复议法、检察院组织法等一系列法律法规,在人大之下设一独立行使国家监察权的监察委员会,与政府、军委、法院、检察院同列第二级权力结构,改"一府一委两院"为"一府两委两院",从而赋予其宪制正当性;同时形成和规范国家监察权力运行具体程序。此二者从宪制层面为监察委员会制度解决正当性问题,为本次改革试验铺平道路,具体解决前文所述整合资源、独立监察、扩大覆面、法纪衔接等问题。

(二)监察委员会的制度合理性

接踵而至的问题在于,合理解决监察委员会于我国宪制结构下存在之正当性这一问题后,如何保证监察委员会本身不会沦为新的腐败滋生地?

无论分权与制衡理论和社会主义监督原则对该问题之论述差异何其大,有一点共性不容置疑:权力制约原则乃宪法基本原则。[①] 在我国,尽管难以具备宪制机关之间的权力分置前提,至少应坚持的是监察委员会内部分权制约;否则,一旦掌握集中监察权的监察委员会,既无外部宪制分权机关制约,又无内部分权制衡,监察委员会很可能成为掌握极大权力的新生既得利益群体和

---

① 参见秦前红:《宪法原则论》,武汉大学出版社2012年版。

宪制之下“最强者”，正义和是非标准将直接或为其意志的体现，①其自身有可能变为新的腐败滋生地。

从外部监督视角出发，应至少注意以下 4 个问题：第一，坚持党的领导，从监察委员会与党纪委“合署办公”中跳出来，既要保证党的纪委对监察委员会监督功能，又要充分发挥执政党的领导作用；第二，监察委员会乃权力机关的监察机关，要从科学立法、人事任免、听取报告、询问质询等多重维度加强全国人大对监察委员会的监督功能，未来一大趋势是通过有效行使全国人大及其常委会的违宪审查职能，进一步强化权力机关对监察机关的监督；第三，有效发挥审判机关、检察机关的监督功能；第四，保障权利监督有效行使，如定期发布公告，接受媒体、群众监督，完善国家赔偿法等。

（三）监察委员会的科学性

监察委员会能否辨识党务、立法、行政、司法的不同运作规律，从而开展有针对性的监察呢？这涉及监察机关的操作技术问题，即如何归纳不同国家机关乃至执政党的运作规律，如何针对不同地区作出因地制宜的具体办法，如何具体操作过程中总结、发现和解决新的问题，都将关系到新生的监察委员会是否能够充分发挥监察作用。

---

① “正义”范畴的问题在人类思想史上占据重要地位，古希腊罗马时期、中世纪神学时期、古典自然法和当代诸多法学、哲学、经济学家都对该问题有经典论述。在《理想国》一书中，色拉叙马库斯曾说“正义是强者的利益”，德国哲学家尼采发扬了这一观点。本部分该处并非称颂该观点，而意在强调监察委员会内部分权的必要性。实际上，批判继承了亚里士多德、休谟、穆勒、亚当·斯密等为代表的正义观，并“把以洛克、卢梭和康德为代表的传统的社会契约论加以归纳，并将它提到一个更高的层次上来”（《正义论》前言）的精彩又广受争议的正义理论，参见［美］约翰·罗尔斯：《正义论》，何怀宏等译，中国社会科学出版社 2001 年版。

（四）监察委员会的党法统一性

在中国特色社会主义法治体系语境下，监察委员会面临的极为特殊且无借鉴经验的问题在于，如何与中国政党制度合理衔接。这一问题同时也是全面依法治国、依宪执政以及确保中国共产党长期执政的必然要求和趋势。

上述问题涉及监察委员会这一新生机构的宪制正当性、制度合理性、技术科学性和党法统一性4个重要维度，每一问题解决恰当与否，都关乎监察委员会之改革试验最终是得以顺利开展还是事与愿违。

四、结语

中国特色社会主义法治语境下，监察制度改革要与党的领导和人民当家作主有机结合。基于我国国情、借鉴域外有效经验，较好的改革路径是制定《监察法》，整合“三驾马车”为“一马当先”，于人大制度之下设独立行使监察权的监察委员会，与党纪委合署办公。

在改革过程中，要注意围绕整合资源、独立监察、扩大覆盖面、法纪衔接等4个角度，从宪制高度，科学设计监察委员会这一新生机关；同时，从宪制正当性、制度合理性、科学性和党法统一性4个维度，保证监察委员会发挥实效、形成良制。

监察委员会的试验是对我国长期以来继承的苏联监察模式的重要改革，它预示重大的政治制度变革：其意在将现有的党内巡查、行政监察、立法监督、司法监督整合为统一的国家监督，形成全面覆盖国家机关及其公务员的国家监察体系；深层意蕴是将监督权从行政权剥离，打破现有“一府一委两院”的宪制结构，变为“一府两委两院”的宪制安排。推进监察委员会制度改革，对于全面深化改革、完善和发展中国特色社会主义制度、推进国家治理体系和治理能力现代化，全面依法治国、建设法治国家、依宪执政和确保中国共产党长期执政等都具有重要意义。

第二章　国家监察制度改革的宪法价值

在反腐败形势严峻的背景下，现行监察制度的不足越发明显，故有必要进行监察制度改革，将行政监察上升为国家监察，实现反腐败机构能治标更能治本的目的。国家监察制度改革是宪制变迁，旨在合理构造国家权力结构，具有重大的宪法价值。

一、国家现代化与国家权力的合理构造

日本宪法学家杉原泰雄曾说："人类以国家为单位的各个历史阶段，每走过一个艰难困苦的里程，都要通过宪法来制定为克服困难所需要的新规则，以此来继续人类的发展；每经过一段苦难深重的生活，都要通过宪法来确定为消除苦难所需要的新的政治及社会的基本形态，从而进入新的历史阶段。"[①]的确，正是在无数困难和问题

---

① ［日］杉原泰雄：《宪法的历史——比较宪法学新论》，吕昶等译，社会科学文献出版社2000年版，第1页。

的压迫和激励下，在与之作斗争的过程中，人类求得了智识和理性的发展，创造了丰富的物质文明、制度文明和精神文明。宪法也正是在这一“问题”的张力之下而生。但人类社会的问题千千万万，宪法只为解决“宪法问题”①而存在。宪法问题是关于权力的问题。权力的问题，于国家而言，首先是权力的合理构造问题。合理构造的国家权力既能管理社会，也能管理自身。政府必须具有权威和权力，方能管理被统治者，而政府内部权力结构必须合理，方能管理其自身所拥有的权力，防范权力异化和腐败。这便是现代化国家的基本内容和政府标准——能有效管理的政府和被有效管理的政府。

中国近现代意义上的国家建设始于 1840 年。那一年之后，中国开始和西方文明进行实质性接触（尽管是被动的）和碰撞，并开始进入一个以主权国家为标志的现代民族国家的世界秩序之中。更重要的是，在那之后，中国开始了从王政统治下的家族式国家向现代民族主权国家转换的历程。中国《宪法》在序言中宣告要实现社会主义现代化，内含国家权力合理构建的目标和使命。这正是国家监督体制改革的时代背景。

二、中国国家权力构造的现状

社会主义国家的权力构造强调人大的绝对主导地位，主要内

---

① 此乃借用赵世义、刘连泰和刘义的表述，但本部分对其基本内涵的理解则与之略有差别。他们认为，“宪法要处理两对最基本的矛盾：第一对矛盾是政府和公民的矛盾，易言之，国家权力和公民权利的矛盾；第二对矛盾是各种国家权力之间的矛盾。前一对矛盾是主要矛盾，对它的不同理解构成不同国家观和宪法观的基础；后一对矛盾是解决前一对矛盾的手段”。西方的宪政建设史也是一个解构的历史，但笔者认为，解构是手段，建构才是目的。西方宪政史向我们揭示了两个问题：我们需要什么样的权力（内含着我们是否需要权力的问题）？我们该如何来规制权力？参见赵世义、刘连泰、刘义：《现行宪法文本的缺失言说》，载《法制与社会发展》2003 年第 3 期。

容为:第一,人民享有对人民代表、国家机关及其工作人员的监督权。社会主义国家的宪法一般都规定人民代表由民主选举产生,对人民负责,受人民监督,人民对国家机关及其工作人员可以提出批评、意见和建议等。如苏联 1977 年《宪法》第 107 条规定:“代表必须对选民以及提他为代表候选人的集会和社会组织报告自己的工作和苏维埃的工作。”“辜负选民信任的代表,根据多数选民的决定,依照法律规定的程序可以随时召回。”我国《宪法》第 77 条规定:“全国人民代表大会代表受原选举单位的监督。原选举单位有权依照法律规定的程序罢免本单位选出的代表”;第 41 条规定:“中华人民共和国公民对于任何国家机关和国家工作人员,有提出批评和建议的权利;对于任何国家机关和国家工作人员的违法失职行为,有向有关国家机关提出申诉、控告或者检举的权利”,等等。第二,人民代表机关(人大或苏维埃)对其他国家机关的监督。如苏联 1977 年《宪法》第 2 条规定:“其他一切国家机关受人民代表苏维埃的监督并向人民代表苏维埃报告工作”。我国《宪法》第 3 条第 3 款规定:“国家行政机关、审判机关、检察机关都由人民代表大会产生,对它负责,受它监督。”社会主义国家一般强调权力机关对其他国家机关的制约和监督,其他的国家机关并不能对权力机关进行监督。第三,宪法为了保证法律得到良好实施,一般规定行政机关和司法机关在本系统内实行监督和制约。如我国《宪法》第 127 条第 2 款规定:“最高人民法院监督地方各级人民法院和专门人民法院的审判工作,上级人民法院监督下级人民法院的审判工作”;第 135 条规定:“人民法院、人民检察院和公安机关办理刑事案件,应当分工负责,互相配合,互相制约,以保证准确有效地执行法律”。我国《宪法》继承了社会主义传统下的权力配置和监督模式。由于历史传统和现实国情的特殊性,权力制约原则在我国适用时,存在一些亟待解决的问题。

一是权力制约的单向性和方式单一性。权力制约的方式多种多样,权力制约权力与权利制约权力是基本的权力制约方式。在宪法中,公民权利相对于国家权力的优势地位,决定了权力的行使以权利保障为首要目标和价值。公民权利制约国家权力作为一种纵向的权力制约方式,是宪法基本精神的体现。权力对权力的制约更多的发生在立法、行政和司法权之间,主要是3种权力间互相制约,是一横向的权力制约方式。我国现行宪法在设计权力制约的制度时,更多的强调了公民对人民代表、国家工作人员的制约和监督。由于公民作为个体势单力薄,在制约行使国家权力的代表和工作人员时处于弱势地位,因而并不能很好地实现监督的目的。另外,虽然我国《宪法》也规定了各级人大对其他国家机关的制约和监督,但监督和制约的方式多限于听取报告,并未能将权力机关的监督刚性化,因而权力机关的监督效果有限。

二是权力制约的有限性、同体性和分散性。当前监察体系局限于行政监察,从实际效果来看监察能力尚显不足,与其他方面的治理相比,监察领域任重道远改革尤为迫切。第一,监察范围仅限于行政机关。目前监察制度属于行政监察,监察机关是政府组成部门,监督对象与我国《公务员法》规定的公权力行使主体还存在差距。在行政监察模式下,对党委、人大、政协和司法机关的监察存在盲区,如果不能扩大监察范围,将导致以上机关游离于《行政监察法》之外,不利于监察体系的全覆盖。第二,行政监察无法摆脱同体监督的不足。行政监察模式下监察部门缺乏必要的独立性,而监察机关独立运作是保障监察取得实效的重要前提。监察机关的使命理应是监督其他权力,使各项权力在法治的轨道上运行不悖,独立行使监察权被越来越多的国家和地区采用。同体监督模式下调查权和决定权集中在政府手中,缺乏适度的分离制约,容易导致处理结果与违法事实失衡。从党的十八大之后查处的省部级官员分布来看,行政系统的官员占比最高,某种意义上说明行政监察较弱,至少在面对政府高官时,监察力度明显不足。第三,监察依据《行政监察法》还不完善。《行政监察法》自制定以来,经过 2010 年修改已经有了明显进步,但不少地方规定较为笼统或者存在空白,"行政监察领域的许多难题依然待解"。[①] 如对监察程序的规定总的来说不够精细,若缺乏具体明确的操作程序,既容易造成监察权行使过程中的滥用,也使被监察对象以程序不足为名不配合甚至抵制监察,难以彰显监察的威慑力。第四,反腐力量尚未形成合力。反腐败机构分属多个板块,而且板块内部之间分工明显,彼此之间的独立远远大于统一。此种模式虽然有利于反腐机构彼此分工各司其职,但不利于整合反腐资源,使反腐机构表面看来体系完善,实则相互之间信息互通困难,导致各自领域的各自为政。毫无疑问,"从权力腐败的个案追究到权力制约制度的构建是反腐的必然走向"。[②] 第五,监察手段单一反腐力度不足。虽然《行政监察法》赋予了监察机关较多权力,如调查权、建议权和处分权等,但根据《刑事诉讼法》的规定侦查权属于检察机关。监察机关的各项权能可以应对普通违法案件,但涉及大案要案窝案以及牵涉较高层级的行政官员,则力不从心难以发挥突出作用,因为以上权限柔和有余强制不足,而侦查权可以通过有力的强制措施,便于案件侦破,提高办案效率。

总之,整合反腐败资源是构建有效反腐败体系的关键,须知,通过巡视反腐固然重要,但构建制度化的反腐体系才是长久之计。"反腐若无顶层设计,就会跌出权力的'旋转门'现象,造成制

---

① 李亮:《行政监察法修改:亮点与难题并存》,载《浙江人大》2010 年第 11 期。

② 庞正:《论权力制约的社会之维》,载《社会科学战线》2016 年第 2 期。

度的黑洞效应。"[①]另外,惩处腐败官员固然应该,但若能加强事前监督,防止官员腐败变质更为可行。反腐败的最终目的不是惩治官吏,而是约束公权力防止恣意行使,净化官场生态,使不敢腐变为不想腐。

三、国家监察:权力制约现代化的尝试

与西方三权分立政治思维不同,我国实行人大制度,其他国家机关都由人大产生,因此,长久以来我国不太注重权力之间的制约平衡。然而这种解读模式是从狭义层面理解人大制度,诚然,三权分立与人大是不同的政体模式,但权力制约平衡只是对公权力运行方式的思考,属于权力运行的技术手段不应过分渲染其政治属性。"中国共产党人坚持马克思主义的权力观,同时也吸收了分权制衡理论的合理内核,形成了权力制约协调机制。"[②]正如市场经济模式资本主义社会可以运用,社会主义国家也可以采用,故在坚持人大制度的前提下,当然可以借鉴权力制约权力的方法。国家监察体制改革正是这样的尝试,而且具有权力制约权力的内涵。

《方案》强调:国家监察体制改革"是事关全局的重大政治改革,是国家监察制度的顶层设计"。"监察委员会的试验是对我国长期以来继承的苏联监察模式的重要改革,预示着重大的政治制度变革。"[③]就权力制约和权利保障的视角而言,监察制度改革的最终目的是规范并控制国家权力,以保护公民个人权利。以往各项政治改革大多局限于某一机关内部进行局部调整,要么是完善

---

① 秦前红:《走出书斋看法》,上海三联书店 2015 年版,第 276 页。

② 王凤鸣、陈海英:《论权力集中于权力制约》,载《理论探讨》2014 年第 5 期。

③ 秦前红:《我国监察体系的宪制思考:从"三驾马车"到国家监察》,载《中国法律评论》2017 年第 1 期。

行政权，如政务公开强调政府各项信息各种行为公开；要么是完善审判权，如司法体制改革逐步推行员额制等。这些改革虽然取得了一定成效，但改革局限于单一领域，取决于单一权力的自我调整自我完善，缺乏权力重新分配的顶层设计。“制度的纠错能力决不仅仅来自某个部门或者领导的‘良知’，而来自于‘分权’的智慧：不同权力部门的‘分家’，从而使弱势群体多几个安全阀。”[①]监察体制改革表明以权力制约权力的重要性，相对以往改革而言，属于质的飞跃，弥补了局部改革若干不足，也是践行宪法中权力制约原则的重要尝试。

① 刘瑜：《民主的细节》，上海三联书店2009年版，第159页。

第三章 国家监察制度改革的宪法问题

“坚持依法治国首先要坚持依宪治国，坚持依法执政首先要坚持依宪执政”，①这是我国在探索建设社会主义法治国的道路上得出的重要启示，由此可以推断但凡重大政治改革必须有充足的宪法依据。若缺乏宪法层面的宏观指导，可能使改革局限于一隅而难以发挥全局作用，更有甚者可能导致改革进程偏离宪法精神，有违构建法治国家的初衷，在这方面我们是有过深刻历史教训的。毫无疑问监察体制改革是反腐倡廉构建法治国家的重要一环，在反腐败形势仍然严峻的背景下，现行监察制度的不足越发明显，有必要以监察体制改革为突破口整合反腐败资源，将行政监察上升为国家监察，实现反腐败体系治标更治本的目的。监察体制改革不仅涉及监察

① 《中共中央关于全面推进依法治国若干重大问题的决定》，载《人民日报》2014 年 10 月 29 日，第 1 版。

权重新定位等理论问题，还牵涉检察机关部分工作人员转隶等现实问题，其涉及面之广人员变动之复杂超过了以往任何一次司法改革，对宪法法律的需求显得尤为迫切。故在依宪治国的背景下，从宪法层面解读监察体制改革，是防止改革游离于宪法法律之外，稳步推进改革的重要举措。

改革开放以来我国在各个领域均实行了大刀阔斧的改革，加强政治体制改革使其为经济发展保驾护航，成为新时期亟待解决的重要课题。强调监察体制改革，是因为监察机关与人大、政府和司法机关并列，由此延伸出监察机关独立于行政机关监察权独立于行政权，突破了当前"一府两院"的宪制结构，是对宪法确立的国家权力分配体系的重新解读，势必要从宪法层面分析监察体制改革可能引发的宪制结构变迁，并探寻相应的解决对策。改革国家监察体制，设立国家监察委员会，既是时代的要求，也是我们吸收了古今中外有益经验基础上与时俱进的表现，体现了中央全面从严治党、全面依法治国的决心。①

各个试点地区纷纷成立监察委员会作为监察体制改革的载体，并牵引着后续一系列制度设计。监察制度改革的全貌虽然还没有完全展现出来，但从《方案》《决定》和试点以来一系列机构及人员变动来看，监察制度改革的力度和广度势必超过任何一次司法改革。通过试点地区纷纷成立监察委员会可窥见改革的后续制度设计，显然监察委员会是监察制度改革的龙头。然而有成立监察委员会的必要并不代表厘清了成立监察委员会的若干理论问题，故有必要对监察委员会进行宪法学述评，探究其中的宪法端倪，为后续相关制度设计提供理论依据。

---

① 参见马怀德：《这是事关全局的重大政治改革——深刻认识国家监察体制改革的意义》，载《北京日报》2017 年 1 月 23 日，第 13 版。

一、行政监察上升为国家监察之后监察权的宪法定位

"改革开放以来我国公共生活中存在一个普遍现象很值得深思：一方面规范公权力的法律越来越多，另一方面公权失范现象并未随之减少。"[①]故党的十八大以来中央深化改革完善体制机制建设，在反腐败领域加大惩处力度，查处了一大批违法违纪官员，初步完成了反腐治标的目的。党的十八届六中全会更是首次提出监察机关这一概念，将其与全国人大、政府、司法机关并列，预示着监察机关将从行政机关中独立，行政监察将上升为国家监察。[②]

（一）世界范围内对监察权权力属性的定位

明确监察权的性质是监察机关宪制定位准确制度设计科学的前提，也是监察改革成败的关键因素之一，然而关于监察权的属性学界至今缺乏清晰的定位，似乎是有意回避这一理论难题。诚然，正如以往在确认检察权的权力属性时，学界曾发生过不小的争论，学者们分别认为检察权属于司法权、行政权，或是司法行政两重属性以及法律监督权等。[③] 从目前理论界的知识储备来看，对监察权的权力属性认定也将面临同样的难题，短期内难以产生权威的公认的权力性质归属。依据欧洲启蒙思想家的理论

---

① 程竹汝：《论政治体制改革的重点与国家治理体系现代化》，载《上海行政学院学报》2014年第2期。

② 党的十八届六中全会公报："各级党委应当支持和保证同级人大、政府、监察机关、司法机关等对国家机关及公职人员依法进行监督，人民政协依章程进行民主监督，审计机关依法进行审计监督"。参见《中国共产党第十八届中央委员会第六次全体会议公报》，载《中国纪检监察》2016年第21期。

③ 对检察权性质的研究是近年来在我国司法改革的研讨中备受关注的重大理论问题之一，同时也是迄今为止分歧较多、争议较大的问题之一。参见石少侠：《论我国检察权的性质——定位于法律监督权的检察权》，载《法制与社会发展》2005年第3期。

和近代以来的权力划分原则，似乎任何性质的公权力都可以划归为立法权，行政权和司法权中的一种，监察权也概莫能外，要么将其归纳为司法权，要么隶属于行政权。[①] 而以美国、日本为代表的国家认为，监察权属于行政权，监察机关应该设于行政机关内部。如美国联邦以及各州的行政机关内部，均设立了不同级别的监察长办公室，负责机关内部的行政监察工作；日本在中央层面把监察机构设置于总务厅之内，2001 年之后随着总务厅升格为总务省，监察工作改由总务省全面负责。显然，以美、日为代表的监察模式属于行政监察，与我国监察体制改革之前较为相似，由监察部和地方各级监察机构负责行政机关内部监察，此种模式下认为监察权具有行政权属性，自然具有一定的合理性。但当行政监察上升为国家监察时，仍然将其局限为行政权属性，则难以反映监察机关的独立地位和监察改革的全貌。

（二）承认监察权在宪制框架内的独立属性

在监察体制发生巨大变革的背景下，监察权的属性定位对监察机关领导体制和工作机制意义重大，直接关系监察改革的价值取向和功能定位，需要从宪法学的视角探讨监察权的权力性质。如上文所述在行政监察升格为国家监察之后，将监察权仍然归属于行政权明显不合时宜，难以体现监察机关独立后在权力属性方面质的变化，笔者倾向于认为监察权虽然具有行政权和司法权的某些特征，但从本质上讲监察权并不属于行政权或者司法权，而是拥有自身独立的权力属性。第一，在人民代表大会制度下，监察权能够独立存在。任何公权力的属性定位，既要符合权力划分

---

① 张千帆教授认为：从根本上说，政府职能主要限于立法、执法与司法三种，不论这三种权力之间关系如何，任何国家的政府都必然具备这三种形式的权力及其某种方式的分工。参见张千帆：《宪法学导论——原理与应用》（第 3 版），法律出版社 2014 年版，第 287 页。

的一般规律，又要符合一国现行的宪制模式，在人大制度下行政权、审判权和检察权均来源人大授予，因此，由人大产生与以上权力并行的监察权在宪制理论上不存在任何障碍。我国宪法所设计的国家权力结构是以国家机构为中心，而不是以国家权力的性质为核心。[①] 在人民代表大会设立监察机关之后，监察权的独立地位自然可以迎刃而解。那种认为监察权属于行政权或者司法权的观点，大多以西方国家的权力划分理论为依据，其逻辑前提建立在三权分立的宪制架构上，与我国的权力结构存在本质不同，既然理论前提存在根本的错误，所得出的结论自然难言正确。第二，从党的十八届六中全会公报的表述来看，监察权应该独立于行政权、司法权。全会公报将监察机关与行政机关、审判机关和检察机关并列，在宣示监察机关独立地位的同时，也间接认可了监察权的独立属性。改革之后的国家监察早已跳出了行政监察的窠臼，既包含原行政监察部门的职权，又吸纳检察机关的某些权限，简单将其归类为司法权或者行政权都是不恰当的。另外，从中央对反腐败工作的要求来看，是希望在原有的行政权力和司法权力之外，设置单独的机关享有独立的权能以加强反腐败工作的力度。第三，从权力分化的视角来看，监察权可以单独设立。自近代以来国家权力逐步分化已经成为不争的事实。西方国家普遍将权力划分为立法、行政、司法三权，并没有设立单独的监察权，须知，这固然是权力分化的一种模式，但绝不是唯一的模式，更不是权力分化的金科玉律，只有跳出三权分立的定势思维，才能取长补短有所扬弃，自然应该借鉴权力分化的理念，但无须

---

① 莫纪宏教授认为：各级人大行使的集合性国家权力按照管理事项划分为立法权、重大事项决定权、人事任免权和监督权“四权”，人大享有的“四权”如果从立法、行政和司法“权力三分法”角度来看，已经涵盖了立法、行政和司法三项权力职能。参见莫纪宏：《论我国司法管理体制改革的正当性前提及方向》，载《法律科学》2015 年第 1 期。

拘泥西方的某一形式。在腐败案件的查处过程中,深感反腐败机构职权分散权责不统一,不仅对个案查处产生了不利影响,而且妨碍了整个监察系统的资源整合。因此,认可监察权的独立属性,既符合近代以来的权力分化趋势,又是强化反腐倡廉的重要手段。

二、监察委员会在人民代表大会制度中的地位

在当前的宪制结构下,监察委员会的各项制度都应该立足于人民代表大会制度,否则,有可能突破现行政治体制,导致合宪性依据不足。从宪法学的角度来看,监察委员会在人大制度中的地位,核心在于明确监察委员会该如何选任和报告工作,这也是监察委员会有效发挥监察作用的前提。

(一)试点期间监察委员会选举制度的构建

北京、浙江和山西等试点地区,在省一级都已经成立了监察委员会,并由省纪委书记担任监察委员会主任。[①] 从监察委员会主任的党内地位来看,由同级纪委书记担任监察委员会主任,其政治地位明显高于同级法院院长和检察长,可以预见未来监察委员会所具有的权限远超过现在的检察机关,这也体现了国家对监察体制改革的高度重视和加强反腐倡廉的良好愿望。山西省不仅在省级层面成立了监察委员会,还下发了《关于市县深化监察体制改革试点工作的指导意见》,率先在县市一级成立了监察委员会。[②] 在人民代表大会制度下,由人民代表大会产生对应的监察委员会,体现了两者之间是决定与执行的关系、监督与被监督

---

① 《北京、山西、浙江三省市监察委员会成立》,载网易新闻:http://news.163.com/17/0125/01/CBJE6GPR000187VI.html,最后访问日期:2017年2月11日。

② 《王会平当选盂县监察委员会主任》,载中国网山西频道:http://jjsx.china.com.cn/lm1933/2017/445570.htm,最后访问日期:2017年2月19日。

的关系。全国人大制定的法律法规与作出的决议决定，集中代表人民的利益和意志，监察委员会必须认真贯彻执行；同样的人大代表拥有对监察委员会工作的监督权，监察委员会必须时刻接受人大代表的监督。在选任制度中，除了关注监察委员会主任的选举，还应该考虑副主任和其他委员的提名选举。从各地的实践来看，与监察委员会主任由本级人民代表大会选举产生不同，副主任及委员是由监察委员会主任提请本级人民代表大会常务委员会任免，这也与现行法院检察院领导成员的产生方式相同。①

中央和省级监察委员会由同级人民代表大会产生没有任何异议，然而省以下监察委员会是应该借鉴法院检察院的模式由省级人民代表大会统一产生，还是按照行政机关的产生模式由同级人大选举产生对应的监察委员会，对此学界尚有不同的看法。从试点地区的实践来看，省以下监察委员会分别由市县级人大产生，以免改革幅度过大导致基层不适应而采取的渐进式改革模式。自党的十八大以来司法改革工作取得了初步成效，省以下法院、检察院的人、财、物统一管理已在大部分省份试点铺开，为审判独立、司法公正创造了良好的条件。当下应该吸收既有司法改革的有益成果，不能简单以新的改革思路去质疑甚至否定旧有改革方案，防止改革碎片化和重复作业，避免监察体制改革直接将检察系统的司法改革熔断，从而导致其他司法改革措施必须暂时休眠或重新调试，陷入脱离改革顶层设计首尾不能兼顾的窘境。故考虑到省级统管人财物更有利于防止监察权为地方化所累，或

① 《法官法》第 11 条规定："地方各级人民法院院长由地方各级人民代表大会选举和罢免，副院长、审判委员会委员、庭长、副庭长和审判员由本院院长提请本级人民代表大会常务委员会任免。"《检察官法》第 12 条规定：地方各级人民检察院检察长由地方各级人民代表大会选举和罢免，副检察长、检察委员会委员和检察员由本院检察长提请本级人民代表大会常务委员会任免。

许待时机成熟之时，地方各级监察委员会有可能采取省内垂直管理模式，由省人大统一产生地方各级监察委员会。

（二）监察委员会应该向同级人大报告工作

监察委员会成立以后是否需要向同级人大报告工作，学界对此还缺乏统一的认识。部分学者认为没有必要报告工作，理由如下：第一，向人大报告工作有可能损害监察委的独立性；第二，监察委可以借鉴中央军事委员会的先例，对人大负责但不报告工作。

监察委员会是否应该报告工作，取决于监察委的权力来源和自身属性，实践中监察委的权力来源于同级人大授权，与军事权相比监察权更趋近于检察权，故笔者认为，监察委员会应该向同级人大报告工作。第一，是与现有宪制模式的衔接，体现了人大权力机关的地位。根据《方案》各级监察委员会由同级人大产生，而任何国家机关都必须向人大负责，监察委员会自然也不能例外。实践中政府、法院、检察院都向同级人大报告工作，不仅体现人大权力机关的地位，而且反映人大对所授予权力的重视。“听取、审议法院和检察院的工作报告是人大监督司法最基本的方式之一，实证研究表明其有助于‘两院’反思、改进工作以满足人大监督的目的。”①早在20世纪末讨论法院向同级人大汇报工作是否必要时，经过论证绝大多数学者逐步认可了法院向人大汇报工作的意义。监察委员会向同级人大汇报工作并不必然损害监察权的独立性，人大对监察委的监督属于整体监督而非个案监督，人大不会干涉监察委对具体案件的处理，当然不会危害监察权的独立行使。第二，监察委员会与中央军委的性质和结构不同，不

① 谢小剑：《人大审议司法机关工作报告的实证研究》，载《政治与法律》2014年第4期。

宜借鉴军委工作方式。一则中央军委具有镇压内部叛乱的任务，还需对外保障国家安全，军事色彩浓厚。“中央军委主席由全国人大选举和罢免，向全国人大及其常委会负责，但由于军事行为涉及国家秘密，不宜报告工作。”[①]对内公开对外保密充分保障公民的知情权是国家机关应有的工作方式，监察委的工作任务主要针对国内，涉及的秘密等级比中央军委低很多。二则中央军委自身结构特殊，只在中央层级设有军事委员会，没有向地方人大汇报工作的必要也无法汇报。监察委的结构设计层层推进与法院检察院类似，不仅中央层面应该向全国人大汇报工作，省一级监察委也必须向省级人大汇报工作。第三，是监察委员会履行自身职责的需要。“以往部分国家机关把向人大汇报工作视为一种负担，担心人大否决其工作，对于审议意见的落实，大多重视程度不够随意性较大，从而形成头重脚轻现象。”[②]须知，人大提出对工作的看法和意见是为了督促监督对象改进工作方式扎实推进工作，并非给相关人员难堪而有意否定工作报告。国家机关应该抓住汇报工作的机会，高质量完成日常工作以取得人大支持，对于新成立的机构而言，积极向人大汇报工作与人大代表沟通交流，恰恰是让人大了解重视自身工作的需要，也是获取人大支持的有效途径，更是规范监察权运行的需要，体现人大对监察权的监督制约。

三、监察权在司法权力体系中该如何定位

正如马怀德教授所言：“国家监察体制改革的难点有两个：一

---

① 冯江峰：《完善中央军事委员会的宪法规范》，载韩大元、莫纪宏主编：《中国宪法年刊》（2015 年第 11 卷），法律出版社 2016 年版，第 142 页。

② 张利详、胡煦安：《检察机关向人大常委会报告专项工作若干问题的思考》，载《人大研究》2014 年第 11 期。

是如何实现国家监察机关与司法机关的有机衔接；二是如何监督和制约国家监察机关？"[①]当前宪法对公安、检察和审判机关之间的权力分工和制约平衡有明确规定，并通过《刑事诉讼法》等相关法律使其具体细化，初步确立了3大机关在司法体系中的关系。当监察权作为一种独立的权能出现在司法体系中，必然对已有的司法模式造成种种冲击，那么监察权的出现会不会打破现有司法体系的平衡，损害刑事诉讼分工制约的固有模式，还不可一概而论，须理性分析监察权在刑事诉讼中的地位及其权限范围。从当下对监察权的功能预期来看，若定位得当监察权有助于提升职务犯罪案件的程序正义，同时，应该赋予监察机关调查权并合理界定其他权限，防止监察权过分弱小或者膨胀而损害司法体系的内部平衡。

（一）监察权独立行使有助于职务犯罪案件程序正义的实现

众所周知，刑事判决的结果直接关系公民的生命权、自由权和财产权，刑罚是对犯罪分子最严厉的制裁，随着人权保障理念的兴起和法治文明的进步，现代各国均选择将刑事案件的侦查、起诉、审判划分为3个相互独立的主体，如我国宪法规定刑事案件实行公、检、法分工制约的原则，[②]暗含了对现代法治文明的认同和呼应。但在涉及职务犯罪的刑事案件中，根据《检察院组织法》和《刑事诉讼法》的规定，侦查权与起诉权同属检察机关，仅由检察机关内部的不同科室分工处理，形成侦查与起诉同体的格局，此种模式容易造成反腐败领域公信力的隐性流失，因为由同一机关行使侦查和起诉权，将模糊侦查起诉的边界，弱化起诉阶

---

① 马怀德：《国家监察体制改革的重要意义和主要任务》，载《国家行政学院学报》2016年第6期。

② 现行《宪法》第135条规定：人民法院、人民检察院和公安机关办理刑事案件，应当分工负责，互相配合，互相制约，以保证准确有效地执行法律。

段对侦查结果的实质审核。另外,由检察机关同时享有侦查起诉权将导致检察机关在职务犯罪案件诉讼中,处于十分强势的地位,间接削弱了法院在审判中所起的作用,出现检察机关权限过大的问题。监察委员会的成立正是破解这一困局的良药,反腐败领域的刑事案件将从检察机关与审判机关二元主体模式,重新演变为监察机关负责案件侦查,检察机关依法提起公诉,审判机关独立审判的三元主体模式,是更科学的刑事案件处理模式。“审查逮捕与侦查主体相分离、审查逮捕职能与追诉职能的相异性也应成为我国审查逮捕权的正当性基础。”[①]今后还应该建立职务犯罪案件预审机制,由检察机关对案件事实和证据进行初步筛查,决定是否批准逮捕和提起公诉,证据不充分的案件,应该交由监察机关继续调查补齐证据。从监察机关的职能定位和享有权限分析,涉及职务犯罪追责时,检察机关的起诉权能将构成对监察机关案件处理过程的监督制约,有利于优化反腐败领域的分工协调,促进职务犯罪案件司法正义的实现。当然今后在职务犯罪案件处理中,究竟如何明确各个机关的具体权限和侦办程序,还需要逐步修改宪法和《刑事诉讼法》等法律。

(二)适时赋予监察机关调查权,发挥在案件办理中的作用

监察委员会成立之后,到底应该享有哪些权限,是充分发挥监察职能的关键要素。按照监察委员会的目标要求和试点后工作机关隶属关系来看,享有监督权、调查权和处置权是毫无疑义的。[②] 当下焦点是监察委员会是否应该享有侦查权,有学者从王

---

① 汪海燕:《检察机关审查逮捕权异化与消解》,载《政法论坛》2014 年第 6 期。

② 王岐山同志在调研监察制度改革时强调:“监察委员会履行监督、调查、处置职责,与执法、司法机关有机衔接、相互制衡,实现依规治党和依法治国有机统一。”参见《实现对公职人员监察全覆盖完善党和国家的自我监督》,载《人民日报》2016 年 11 月 26 日,第 1 版。

岐山同志调研的讲话，推测监察委不应该享有侦查权，全国人大常委会日前通过的《决定》，似乎印证了上述学者的推测。[1] 还有学者认为，从防止监察委权限膨胀缺乏监管的视角分析，也不宜授予侦查权。但以上判断似乎忽略了一个重要问题，即改革之前的调查权是行政监察调查权，并不具备司法权的属性，只能调查行政违法行为而无法处理职务犯罪问题，涉及职务犯罪必须由检察机关调查公诉。“行政监察调查权是指监察机关为履行调查处理职责，依法拥有的对监察对象违反行政纪律的行为进行专门调查核实的职权。”[2]调查权和侦查权虽然在案件处理过程中采取的工作方式具有一定的相似性，但二者性质存在根本差别，前者属于行政权力，受行政程序调控，后者属于司法权力，受刑事诉讼法调整。因此，如果监察委所拥有的调查权仅仅是继承以往行政监察部门的行政监察调查权，不仅会导致案件处理方式有限惩戒力度不足的问题，而且能否直接侦办职务犯罪案件都存有异议，更无法有效介入司法推进司法正义的实现。

从上文分析可知，若监察机关缺乏侦查权或侦查权性质的调查职权，将不利于职务犯罪案件的侦办，势必影响其发挥在案件办理中的作用，有悖于整合反腐败资源加大反腐力度的初衷。从历次改革试点落实情况来看，试点在某种意义上蕴含“试错”的性质，也就是说，试点方案不一定是最优方案，还需要在实践中积累经验教训不断纠正完善，因此，可以推断试点中没有规定的权力，

---

① 第十二届全国人大常委会第二十五次会议12月25日下午表决通过全国人民代表大会常务委员会《关于在北京市、山西省、浙江省开展国家监察体制改革试点工作的决定》，从监察委员会享有的权限来看，主要包括12项措施：谈话、讯问、询问、查询、冻结、调取、查封、扣押、搜查、勘验检查、鉴定、留置等。

② 魏增：《论〈行政监察法〉中的检查制度和调查制度——兼论行政检查和行政调查的研究方法与思路的拓展》，载《行政法学研究》2011年第4期。

并不代表不会出现在最终方案中。监察委员会应该享有的权限是不断调整不断变化的动态过程，如果试点期间发现监察委员会享有的权力过大，使监察权日益膨胀破坏司法体系的平衡，则有可能削减部分权限限制其拥有的某些监察手段；反之，若发现缺乏侦查权，使监察机关沦为“无牙的老虎”，导致监察委权限过小在司法体系中无法发挥作用，则仍然有可能扩充监察权限丰富监察手段。总之，需要防止监察权畸大或者畸小，以免动摇现行司法体系内部的平衡。

四、监察改革后该如何监督制约监察权

“鉴于监察机关作为国家反腐败工作机构，且与各级纪委合署办公，如何相应保证监察机关的权力得到正确行使，引起社会广泛关注。”[①]人民监督员制度成立的初始目的是希望解决检察机关自侦案件的合法性问题，我国检察机关与国外不同，享有十分广泛的权力。因为检察机关享有的广泛权力容易引发人们对权力失衡的担忧，谁来监督法律监督者？“人民监督员制度的试行，无疑是检察机关为了应对质疑而给出的答案。”[②]与此相同，监察权的权属范围较检察权有过之而无不及，对监察权的监督制约是宪法学界不得不面对的问题。

(一)逐步完善人民监督员制度加强监督制约

“人民监督员制度实际上是基于我国具体国情而产生的能够反映民主和法治价值的‘检察制度’，既有中国特色同时也符合宪

---

① 沈思：《国家监察体制改革中法治保障初步思考》，载《中国纪检监察报》2017年2月15日，第8版。

② 陈卫东、孙皓：《人民监督员制度运行调研报告》，载《国家检察官学院学报》2011年第5期。

法学的一般原理"。[1] 笔者认为,该制度应该在监察改革中得到继承和发展,但不应原封不动地由检察机关照搬进监察委员会,必须适度传承注重创新。人民监督员制度是人民民主的需要,具有充足的合宪性合法性依据,其未能完全发挥作用,并不是人民监督员制度本身存在问题,而是实践层面存在纰漏。"因为制约权力的任何其他权力仍然是权力的一种形式,而任何权力的掌控者出自于人性而无法摆脱腐败的可能性。"[2]

笔者建议,在监察改革中将人民监督员制度优化为人民监察员制度,既凸显监察机关与检察机关的差别,又表明监察员制度是对监督员制度的扬弃。第一,增强监察权合法性民主性的要求。与检察机关因为权力过大而面临外部监督的难题一样,监察机关也需要强化外部监督,宪法早已明确了人民监督国家机关的权利,[3]人民监督国家机关在我国具有丰富的实践经验,如法院普遍实行的人民陪审员制度。加强人民对司法的监督是实现司法民主最有效的途径,人民对监察机关的监督能增强监察权的民主性。"中国特色社会主义法治语境下,监察制度改革要与党的领导和人民当家作主有机结合。"[4]在监察委员会中保留人民监督员制度,既体现了一切权力属于人民的原则,又实现了对强大监察权的外部监督。第二,纠正监察正义保障人权的需要。监察权的

---

① 莫纪宏:《人民监督员制度的正当性基础》,载《国家检察官学院学报》2009 年第 1 期。

② 蔡宝刚:《认真对待权力制约权力机制的反腐缺漏》,载《理论与改革》2016 年第 6 期。

③ 现行《宪法》第 27 条规定:一切国家机关和国家工作人员必须依靠人民的支持,经常保持同人民的密切联系,倾听人民的意见和建议,接受人民的监督,努力为人民服务。

④ 秦前红:《我国监察体系的宪制思考:从"三驾马车"到国家监察》,载《中国法律评论》2017 年第 1 期。

行使具有一定的秘密属性,监察机关可能以案件复杂涉及国家秘密为由,无形之中排斥外在监督,而权力行使的非公开性是产生权力滥用和权力寻租的温床。故人民监察员能够为监察机关带来外在的监督压力,促使监察权运行在法治的轨道上,纠正监察权行使中可能存在的侵犯人权等非正义行为。第三,保障监察权独立行使的需要。要使监察机关发挥预期的反腐效果,必须保障监察权的独立行使,这已经在学界达成了共识。当下有必要厘清误区重新梳理人民监督员制度,须知,该制度并不会影响监察权的独立行使,某种意义上还有助于监察机关保持独立性。监察权的秘密属性和封闭行使,使监察过程难以为外界所知,但其行使过程和处理结果关乎社会公共利益,因此,监察权行使的私密性和社会关注度较高之间存在竞合。人民监督员制度使社会对监察权行使过程的关注有了正当的疏通渠道,既能降低社会的疑惑和焦虑,又使监察权经过人民监督员监督之后,更契合民意赢得社会的认可,自然而然会减少社会的不当干涉,增强行使的独立性。

(二)借鉴廉政公署的有益做法优化监督方式

人民监督员制度经历了10余年探索实践,总的来说取得了一些成绩,但存在的问题也不容忽视。“人民监督员制度在实际运行中出现的问题与检察院顶层设计这一制度的愿景存在较大差距,这种状况值得反思。”①人民监督员制度自然有利于对监察权的监督,但仅仅寄希望于人民监督员的监督,不免使监督力量稍显薄弱,监督效能恐不尽如人意。我国香港特别行政区廉政公署成立短短数年有效遏制了贪污腐败行为,使香港特别行政区成

① 张兆凯、陈忠:《人民监督员制度十年回顾与前瞻》,载《湖南社会科学》2014年第2期。

为最廉洁的地区之一，赢得了香港市民的信赖。同时，外在的监督和合理的内部工作方式，使廉政公署能依法办案，并没有因为廉署权力巨大而恣意行使危害法治。因此，香港特别行政区廉政公署的成功经验值得深入学习研究，毕竟内地与香港特别行政区血脉相融地缘相近，与欧美国家相比借鉴香港特别行政区的有益做法能够减少文化层面的障碍。

廉政公署虽然享有较大权限，具有独立的地位只向行政长官负责，但并不意味着廉政公署不受任何权力的监督制约，立法会对廉署权力的有效监督是廉署取得成功的重要因素。如立法会有权赋予或撤销廉政公署的某些权力，并要求廉政专员出席立法会会议，报告并解答有关廉政公署的政策及经费等问题。[①] 同样，内地也可以要求监察委员会负责人向全国人大或人大常委会报告工作，此举与廉署专员出席立法会会议有异曲同工之妙，都暗含立法机关对监察机关工作的监督制约。香港特别行政区为了确保廉政公署在执行任务过程中能够恪守职责、公正廉洁，并加强对廉政公署的监督，建立了由行政长官任命成员的4个咨询委员会来监督廉署的工作，[②]咨询委员会既是外部监督机构又是咨询机构，可以向廉署专员提供工作建议，又可以听取廉署工作报告，监督廉署个案处理，咨询委员会作为独立的外部机构，为廉署个案处理的公正以及监督廉署工作人员的职务行为发挥了重要

---

① 根据《香港特别行政区基本法》及《廉政公署条例》等相关法律法规，廉政公署在组织上只需要向行政长官负责，但是有关联署工作内容则需要定期向行政会议汇报，并应立法会要求出席立法会会议解答相关问题。参见廉政公署官网：http://www.icac.org.hk/tc/about_icac/is/index.html，最后访问日期：2017年1月1日。

② 廉政公署的4个咨询委员会包括：贪污问题咨询委员会、审查贪污举报咨询委员会、防止贪污咨询委员会、社区关系市民咨询委员会。其中，贪污问题咨询委员会是最有权力的委员会，可以就贪污问题向廉署专员提供意见，以及在需要的时候，向行政长官反映引起委员关注的廉署运作或廉署面对的任何问题。

作用。为了提高对监察权监督的效果,同样可以借鉴这些有益做法,在人大内部成立专门的委员会,来审议工作报告和监督其他监察工作的实施。“设在相应级别人大常委会的机构应是专门委员会,可称为监察监督委员会。”①专门委员会的成立能够有效提升人大监督的质量,通过其专业知识完善监督短板。专门委员会不仅可以审议监督监察委的工作报告,还应当监督监察机关的各项职务行为,并对有关问题提出建议,要求监察委员会限期答复等。

五、宪法修改与监察体制改革合宪性的关联

监察体制改革在若干层面突破了现行宪法的规定,需要及时修改宪法以增强改革的合宪性。诚然,某些局部改革可以通过修改基本法律或者以宪法解释的方式,消融改革方案与现行法律体系之间的矛盾。但是宪法解释的边界并非无穷无尽,当监察体制改革突破了宪法解释所能涵盖的范围,则只能通过修改宪法来达到成文宪法与现实宪法的内在统一。

(一)监察体制改革与宪法解释之间存在张力

监察体制改革需要构建完备的法律体系,已经为学界所公认,但是否需要修改宪法,却还有不同意见。有学者认为不需要修改宪法也能完成监察体制改革的制度构建,依据《宪法》第 62 条第 3 款,可以由全国人大制定监察委员会的设立依据、组织架构、权能职责等法律,②将监察委员会视为新成立的国家机构,因此根据第 62 条不修改宪法通过宪法解释也能满足其合宪性。

① 童之伟:《对监察委员会自身的监督制约何以强化》,载《法学评论》2017 年第 1 期。

② 现行《宪法》第 62 条第 3 款规定:“制定和修改刑事、民事、国家机构的和其他的基本法律”。

“从字面来看，宪法解释就是把抽象的宪法规范，尤其是把其中隐含的宪法精神明确、具体表达出来的过程。”①是否需要修改宪法关键在于如何理解《宪法》第 62 条第 3 款，如何认识全国人大制定和修改国家机构的基本法律问题。“在规范与现实相冲突的不同程度下分别选择适用修宪权与解释权，其目的都在于平衡与协调宪法的规范性价值与现实性价值。”②因此，当下争论的焦点转化为修宪权与解释权的界限问题，修宪权的基本功能构筑了解释权的边界范围，在解释权的边界内应该尽量保障宪法解释机制发挥作用，以吸纳社会制度的变迁，避免频繁修改宪法，但制度变迁超越了解释的边界，则应该及时修改宪法，构建新的宪制模式融入制度变化的结果。早在 21 世纪初韩大元教授就指出：“宪法解释者应该保持一种‘自我谦抑’，尊重制宪权这个民意最高代表的自我设限，在释宪中应尽可能按照宪法规定的明确含义进行解释。”③宪法解释者应该遵循宪法基本原则，尊重宪法文本的字面意义，尽可能按照文字的字面意义解释，抛弃过多的主观意念，故仅仅通过解释《宪法》第 62 条难以容纳监察改革，监察改革明显超越了《宪法》第 62 条的文字本意，属于新的宪法制度创建。即使超越文字本身，按照体系解释“并不是单独地孤立观察某个法律规范，而是要观察这个规范与其他规范的关联”④的方法，也难以融合监察体制改革，因为监察改革属于牵一发而动全身的制度变迁，需要修改增添的宪法条文有多处，还牵扯与检察机关相关

---

① 夏正林：《谈谈宪法解释》，载《检察日报》2016 年 12 月 14 日，第 7 版。

② 韩大元、张翔：《试论宪法解释的界限》，载《法学评论》2001 年第 1 期。

③ 同上。韩大元教授还将这种解释规则命名为“平意解释”，认为“平意解释”是首先的解释规则，所有的宪法解释都应该从“平意解释”开始。当宪法规定意义非常明确，并且依据这种明确含义就可以妥善地解决现实问题时，解释者就应选择此明确含义。

④ 黄卉：《合宪性解释及其理论检讨》，载《中国法学》2014 年第 1 期。

的宪法条文修改，[①]超越了现行宪制模式的界限，显然不是体系解释能够全部涵盖的。

（二）监察改革需及时修改宪法的必要性分析

在多年研习宪法的过程中，深知为保障宪法权威不宜频繁修宪，若通过其他途径能解决制度设计困难，则没有必要修改宪法。但监察体制改革必须及时修改宪法，并审慎考量修宪的内容：首先，监察委员会突破了现行的国家宪制结构。习近平总书记强调"凡属重大改革都要于法有据"，[②]宪法确立的中央国家机关为"一府两院"模式，监察机关属于行政机关的组成部分，但党的六中全会公报把监察权作为独立的权能出现在国家政治生活中。独立的监察权在现行宪法中并没有明确规定，若不修改宪法难以实现监察机关与行政机关、司法机关的实质并列。其次，全国人大无权通过法律设定宪法没有规定的国家机构。"全国人民代表大会只能根据宪法关于特定国家机构的规定制定特定国家机构的法律，不能就宪法没有规定的新的国家机构制定法律，因而也无权做出设立新的、宪法没有规定的国家机关的决定。"[③]因为宪法条文篇幅的限制，宪法不可能详细规定某一国家机构的所有制度，在不违背宪法关于国家机构基本原则的情况下，允许全国人大制定法律使宪法抽象的条文具体化。虽然《宪法》第62条第3

---

① 根据《决定》，试点地区暂时调整或者暂时停止适用《行政监察法》，《刑事诉讼法》第3条、第18条、第148条以及第二编第二章第十一节关于检察机关对直接受理的案件进行侦查的有关规定，《检察院组织法》第5条第2项，《检察官法》第6条第3项等法律条文。

② 习近平强调，凡属重大改革都要于法有据。在整个改革过程中，都要高度重视运用法治思维和法治方式，加强对相关立法工作的协调。习近平：《把抓落实作为推进改革工作的重点真抓实干蹄疾步稳务求实效》，载《人民日报》2014年3月1日，第1版。

③ 童之伟：《将监察体制改革全程纳入法治轨道之方略》，载《法学》2016年第12期。

款授予全国人大制定修改国家机构的权力，但这项权力并非没有边界可以无限扩大，否则，全国人大可以随意增设新的国家机关，甚至导致宪法规定的国家机关结构和权限被彻底颠覆，实质是以基本法律的名义侵犯宪法的最高地位直至达成释宪修宪的目的，使宪法日益空洞化。宪制的本质特征之一是有限政府的理念，即使是立法机关的权力本身也应当是有限度的。[①] 最后，依宪治国背景下监察体制改革必须有充足的宪法依据。监察权要充分发挥监督作用，必须由宪法明确监察权的性质和地位，如行政机关、司法机关的性质和权限都由宪法直接赋予。若监察权只由全国人大制定普通法律赋予，势必造成监察权的法律依据弱于行政权的法律依据，用法律位阶较低的监察权来监督法律位阶较高的行政权，难度之大可想而知。

六、结语：以点带面在试点中逐步构建常态化的监察制度

在厘清监察体制改革相关理论难题的基础上，还应未雨绸缪继续完善上层制度构建。“改革归根到底是制度创新，不仅涉及资源的重新配置，更涉及利益格局的重新调整。”[②]党的十八大之后党中央把反腐倡廉建设提到新高度，高压反腐雷霆反腐，成效显著广受好评。“与此同时，滋生腐败的土壤仍然存在，反腐败形势依然严峻复杂。”[③]反腐败的紧迫性使监察制度改革箭在弦上不得不发，当前应该集中学界智慧，为监察制度改革出谋划策，使其

---

① 沈寿文：《宪法保留：对基本自由权利限制的限制原则》，载《北方法学》2010年第3期。

② 陈建华：《坚持党的领导，推进和完善司法体制改革》，载《红旗文摘》2014年第21期。

③ 邓联繁：《关于反腐败体制机制创新和制度保障的几个基本问题》，载《廉政文化研究》2015年第2期。

成为政治体制改革的突破口，促进民主法治早日到来。“然而通往法治的道路并不见得因此一马平川，因为法治镶嵌在一个社会的政治、经济和文化结构中，决非几人之力就能成功。”①监察制度改革自党的十八届六中全会提出到目前为止，不过 5 个月的时间，在如此短的时间内，无论是理论界还是实务界都难以构建出理想的监察制度模式，只能在试点期间，边探索边修改，积累丰富的试点经验，为构建常态化的监察制度作铺垫。监察制度改革在实践中会遇到各种困难，有些是改革之前已经预料到的，如检察机关人员转隶问题，需要各级检察机关统一协调疏通思想，保证机构转隶的顺利实施。还有些困难是不可预知的，只能在改革过程中逐步破解，因此，需要改革执行者明确改革目标，落实改革政策，具备坚定的改革意志和强大的执行力。改革必将打破原有利益格局，自然会受到个别势力的阻挠，腐败势力异常敌对监察制度改革，监察改革一定要避免遇到困难绕着走，防止背离改革初衷情况的发生。

---

① 何海波:《行政法治，我们还有多远》，载《政法论坛》2013 年第 6 期。

第四章 监察制度试点授权的理论反思

针对监察委员会的宪制地位,《方案》和《决定》确定试点省(市)监察委员会由其本级人大产生,推而论之,若将来试点成果全面铺开,中央监察委员会则将由全国人大产生,届时,人大制度之下的国家机构将从传统的"一府一委两院"①转变为"一府两委两院"的格局。由此可以看出,国家监察体制改革触动了作为我国根本政治制度——人大制度的组织与职权构成,从规范学视角分析,这种改革实际上超越了现行宪法的规定。根据"重大改革于法有据"的改革法治观,此次改革的启动与试点必须获得最高国家权力机关的授权。令人欣慰的是全国人大常委会根据《方案》通过了《决定》,这在一定程度上为国家监察体制改革提供了法律正当性。然而,这种做法

① 从中央层面来看,全国人大之下还包括国家主席。

是否符合宪理？在不修宪的情况下，通过宪法解释技术能否析出全国人大常委会此次授权的依据？换句话说，国家监察体制改革由全国人大授权是否更具优位性？深一步追问，全国人大常委会授权与全国人大授权的关系当如何定位？两个授权所遵循的基本原则是什么？全国人大相较于其常设机关的全国人大常委会之更高宪法地位如何在授权场域中予以表征？下文将探讨这些问题。

一、全国人大及其常委会授权的宪法原旨

（一）全国人大常委会授权的宪法文本解读

从现行宪法文本来看，其虽然没有直接出现授权的字眼，但是通过“授予”等词汇直接规定全国人大常委会“授权权”的情形有一处，即第 89 条第 18 项。[①] 这一条款是国务院职权的兜底条款，规定了全国人大常委会可授权国务院行使某些职权。全国人大常委会的这一授权应当结合国务院的宪制地位予以解读。一方面，《宪法》第 85 条[②]规定国务院为全国人大及其常委会的执行机关和最高行政机关，这体现了国务院的执行性和行政性双重属性；[③]另一方面，作为宪法性法律的《立法法》第 9 条、第 10 条、第 11 条、第 65 条等对国务院的授权立法进行了规定，这体现了其立法机关的属性。综上所述，全国人大常委会对国务院的授权的宪法原意体现在执行性、行政性和有限立法性 3 个方面，由此可见，全国人大常委会对国务院的授权无法涵摄产生新国家机构的国

---

① 即全国人民代表大会和全国人民代表大会常务委员会授予的其他职权。

② 即中华人民共和国国务院，即中央人民政府，是最高国家权力机关的执行机关，是最高国家行政机关。

③ 两者的区别和联系可参见马岭：《宪法权力解读》，北京大学出版社 2013 年版，第 245～259 页。

家监察体制改革。

除此之外,关于全国人大常委会授权更应该回到其本身的职权中去挖掘相关内涵。《宪法》第 67 条采用“具体列举 + 兜底条款”的方式规定了全国人大常委会的职权:一方面,“具体列举”的职权可归纳为以下几类:宪法和法律解释权、立法权、监督权、人事任免权、重大事项决定权等。① 第一,这些职权界限清晰,有比较明确的适用领域,具有刚性约束力。就国家监察体制改革而言,其作为新的预设国家机构,无法在具体列举的事项中“对号入座”。第二,既然全国人大常委会具有宪法解释权,那其是不是可以实施宪法解释,从而赋予其自身关于国家监察体制改革的相关职权?这样似乎也较难行得通,因为《宪法》第三章“国家机构”并没有设置监察委员会,也没有关于国家机构设置的条款,因此全国人大常委会找不到可以释宪的对象。况且,从宪法赋予全国人大常委会宪法解释权以来,这一职权一直处于“休眠”状态,缺乏宪法解释实践,所以,通过宪法解释无法对此改革依据予以证成。第三,第 67 条第 2 项、②第 3 项③赋予了全国人大常委会受限的立法权和基本法律修改权,这决定了全国人大常委会授权一般不能超越基本法律的范畴,至多是对基本法律所涉及的事项进行枝节或部分授权,但不得超越基本法律设定的基本原则或全国人大授权的界域。具体程序为,根据《全国人民代表大会常务委员会议事规则》第 15 条第 2 款“有关法律问题的决定”,全国人大常委会

① 参见蔡定剑:《中国人民代表大会制度》(第 4 版),法律出版社 2003 年版,第 260 ~ 417 页。

② 第 67 条第 2 项规定:制定和修改除应当由全国人民代表大会制定的法律以外的其他法律。

③ 第 67 条第 3 项规定:在全国人民代表大会闭会期间,对全国人民代表大会制定的法律进行部分补充和修改,但是不得同该法律的基本原则相抵触。

有权将基本法律范畴涉及的宪制性问题部分地或有限地转化为法律问题,从而对尚未达成共识的宪制性问题之解决提供“突破口”或积累经验。具体到国家监察体制改革,其实质是隶属于宪制层面的国家机构的问题,根据上述宪法原意,全国人大常委会授权无权染指国家监察体制改革,最多只能就其中的部分问题作出有限的决定。另一方面,“兜底条款”[①]规定了全国人大常委会享有全国人大授予的权力,这意味着全国人大常委会授权范围还取决于全国人大的授权,[②]即无全国人大授权,则无全国人大常委会授权。综上所述,全国人大常委会职权的宪法原意不仅明确被界定在几个比较明显的领域,而且受制于全国人大的授权范围,因此,全国人大常委会授权也限定于以上两个方面,除非全国人大授权,否则无法反映其关于国家机构方面授权的宪法含义,这样也就无法析出全国人大常委会具备启动和实施国家监察体制改革的主体资格。

(二)全国人大授权的宪法文本解读

从现行宪法文本来看,通过“授予”等词汇直接规定全国人大“授权权”的情形有一处,即《宪法》第 89 条第 18 项,这个规定的宪法原意与对全国人大常委会的授权条款相同,在此不再赘述。

全国人大授权也应当回到其本身职权中去挖掘其宪法原意。第一,《宪法》第 62 条第 3 项[③]规定了全国人大的基本法律制定权,其中明确规定其可制定国家机构方面的基本法律。从教义学

---

① 即第 21 项:全国人民代表大会授予的其他职权。

② 此处可能会让读者认为违反《立法法》第 12 条第 2 款规定的“授权不可转让”原则,即被授权机关不得将被授予的权力转授给其他机关。其实,这是一个误解,因为一方面,“授权不可转让”原则仅体现在授权立法领域,根据宪法基本原则和理论,无法将此原则延伸为一个普遍宪法原则;另一方面,前后两个授权的内涵和目的是不同的,不能仅凭“授权”二字,就认为被授权者充当“甩手掌柜”,将授权者的授权放弃。

③ 即制定和修改刑事、民事、国家机构的和其他的基本法律。

的视角来看,此条款的意涵是赋予全国人大针对国家机构的立法权,并非国家机构设置权,而从发生学逻辑分析,国家机构的存在事实先于制定该国家机构的基本法律,即前者构成后者职权运作的前提,若没有前者的存在,后者将成为"无源之水,无本之木"。从这一点来说,全国人大授权难以通过宪法这一条款来获得关于国家监察体制改革的宪法依据。尤为重要的是,国家监察委员会的设立并非一个孤立的事件,它将实质性改变现有宪制机构的职权配置以及不同宪制机关之间的相互关系。在宪法没有先行规定的情况下,直接由全国人大制定基本性法律径行加以规定,这会导致用基本性法律掏空宪法的不好先例,也有违宪法作为国家机关根本组织法和宪法变迁必须首先遵循宪法明定的程序这一基本宪理。

第二,《宪法》第62条第15项对全国人大的职权设置了"兜底条款",[①]这是一个很有意思的条款,主要体现在两个词语的选择上,即"应当"和"最高国家权力机关"。申言之,"应当"一词体现了全国人大行使某权力的意志主动性和地位该当性。奥斯丁认为,主权者必须通过其代表者,即政治上处于从属地位的被授权者来实现其"命令",且主权者通过两种方式把自己的权力授予代表者:将部分主权权力授予代表,让代表履行一项或若干职责;把主权权力绝对的无条件的授予代表,而在这种路径下,代表者完全代替了主权者的权力地位。[②] 根据奥斯丁的理论,"应当"一词正选择了第二种方式,从而赋予了全国人大全权宪法地位,即全国人大化身主权性权力的来源,可根据自己的意志在正当性基础上创制权力、行使权力(包括授权)。制宪者在解决了国家权力

---

① 即第62条第15项:应当由最高国家权力机关行使的其他职权。

② 参见[英]约翰·奥斯丁:《法理学的范围》,刘星译,中国法制出版社2002年版,第252~253页。

来源，尤其在国家权力出现“宪法真空”时依据的问题后，又从权力效力层面对全国人大作出安排。“最高国家权力机关”一词可谓体现了制宪者的良苦用心，因为按照本条款的逻辑，其欲表达的意思是“应当由全国人大享有的其他职权”，却重复使用了“最高国家权力机关”。从修辞学角度分析，采取这种做法正是要强调全国人大的最高国家权力机关之地位，表达了全国人大是现实中权力最高者的宪法原意。但从效力上追溯，全国人大在权力层级上的地位源于何处？效力是法律规范的一个最根本特征，根据凯尔森的基础规范理论，若规范效力的理由始终来自规范，后一个规范则被视为授权规范，一个法律规范的效力来源于授权规范授予了其发布这一规范的权力，而在一个规范体系内部，如果有一个规范不能从一个更高规范中获得自身效力，这个规范构成该体系内效力的最终理由，被称为“基础规范”。[①] 在宪法制定完成后，宪法便构成了全国人大权力来源的“基础规范”，而宪法中全国人大的“宪法修改权”和职权之“兜底条款”进一步构成了全国人大权力的最终理由，这样全国人大不仅可以在宪法框架下行使既有权力，包括授权行使，还可以在“超宪法”境域时通过上述“兜底条款”这一“基础规范”性条款为全国人大授权提供正当性理由。或许有的读者认为这个“基础规范”仅是理论上的一种最终假设，在形而上的层面上帝、真主等才是最基础的来源。针对这一质疑，笔者将思考调向其相反方向，即效力来源在形而下层面如何追溯？对于这个问题，哈特从实证分析法学的角度给出了笔者比较认同的答案。哈特在批判继承奥斯丁“命令论”和凯尔森基础规范理论的基础上，指出课予义务之初级规则存在不确定

① 参见[奥]凯尔森：《法与国家的一般理论》，沈宗灵译，中国大百科全书出版社1996年版，第32～132页。

性、静止性和无效率性三大缺陷,[①]为了弥补这三大缺陷其相应地引入了承认规则、变更规则和裁判规则。[②] 根据哈特的论述,这新引入的三个规则又都集中于承认规则这一个核心概念,认为“提供判准以衡量法体系内其他规则之效力的‘承认规则’,在某个重要的意义上,可以说是‘终极的’规则”。[③] 承认规则又是什么呢?哈特认为终极承认规则[④]就是一个存在的事实,在一个成熟的法体系中,包含一条承认规则,任何规则都要通过符合该承认规则所提供的判准,才能成为此法体系的一员。[⑤] 可以看出,哈特对授权已经从“主张法体系内某项规则有效无效的内部法律陈述,转换到该体系观察者所做的外部事实陈述”。[⑥] 哈特的授权规则效力理论,严格区分了“各判准间的优先层级”与“各判准有何导出”概念,把授权的效力追溯从法律体系内部延伸至社会存在或事实,形成了“开放性的效力链”。[⑦] 根据哈特承认规则理论,我们可以解读出宪法对全国人大“兜底”授权的宪法原意,即在我国,全国人大是主权者的代表,国家、社会和公民承认全国人大的行为效力具有终极权威性和正当性,因此,现实出现超越现行法体系的需求与实践时,全国人大授权具有唯一的正当性与合宪性。基

---

① 参见[英]哈特:《法律的概念》,许家馨、李冠宜译,法律出版社 2015 年版,第 83～85 页。

② 同上书,第 85～89 页。

③ 同上书,第 95 页。

④ 根据哈特的论述,笔者认为承认规则的效力类似于宪法惯例,它们效力追溯均止步于社会存在或事实,而在终极性的深度延伸上,承认规则似乎又超出了与宪法制定法平行的宪法惯例,以至于承认规则在效力的终极性上更具优位性。

⑤ 参见[英]哈特:《法律的概念》,许家馨、李冠宜译,法律出版社 2015 年版,第 99～100 页。

⑥ 同上书,第 97 页。

⑦ 参见[英]莫里森:《法理学:从古希腊到后现代》,李桂林等译,武汉大学出版社 2003 年版,第 394 页。

于以上论证，笔者认为，针对国家监察体制改革而言，监察委员会这一预设国家机构显然已经超出现行法体系，在这种情况下，只有全国人大授权具有终极权威性和正当性，即当前由全国人大常委会作出授权试点决定在效力层面存在重大瑕疵，[①]应当由全国人大作出相应授权对此予以纠正。

（三）全国人大常委会授权与全国人大授权关系的宪法文本解读

从前面两部分的论述来看，全国人大常委会授权与全国人大授权在广度、深度、强度等方面存在较大差异性：第一，在广度上，全国人大常委会授权不仅限于宪法明定的职权界域，且其扩张依赖于全国人大授权，范围要明显窄于全国人大授权。第二，在深度上，全国人大常委会在授权立法领域需遵循“授权不可转让”原则，从而导致全国人大常委会在将中央权力向地方传递的过程中受到约束，而全国人大授权并不存在这样的“瓶颈”。第三，在强度上，全国人大常委会授权一般发生在现行法体系框架内，除非有全国人大授权，全国人大常委会授权不具备突破现行宪法的能力和资格。而全国人大授权基于其主权者代表地位的优越性，其具有创制“基础规范”的“社会现实”力量。在这个意义上讲，全国人大授权为创制性授权，全国人大常委会授权是实施性授权，在同一个场域中两者是决定与实施的关系。

---

① 有读者可能认为在类似于国家监察体制改革等重大政治体制改革的意志突然出现且具有迫切性时，全国人大可能还不到定期开会的时间，由其组成机关——全国人大常委会临时作出授权决定具有相对正当性和合宪性。笔者认为，这种做法本身就严重违反法治原则，是法治不成熟的表现。重大政治体制改革当然要经过谨慎论证和试点，但是这一过程不能从改革起始就在效率和法治的天平上失去平衡，改革即使具有紧迫性也要遵循法治原则，而这一点我国《宪法》第 61 条对此作出了安排，即召开全国人大临时会议。

二、全国人大及其常委会授权须遵循的基本原则

根据前述哈特的规则理论，法律本体由授权规则与义务规则共同结合而成，[①]这就意味着法律本体实现了从“命令论”向“规则论”的重构，授权规则被置于法律规则体系的重要位置。相应地，在克服仅课予义务之初级规则所造成的不确定性、静止性和无效率性三大缺陷实践过程中，授权规则被高频次地使用，这从我国以往全国人大尤其是全国人大常委会的授权实践中可以得到佐证。为了保证全国人大及其常委会的授权符合上述宪法原意，笔者认为其必须遵循以下基本原则。

第一，人民主权原则。人民主权原则已成为现代国家宪法的共识，[②]我国《宪法》第 2 条规定了国家的一切权力属于人民。全国人大及其常委会授权遵循人民主权原则，主要体现在全国人大常委会作为最高国家权力机关的组成部分只能在现行宪法框架内实施授权，改革涉及的事项一旦超出现行宪法，只能由主权代表者——全国人大予以授权，全国人大常委会再根据此授权对相关改革作出进一步的安排，然后待条件成熟时再适时修改宪法。当前的国家监察体制改革，为满足人民主权原则，全国人大作出授权决定，[③]改革举措的正当性与合法性存疑。全国人大尚有补救的方法，那便是在全国人大常委会向全国人大报告工作时，若全国人大常委会在报告中对这个授权事项写上一笔，全国人大审

---

① 参见俞中：《哈特的“授权规则”及其本体意义——兼评中国学者对“授权规则”的误读》，载《北京行政学院学报》2004 年第 4 期。

② 参见任剑涛：《重申人民主权：国家权力的结构改革》，载《江苏行政学院学报》2012 年第 2 期。

③ 参见童之伟：《将监察体制改革全程纳入法治轨道之方略》，载《法学》2016 年第 12 期。

议报告后表决通过报告,就在某种程度上追认了全国人大常委会的授权。

第二,基本人权原则。该原则的内涵是公民在政治、社会和个人生活中的基本权利应当受到国家尊重和保护。全国人大及其常委会授权可能会突破现行宪法对权力的约束机制,导致与授权有关的对象的基本权利受到公权力的潜在威胁。例如,国家监察体制改革的目的在于整合国家监察资源和力量,加大国家反腐力度,设想的监察机构被授予监督、调查、处置等权力,这可能使涉腐人员的人身、财产等宪法赋予公民的基本权利和自由遭到克减。因此,全国人大及其常委会在授权时应当考虑到这种情况,在公民基本权利保障方面做出相应地安排。

第三,法治原则。该原则有两个方面:实质法治原则和程序法治原则。[①] 就实质法治原则而言,全国人大及其常委会授权要符合实体法的相关规定,符合宪法基本精神和基本价值;就程序法治原则来说,全国人大及其常委会授权要遵循必要的程式和步骤,在关键环节上不得为解决价值冲突而舍弃程序的意义。就国家监察体制改革来说,根据上面分析,其试点改革只能由全国人大授权实施,但实际上为了推进改革,中央径直安排全国人大常委会作出授权决定,尽管这种有缺陷的做法可以通过召开全国人大会议予以纠正,从而使全国人大常委会授权获得实质正当性,但程序的颠倒或破坏直接导致整个改革合法性大打折扣,这是国家法治不成熟的表现,应当引起改革顶层设计者的高度重视。

第四,权力制约原则。全国人大及其常委会授权是国家权力结构变迁的重要机制,必然会引起国家权力内部的解构与重构,

---

① 参见侯健:《实质法治、形式法治与中国的选择》,载《湖南社会科学》2004 年第 2 期。

即某个或某些国家机构的权力被转移给另一个国家机构。如果一权独大，导致国家权力结构的失衡，也会给公民的基本权利带来巨大危害。绝对的权力导致绝对的腐败，而权力腐败事实上在一定时期内会强化腐败者的权力，因此必须重视权力制约原则。就国家监察体制改革而言，欲设立的监察机构将集立法权、行政权、司法权、执纪权等于一身，可谓权力无比强大，这不仅可能破坏国家权力间的制约平衡关系，也使涉腐人员以及其他所有公职人员的公民基本权利面临监察权的威胁。因此，在授权改革过程中，要把如何监督制约监察权，保证其规范行使作为一个重要课题予以研究，并作出精心妥当安排。

三、全国人大常委会授权代替全国人大授权的原因

依据《宪法》第 57 条，全国人大常委会是全国人大的常设机关，由此决定两者的权力地位是从属而非并列关系，即全国人大常委会授权应在现行宪法框架下运行，不得越轨到全国人大授权的场域中。然而，检视此次国家监察体制改革，根据第一部分的理论分析，试点决定本应由全国人大作出，全国人大常委会却代替其作出授权决定，分析其中的原因是厘清全国人大常委会授权与全国人大授权的关系的关键。

第一，从人大内部环境来看，全国人大常委会行使授权的效能高过全国人大。众所周知，全国人大权力的运作主要体现为开会，从以往实践来看，全国人大会议一般在 1 年的 3 月中上旬举行一次，会期现在不足半个月（且有趋短的现象），而上年度国家重大事项（包括全国人大常委会、国务院、最高人民法院、最高人民检察院工作报告等）和本年度国家重大事项（包括预算、法律议案等）均须提交全国人大审议和批准，由此导致会议时间和任务的严重不对称。在此背景下，全国人大授权涉及的事项除非有衡量

优势，否则无法成功纳入全国人大会议议程，直接影响了相关授权进程。此外，从程序复杂程度来讲，全国人大的审议程序等比全国人大常委会严格得多；从难度上分析，全国人大会议的召集、组织以及表决通过等难度要远高于全国人大常委会；从成本上来讲，全国人大会议所负担的人力、物力和财力等均要远远大于全国人大常委会；最终从效果上来看，囿于全国人大任务繁重性、时间有限性等，全国人大授权事项难以在实体和程序方面获得预想的成果。① 相反，全国人大常委会在以上因素中均具有比较优势，所产生的效能自然高于全国人大授权，因此更易成为中央推行改革的首选。

第二，从人大外部环境分析，全国人大虽然是最高国家权力机关，具有最高法律地位，但全国人大例会频率之少、会期之短、成本之重直接导致其法律功能的式微，使全国人大的宪制地位偏离宪法预设功能与价值。尽管全国人大常委会是全国人大的组成机关，但全国人大闭会给了全国人大常委会作为最高国家权力机关运行的大量实践时间，造成了全国人大常委会为事实上最高国家权力机关的思维惯性，而这一点正为全面推进依法治国背景下促使党的意志迅速转化为法律提供了便利。此外，全国人大常委会党组的设置更是保证了党的意志的贯彻实施，因此，全国人大常委会获得了事实上更高的政治地位，进而在相关重大授权改革中往往代替全国人大所应有的角色和地位。

第三，从人大授权改革所带来的风险来看，全国人大常委会授权要小于全国人大授权。但此次改革是国家权力结构形式方面的大动作，虽然其没有直接削弱人大制度的整体稳定性，却浅

---

① 参见杨佳瑛：《民主与效能：人民代表大会制度的完善途径》，载《毛泽东邓小平理论研究》2013 年第 5 期。

层次地隐含着国家权力内部格局变动的风险。在这种语境下，由全国人大常委会而非具有终局权威性的全国人大作出授权决定，是为减小全局失误，防止宪制危机而采取保守姿态。尽管从法律价值判断，全国人大常委会作出国家监察体制改革授权决定不具有该当性，但从政治价值判断，全国人大常委会授权在保持稳定这一前提价值取向上可能更优于全国人大授权所表征的彻底、激进属性。这或许是全国人大常委会授权经常代替全国人大授权的另一个原因。[①]

四、对全国人大及其常委会授权的监督

由全国人大或全国人大常委会授权实施的事项势必属于国家重大事务范畴，而为了保证授权的规范实施，达到预期的政治、法律等目标，必须加强对全国人大及其常委会授权的监督。

第一，应当加大授权实体性监督。全国人大是最高国家权力机关，对其授权加以监督的可行方案为在全国人大开会时，将全国人大的授权法案提交大会代表审议。而对全国人大常委会的授权监督的可行路径为在全国人大开会时，全国人大常委会将授权决定等向大会作报告，由代表予以审议；在全国人大闭会期间，若全国人大常委会的授权涉及国家根本事项时，全国人大可成立特定问题调查委员会对全国人大常委会的授权进行专门监督。[②]对全国人大及其常委会授权的监督至少包括明晰授权内容、规定

---

① 如前所述，全国人大常委会要向全国人大报告工作，若相关授权实践效果极差，引发宪法上的大变动，这项工作可能不会出现在全国人大常委会的工作报告中，全国人大不会对之审查确认，相关授权便不可能进一步发展为政治位阶更高的政治决定，其影响也事实上被控制在一定范围内。

② 具体做法可参见茅忠宏：《特定问题调查委员会的设置及其运作》，载《上海市政法管理干部学院学报》2001 年第 5 期。

授权期限、跟踪授权过程、发现授权效果不佳而予以修正或撤销授权[①]等制度措施。就国家监察体制改革而言，当前国家监察体制改革试点已由全国人大常委会作出授权决定，若对其进行监督，可行的做法为由全国人大常委会就该授权决定事宜向全国人大作报告，由大会代表对国家监察体制改革试点授权的必要性、可行性、科学性、民主性等内容进行监督审议。将来国家监察体制改革全面铺开之时，按照前面的宪理分析，应当由全国人大对之作出决定。届时，对全国人大的相关授权监督则转化为由全国人大代表对国家监察体制改革法案的审议与表决。

第二，应当加强授权程序性监督，包括设置相关事项的审议批准程序、定期报告授权实施进展状况、授权事项信息公开、设置不同国家机关之间的制约程序等。当然，授权程序性监督不能止于授权程序违法违宪的识别与宣告，更应结合我国国情设置对授权主体的威慑制裁程序和被侵权人的基本权利救济程序。[②]

第三，待时机成熟，笔者建议由全国人大制定授权法，为全国人大及其常委会授权提供法律基础。授权法内容除了系统规定包括全国人大及其常委会授权实体、程序方面的内容，为授权监督提供法律依据，同时要以法律形式规定授权主体和被授权主体的相关法律责任，从而减少全国人大及其常委会授权的随意性，加强授权的严肃性，进而使全国人大及其常委会授权在推进国家重大改革。

---

① 《宪法》第 62 条规定，全国人民代表大会行使下列职权：……改变或者撤销全国人民代表大会常务委员会不适当的决定。

② 参见郭晶：《论程序性监督之擅变——从违法性宣告到渐进式制裁》，载《现代法学》2014 年第 1 期。

五、余论

依照前述试点方案，已经成立的山西、北京和浙江监察委员会，完全采行了党政双兼的模式，即同级党的纪委负责人和同级监察委员会的负责人完全重合。至于其下属监察委员会的工作人员如何遴选则尚未明确规定和公开，是过去纪委工作人员、行政监察机关工作人员、检察机关转隶过来的工作人员一起当然成为新成立的监察委员会的工作人员，还是遵循一定标准予以遴选？未来新进监察委员会工作人员是遵循公务员选聘程序还是遵循过去司法机关人员选聘程序，也尚待探索。上述模式带来的宪法问题是，当同级人大认为监察委员会组成人员不称职，而决定予以撤职时，其在党内职务如何处理？监委会此种党政同体的模式是否会延伸到其他所有国家机关？一个集立法权、行政权、司法权属性为一体的监察机关，其权力运行的基本原理和规则是什么？其权力行使如何受到真正的有效的监督？[①] 这些都是监察委员会试点需要研究并解决的重大议题。

---

① 已经有学者对这一问题进行了初步探讨，参见童之伟：《对监察委员会的自身监督制约何以强化》，载《法学评论》2017 年第 1 期；秦前红：《困境、改革与出路：从"三驾马车"到国家监察——我国监察体系的宪制思考》，载《中国法律评论》2017 年第 1 期。

第五章　国家监察制度改革的宪法界限

党的十八届六中全会公报历史性地将监察机关与人大、政府、司法机关并列，[①]激发社会对我国监察体制改革的热烈讨论，其中的主题之一便是国家监察体制改革的法律根据。针对这一问题，有学者主张修法改革国家监察体制，[②]还有学者提出修宪改革国家监察体制的主张，[③]二者观点鲜明对立。同时，对于修宪改革国家监察体制的限制和限度，本书作者之一秦前红教授认为，监察体制改革难以变革我国以人大为核心的一元二层权力单向监督的构架，

---

① 《中国共产党第十八届中央委员会第六次全体会议公报》，载《中国纪检监察》2016年第21期。

② 参见马怀德：《全面从严治党亟待改革国家监察体制》，载《光明日报》2016年11月12日，第3版；马怀德、张瑜：《通过修法完善国家监察体制》，载《学习时报》2016年7月14日，第A4版。

③ 参见童之伟：《将监察体制改革全程纳入法治轨道之方略》，载《法学》2016年第12期。

否则便颠覆了人大制度。① 上述理论争论反映了法治国家的基本共识，即论者均认为“改革权”的行使必须于法有据，并触及国家监察体制改革的关键议题——国家监察体制改革的宪法约束。然则，源于论题的限制，上述诸位学者并未全面论述这一议题。

国家监察体制改革旨在通过设立国家监察机关，完善国家监察制度，形成“人大制度下的一府两委两院”，实现公职人员的全面和有效监察，具有3个根本特征：(1)国家监察体制改革是以监察权配置为核心内容的公权行为，遵循权力法定的原则；(2)国家监察机关作为反腐败机制，具有工具性价值，服从于国家治理现代化的目标；(3)国家监察体制改革的本质是宪法上权力关系的重新配置，属于宪制的变迁。基于这些特征，国家监察体制改革必须服从法治的根本原则，而相关理论研究则应当回答如下3个问题：一是作为一项公权行为，依照我国宪法和法律的规定，国家监察体制“改革权”属于何种性质的权力？应当由哪一国家机关行使？应当遵循何种法律程序？国家监察体制改革应当服从何种程序性约束？二是国家监察体制改革重置宪法确立的国家权力结构和权力关系，这种“改革权”受到何种实体层面的限制？能否变动宪法赖以存立的根本规范？是否存在宪法上的边界？三是国家监察体制改革要实现何种目标？宪法是否构成国家监察体制改革的根本指示？上述3个问题次第铺开，依次涉及以什么方式开展改革（程序）、哪些内容可以/不可以改革（边界）、如何通过改革形成最佳制度体系（指示）3个基本问题。本章试图在回应相关学术争论的基础上对上述问题作一初步的探讨。

① 参见秦前红：《困境、改革与出路：从“三驾马车”到国家监察——我国监察体系的宪制思考》，载《中国法律评论》2017年第1期。

一、国家监察体制改革的宪法程序

我国《宪法》第 5 条规定，中华人民共和国实行依法治国，建设社会主义法治国家，一切国家机关必须遵守宪法和法律。习近平总书记将这一宪法原则在改革中的应用阐释为："凡属重大改革都要于法有据。在整个改革过程中，都要高度重视运用法治思维和法治方式，发挥法治的引领和推动作用，加强对相关立法工作的协调，确保在法治轨道上推进改革。"①作为一项涉及国家权力重新配置的重大改革，国家监察体制改革自然也必须依法而行。考察宪法可发现，"监察"一语分别出现在《宪法》第 89 条和第 107 条，仅指行政监察。更为明确的是，宪法中的国家机关并不包括与"一府两院"并列且由同级人大产生的国家监察机关。如何在法治轨道上行使这项重大的"改革权"，依照宪法法律规定将国家监察机关安置于宪法和法律之中，是国家监察体制改革面临的首要课题，也是法学界应当回答的问题。

（一）修法抑或修宪：国家监察体制改革的法治路径

关于如何依法改革国家监察体制，法学界形成了修法改革国家监察体制和修宪改革国家监察体制的两种观点。马怀德、张瑜教授认为可以由国家立法机关以修改法律的程序改革国家监察体制，通过修改《行政监察法》，将之更名为《监察法》，改革国家监察体制，从中央到地方形成由同级人大选举产生的监察委员会，统一行使监察执法权，对所有国家机关、公务人员、法律法规授权具有公共事务管理职能的组织及国家机关依法委托从事公务管

① 习近平：《把抓落实作为推进改革工作的重点真抓实干蹄疾步稳务求实效》，载《人民日报》2014 年 3 月 1 日，第 1 版。

理活动的组织进行覆盖式监督。[1] 如若按照有些学者的主张行事,国家监察体制改革可以快速铺开,但《行政监察法》的修订事实上构成对《宪法》的实质修改,修法行为及修订后的《监察法》必然受到合宪性追问,国家监察机关的权威可能因此而弱化。我国宪法规定全国人大及其常委会行使国家立法权,这一追问的实质是全国人大及其常委会是否可以行使立法权实质性的修订宪法。上述学者对此作出如下回应:人民享有国家的一切权力,全国人大是人民行使国家权力的机关,故全国人大可以行使国家的一切权力,包括设定国家机构的权力。全国人大可以制定国家机构的基本法律,故享有制定设立国家机构的法律和作出设立国家机构的决定的权力。全国人大常委会是全国人大的常设机关,可以对全国人大制定的法律作部分修改,故全国人大常委会可以作出关于设立监察委员会的决定。根据惯例,全国人大常委会可以通过授权的方式设立国家监察机关。[2] 这一回应的实质是认为全国人大的权力源于人民,人民享有多少权力,全国人大及其常委会便享有多少权力,其权力范围不以宪法为限,其权力行使也不受宪法限制;基于这一前提,并不存在全国人大及其常委会以法律修改方式设立监察机关是否符合宪法和法律的问题。修法改革国家监察体制论的本质是全国人大至上论,这致使该主张存在无法解决的内在矛盾:如果全国人大及其常委会享有无限的主权性权力,国家监察机关便不可能监察全国人大及其常委会,也就无法实现公权行使监察全覆盖的目标,国家监察体制改革必将功亏一篑。

---

① 参见马怀德、张瑜:《通过修法完善国家监察体制》,载《学习时报》2016 年 7 月 14 日,第 A4 版。

② 参见马怀德:《全面从严治党亟待改革国家监察体制》,载《光明日报》2016 年 11 月 12 日,第 3 版。

童之伟教授提出修宪改革国家监察体制论，认为“全国人大无权在没有宪法根据的情况下创设新的国家机关”，“在全国人民代表大会闭会期间，作为全国人大的常设机关，全国人大常委会只可以行使全国人大的部分权力，无权行使全国人大的全部权力”，“讨论做重大政治改革的授权问题，要以宪法为根据，不能以对全国人大常委会‘近年来作出的授权决定的领域和范围’的主观感觉为根据”，“全国范围设置国家监察机关必须修宪才行”。①虽然修宪改革国家监察体制论并未明确回应全国人大与宪法的关系，但显然，其中隐含的前提是全国人大及其常委会的立法权源于宪法，受限于宪法，立法权的行使不能导致宪法的实质修订，否则便与宪法规定不符，实质是主张“宪法之下的立法权”。总之，童之伟教授认为全国人大及其常委会的立法权限于宪法的授权，宪法明确授予全国人大修宪权，不能以法律修改的方式改革国家监察体制，行修宪权之实，唯有修改宪法方能全面设立国家监察委员会，无论是试点改革还是全面改革国家监察体制，均须在法治轨道上运行。②

（二）“人大职权”与国家监察体制改革的宪法路径

围绕国家监察体制改革的法治路径之争凸显了国家监察体制改革中的核心命题之一，即国家监察体制改革的程序约束，其实质是全国人大改革国家监察体制的宪法权限问题。根据《宪法》第62条的规定，全国人大行使基本法律制定权，制定基本法律，享有修宪权，可以修订宪法，两种权力性质不同，行使程序有别。修法改革国家监察体制论以人民的名义确证全国人大的无限权力，在此基础上主张全国人大立法权的无限性，以常设机关

---

① 童之伟：《将监察体制改革全程纳入法治轨道之方略》，载《法学》2016年第12期。

② 同上。

的地位证成全国人大常委会的无限权力及其对全国人大的替代，若果真如此行事，组成人数较少的全国人大常委会便可以以立法的形式配置国家监察权，设立国家监察机关，实质性地修改宪法。这明显违反修宪程序和人大权限的宪法规定。修宪改革国家监察体制论主张唯有修改宪法才能全面设立国家监察机关，但未全面地从理论上批驳修法改革国家监察体制论的论据，特别是“全国人大可以行使人民所有的一切权力”的人大主权机关论，理论上应当在厘清全国人大宪法地位的基础上明确国家监察体制改革的宪法程序。

我国《宪法》第2条规定“中华人民共和国的一切权力属于人民”，宣告了人民主权原则。该条又规定，人民行使国家权力的机关是全国人大和地方各级人大。有学者据此认为，全国人大是代表人民行使国家权力的主权机关，①完全统一地行使国家的一切权力，②全国人大的权力是人民授予的，不受任何实定法限制，其中的规则形成权，既包括制定宪法的权力，也包括制定民事、刑事等法律的权力，属于一国的根本性权力。在《香港特别行政区基本法》草案的合宪性讨论、《物权法》草案的合宪性之争中，人大主权机关论均被一些学者征用为立论前提，③修法改革国家监察体制论同样如此。人大主权机关论及其应用者将全国人大视为位于宪法典之先、之上、创制宪法的主权者，是对《宪法》第2条的错误理解。

《宪法》第2条中“中华人民共和国的一切权力属于人民”“人民行使国家权力的机关是全国人民代表大会和地方各级人民代

① 参见江国华：《宪法的形而上之学》，武汉出版社2004年版，第380~397页。

② 参见蔡定剑：《中国人民代表大会制度》，法律出版社1998年版，第28页。

③ 参见叶海波：《“根据宪法，制定本法”的规范内涵》，载《法学家》2013年第5期。

表大会”二者指向的权力具有本质区别，前者的用语是“权力”并指明是“一切权力”，后者的用语是“国家权力”，但未明确是“一切国家权力”。人民享有的“权力”是一种主权意义的本原性权力，具有派生性，是一种政治决断权，主要表现为制定宪法，创制国家制度，授予具体的国家权力，形成国家权力架构。作为主权决断的结果，具体的国家权力自然也为主权者所享有，因此人民享有的“一切权力”包括本源性的主权（创制宪法的权力）和被派生的具体国家权力（宪法创制的权力）。全国人大由人民选举的代表组成，全国人大可以行使的权力只能是与其代表机关的地位相称的权力，而且必须是人民通过制定宪法授予其行使的权力，这是且仅是宪法设定的、并授予全国人大的“国家权力”，而不是“一切国家权力”，更不是人民享有的“一切权力”。从逻辑上讲，作为代表机关，全国人大至少不享有授权自身具体权力的权力，也不享有选择代表的权力。基于以上的分析，不难发现，修法改革国家监察体制论的立论——“我国《宪法》第二条规定：‘中华人民共和国的一切权力属于人民。人民行使国家权力的机关是全国人民代表大会和地方各级人民代表大会。’这就意味着，全国人大可以代表人民通过制定法律、作出决定方式行使国家一切权力，包括设立国家机关的权力”①——明显不能成立。国家监察委员会的设置将国家监察执法权集中于一个机关之手，既缩小了现行宪法规定的国务院及检察机关的权限，也在形式上扩大了全国人大及其常委会的人事决定权和监督权范围，设定国家监察委员会因而是更改人民制宪授予的权力范围及宪定权力关系，是对既有授权的变更，必须由人民或其代表以修改宪法的程序来完成。

① 马怀德：《全面从严治党亟待改革国家监察体制》，载《光明日报》2016年11月12日，第3版。

总之，全国人大及其常委会不享有通过行使立法权，以制定或修改法律、作出决定的方式重新配置国家权力、根本性地改变宪定权力结构的权力。这进而决定了国家监察体制改革只能遵循修宪程序。

（三）宪法修订与国家监察体制改革的正当程序

宪法以国家权力配置为核心内容，"如果说宪法只规定一项内容，那就是规定政府权力的范围、国家机关的设立、组织及其职权，以及各国家机关之间的关系"，[①]国家权力的结构性安排属于一国宪法绝对保留的事项，国家监察体制改革的本质是国家权力结构的重新安排，改革的主体和程序必须符合宪法的程序性规定。我国《宪法》第 62 条和第 64 条规定了全国人大的修宪权及修宪程序，这为全国人大修订宪法改变宪定国家权力配置结构、设置国家监察委员会提供了形式上的权力依据，也构成了国家监察体制改革的基本程序。其具体内容如下：只有全国人大方能展开国家监察体制改革，在全国范围内设立国家监察机关，而全国人大在推进这项改革时，必须以修改宪法的方式进行，并遵循宪法规定的修宪程序。根据现行宪法的规定以及既往宪法修订的惯例，修宪设立国家监察委员会应当以如下步骤展开：中共中央提出修改宪法部分内容的建议，公开征求意见后，全国人大常委会或者 1/5 以上的全国人大代表据此提出修正案，由全国人大全体代表的 2/3 以上多数通过，全国人大常委会公布宪法修正案。宪法修正案一经全国人大通过并公告天下，宪法层面的国家监察体制改革便告完成。全国人大应当随之行使立法权，制定国家监察机关组织法和行为法等配套法律，实施宪法修正案关于国家监察机关的规定，中央与地方亦应当随之成立监察委

---

① 蔡定剑：《关于什么是宪法》，载《中外法学》2002 年第 1 期。

员会，行使宪法设定的国家监察权，最终完成国家监察体制的改革。

二、国家监察体制改革的宪法边界

国家监察体制改革的目标是通过国家权力关系的重构来实现权力行使的有效监督，属于国家权力宪法配置的更新。“监察全覆盖”意味着对各国家机关及公职人员的监察，监察内容不可避免地扩展至民主立法、行政决定、检察事务和司法事务，进而实质性地改变人大制度的内容和国家机关间的宪法关系，形成一种相互监督的关系。概言之，以修宪的方式改革国家监察体制，将根本性地改革宪法确立的权力架构和权力关系。那么，全国人大是否可以修改宪法建立全覆盖的国家监察体制全面监察国家机关和公职人员？即现行宪法是否确认一些核心条款，这些条款对国家监察体制改革的具体制度安排构成实质性约束和边界？全国人大修宪改革国家监察体制时是否不得改变宪法中的某些内容？众所周知，修宪权是否存在界限，理论上曾有争论，[①]但承认修宪权的宪法限制渐为共识。在宪法中明确限制宪法修改的实例并不少见，美国是始作俑者。现代国家或者规定共和政体、宪法原则和根本精神、领土范围等条款不得修改，或者规定宪法在若干时间内不得修改或必须修改。我国现行宪法虽然设定了宪法修改的程序，但并未明确规定宪法修改的界限，理论上对国家监察体制改革修宪的实体界限和边界也认识不一。笔者认为，宪法根本规范构成国家监察体制改革的外在边界。

---

① 参见豆星星：《论修宪权的界限》，载《西南政法大学学报》2006 年第 1 期。

(一)国家监察体制改革宪法界限的理论分歧

有的学者主张以修法的程序改革国家监察体制，强调全国人大及常委会享有人民享有的一切权力，[①]不认为国家监察体制改革应受宪法约束，因而也不认为国家监察体制改革存在外在的宪法边界。童之伟教授虽然认为“在宪法规定之外新增设一种在中央与国务院平行、在地方与各级人民政府平行的国家机关，动了人民代表大会制度和宪法的根本”，但这里所谓的“动了人民代表大会制度和宪法的根本”并非主张宪法对国家监察体制改革构成实体层面的约束。童之伟教授认为，“是否准许进行改革试点，属于全国人大的职权范围，要授权进行改革试点必须由全国人大为之”，在试点成功后全国范围内设立国家监察委员会时，“必须修宪才行”。[②]这一立论的逻辑前提是，宪法是根本法，具有最高法律效力，是根本的活动准则，如果以修法而非修宪的方式设立监察委员会，便违反了宪法关于修宪权和立法权的规定，也是对宪法的权威和效力的否定，并且客观上侵犯了全国人大的修宪权，是“动了人民代表大会制度和宪法的根本”。推而论之，这种观点认为，立法权必须受宪法约束，修宪权则不受宪法的实质约束。以修宪的方式设定监察委员会，使监察委员会成为宪法上而非宪法外的机构，正是严格遵循宪法规定的行为，也是宪法权威和人大制度的实现，是维护而非“动摇”人大制度和宪法的根本。毋宁说，该观点恰恰认为，修宪权正是宪法设定的一项装置，以回应人大制度和宪法变迁的需要，全国人大修宪改革国家监察体制时，所要改革的正是宪法中设立的权力制度，因此其修改宪法时不受

---

① 参见马怀德：《全面从严治党亟待改革国家监察体制》，载《光明日报》2016年11月12日，第3版。

② 参见童之伟：《将监察体制改革全程纳入法治轨道之方略》，载《法学》2016年第12期。

这些条款的限制。基于这种隐含的认识，童之伟教授在探讨如何将国家监察体制改革纳入法治轨道时，未提及全国人大修宪改革国家监察制度的实体限制问题。[①] 国家监察制度改革需要明确的问题是：修宪改革国家监察体制是否受现行宪法的实体性约束？如果这种约束存在，宪法的哪些条款和内容构成对这项改革的约束和边界？

（二）宪法根本规范与国家监察体制改革的"宪法禁区"

现代宪法立基于"宪法核心部分理论"之上，[②]主要由宪法核和宪法律组成，宪法核"是一种根本规范，它提供实定法客观合理性的依据，表明实定法创始的出发点"，是"宪法的宪法"，"宪法律是一种相对意义的宪法"，"有关根本规范的内容是不得以任何形式修改与变更的，而宪法律则可根据社会变化的实际需要进行适当的修改与调整"。[③] 宪法核与宪法律相区别的最大效应，"就是建立不得以通常修宪程序更改的宪法核心领域"。[④] 这意味着，"修改宪法的主要目的是调整、扩大、改善和纠正宪法，不是破坏宪法的结构，或者说违反宪法的根本精神，否则，那无异于'宪法崩溃'或'宪法革命'"。[⑤] 以宪法核心理论反观中国现行宪法，不难发现，我国《宪法》也建立了宪法核和宪法律的二元结构。我国现行宪法序言最后一段宣告："本宪法以法律的形式确认了中国

---

① 参见童之伟：《将监察体制改革全程纳入法治轨道之方略》，载《法学》2016 年第 12 期。

② 参见陈慈阳：《宪法学》，台北，元照出版有限公司 2004 年版，第 131 页。

③ 周叶中主编：《宪法》（韩大元撰写部分），北京大学出版社、高等教育出版社 2000 年版，第 127 页。

④ 吴庚：《宪法的解释与适用》，台北，三民书局股份有限公司 2004 年版，第 25 页。

⑤ Charles A. Kelbley (2004), Are there Limits to Constitutional Change? Rawlson Comprehensive Doctrines, Unconstitutional Amendments, and the Basis of Equality, *Fordham Law Review*, 72(5), p. 1504.

各族人民奋斗的成果,规定了国家的根本制度和根本任务,是国家的根本法,具有最高的法律效力。"这一宣告以递进式的恢宏气势声明现行宪法作为根本法、具有最高法律效力的缘由:本宪法"确认了中国各族人民奋斗的成果,规定了国家的根本制度和根本任务",因而是"国家的根本法",因而"具有最高的法律效力",因而是"根本的活动准则"。[①] 申言之,我国确认了以"中国各族人民奋斗的成果""国家的根本制度""根本任务"为内容的宪法根本规范,方才成为宪法,宪法修改不得改变这些内容,这些内容自然构成宪法修改的约束和边界。因此,修宪机关修改宪法改革国家监察体制时,其"改革权"并非不受限制,只能以修改宪法律的方式配置国家监察权,不得改变宪法核。"对宪法的'修改'权并不包含摧毁它的权力在内。"[②]宪法核具有禁止修改的防御功能,构成国家监察体制改革的外在边界,是对国家监察体制改革的消极和否定性约束。

上引的观点之一认为,只要全国人大以修宪方式改革国家监察体制,[③]便符合宪法和法治要求,显然忽视了"改革权"的宪法约束。我国《宪法》共有 6 处使用"根本"一语,分别是序言第 7 段的"根本任务"序言最后 1 段的"根本任务""根本制度""根本法""根本的活动准则",第 1 条第 2 款的"根本制度"。其中,"根本任务"是"进行社会主义现代化建设","根本制度"是"社会主义制度","根本法"和"根本的活动准则"陈述了现行宪法在实定法体系中的地位、效力及性质。"现代化"和"社会主义"是理解现行宪

---

① 陈端洪:《宪法的法律性阐释及证立》,载《清华法学》2016 年第 3 期。

② WilliamL. Marbuty(1919), The Limitations upon the Amending Power, *Harvard Law Review*, 33(2), p. 225.

③ 童之伟:《将监察体制改革全程纳入法治轨道之方略》,载《法学》2016 年第 12 期。

法根本规范的关键词。“现代化”既指一种过程，也是一种状态，还是一套评价标准，主要是指人类以其理性对外在世界加以征服并控制的种种努力。“社会主义现代化建设”主要是指中国人民运用理性建立更具合理性的社会的努力和过程。“社会主义制度”的内容通常被分解为根本的政治制度、经济制度和文化制度，人大制度是我国的根本政治制度，“党的领导是中国特色社会主义最本质的特征”。① 这两条规范合而为一，即党领导中国人民建设现代化的共和国。随着实践的推进，我国宪法进一步地明确了中国现代化建设的核心要素：首为一切权力属于人民的人民主权原则，次为依法而治的法治中国原则，再为维护人之尊严的人权保障原则。我国宪法的根本规范可具体地表述为党领导人民建设一个民主、法治、权力制约和人权受保障的现代化共和国，②国家监察体制改革自然不得在形式上或者实质上更改这一根本规范，这一根本规范构成国家监察体制改革的外在边界。国家监察体制改革的目标是通过设立国家监察机关，改变不合理的国家权力结构，实现权力监督的现代化，并强化党对反腐败的领导，③显然未实质性地改变宪法的根本规范。当然，国家监察体制改革改变了人大制度的内容，因此，理论上需要明确人大制度下的权力监督关系与国家监察体制改革的关系问题，在“不得为”的层面之外，从“可否为”的角度进一步厘清国家监察体制改革的宪法边界。

---

① 《中共中央关于全面推进依法治国若干重大问题的决定——2014 年 10 月 23 日中国共产党第十八届中央委员会第四次全体会议通过》，载《人民日报》2014 年 10 月 29 日，第 1 版。

② 有学者将“中国人民在党的领导下”视为中国宪法的第一根本法。参见陈端洪：《论宪法作为国家的根本法和高级法》，载《中外法学》2008 年第 4 期。

③ 《实现对公职人员监察全覆盖完善党和国家的自我监督》，载《人民日报》2016 年 11 月 26 日，第 1 版。

(三)单向权力监督结构与国家监察体制的改革

宪法核直接以“不得侵犯”的方式划定了修宪改革国家监察体制的宪法边界,同时明确了国家监察体制改革可以涉足的空间。简言之,宪法核犹如一个圆形,乃国家监察体制改革不得触及的“禁区”,该区域之外的范围,则可以根据国家监察体制改革的需要加以变动。理论上的描述易于理解,但实践中的操作则要复杂得多,国家监察体制改革的宪法边界并非在一张白纸上画一个圆圈并解释为宪法核那么简单,仍需要针对具体的问题作出分析,其中之一便是国家监察体制改革与人大制度的关系。笔者认为,应当从人大宪法地位的角度认识国家监察体制改革与人大制度的关系。

日本著名宪法学家美浓部达吉认为,代议机关具有三重依次而存的地位:始为代表国民的机关,国民是第一次的原始的国家机关,代议机关是第二次的代表的国家机关;次为行使立法权的机关;终为政治统治机关,监督政府是其主要权能。代议机关的代表、立法和监督功能源于其作为代议机关的宪法地位。① 我国人大制度亦遵循这样的逻辑,包括民主、立法和权力监督的多重内涵,人大是人民行使国家权力的代议机关和代表机关,基于民主的原理,由人民选举产生的代表组成人大并由人大选举产生同级国家机关,人大享有立法权和监督权。人大制度是党领导人民治理国家、实现国家现代化的重要和最高制度形式,任何改变人大制度的行为,若产生否定人民主体地位的结果,便是动摇宪法的根本。但需要明确的是,人民主权强调国家权力属于人民,主要由人民的代表来行使这些权力,人民代表组成的机关是最高国

① [日]美浓部达吉:《议会制度论》,邹敬芳译,中国政法大学出版社2005年版,第55~56页。

家权力机关,但这并非意味着人民代表的权力是绝对和不受限制的。哈耶克明确指出:"'民主'这个术语仅仅意指:不论存在什么样的最高权力,它都应当由人民之多数或他们的代表来掌控,但是它却没有论涉到这种权力的权限问题。常常有人错误地认为,任何最高权力都必定是无限的或不受限制的。显而易见,我们根本无法从多数的意见应当占据支配地位这项要求当中推论出这样一项要求,即多数就特定问题的意志应当是无限的或不受限制的。"①申言之,人民主权和民主原则的确认并非意味着对法治、权力监督和人权保障原则的否定,民主与法治可以有机结合。② 我国《宪法》第62条和第67条通过列举的形式,将全国人大及其常委会的职权限定于该二条确定的范围,同时在第5条和第33条宣告了法治和人权原则。基于宪法至上和法治国家的现代国家原则,人大作为代议机关亦必须服从宪法和法律,其享有的监督其他国家机关的权力并不能否定对其自身权力监督的必要性,也并不意味着对人大的监督只能是人大的自我和同体监督。事实上,对于在人大中任职的公职人员违法犯罪行为,我国亦存在多种监督机制。我国《宪法》第3条虽然规定人大监督同级其他国家机关,但这一规定不应当被理解为禁止修订宪法建立监督人大的制度。本质上,国家监察体制改革既未改变人大作为代议机关的宪法地位,也未否定人民主权原则,更未否定人大基于代表机关的身份而享有的监督权,而只是补缺了人大制度下权力监督的开环模式,有助于形成一个首尾相连的闭环式监督体系,是国家制度合理化和治理现代化的一种努力。

---

① [英]哈耶克:《政治思想中的语言混淆》,载哈耶克:《哈耶克论文集》邓正来选编/译,首都经济贸易大学出版社2001年版,第36页。

② 参见秦前红、叶海波:《论民主与法治的分离与契合》,载《法制与社会发展》2005年第1期。

三、国家监察体制改革的宪法指示

宪法“是以根本规范为指导的价值体系与规范体系，它既表现为实定法意义上的规范活动，又表现为超实定法的价值与原理，甚至表现为超合法性的规范”。[①] 宪法构筑一国的价值秩序，设立国家权力制度和公民基本权利制度实现这一秩序，并通过这些制度的实施将观念的宪法转化为现实的宪法。国家监察体制改革正是谋求建立一种更为合理的国家监察制度，健全国家监察组织架构，落实现行宪法建立的价值秩序。宪法根本规范不仅具有设定禁区、禁止修改的防御性内涵，更具有价值实现的肯定性和积极性内涵，构成国家监察体制改革的指示，决定了国家监察制度的内容，要求国家监察体制改革设立落实宪法精神的最佳制度，可谓之国家监察体制改革的宪法方针。笔者认为，契合宪法根本规范、最有助于宪法精神得以实现的国家监察体制，必须是一种达致“有限”和“有效”标准的国家监察法治模式。

（一）宪法根本规范与有限国家监察

我国宪法的根本规范是建设现代化的国家，基于现代化的原理与经验，公权力的受限性是其内容之一，这意味着国家监察权的有限性。“有限”意指权限和监督。在权限的维度上，监察权力必须是有限权力，而非无限权力。这首先要求监察委员会的一切权力均来源于宪法和法律的授权，而宪法和法律的授权则应当是明确、具体和清晰的，监察委员会的监察权力止于宪法和法律，特别是监察委员会组织法对其权力的列举。除了以组织法限定监察权限外，还应当在行为法层面规范监察权。申言之，针对组织

① 周叶中主编：《宪法》（韩大元撰写部分），北京大学出版社、高等教育出版社2000年版，第127页。

法所规定的每一项具体监察权力，应当制定配套的行为法，明确权力行使的程序，包括明确监察对象、监察启动条件、监察程序、监察手段、监察决定，等等。在组织法和行为法之外，还应当制定监察基准法，明确监察判断标准。全国人大常委会关于监察体制改革试点的决定指出："试点地区监察委员会按照管理权限，对本地区所有行使公权力的公职人员依法实施监察；履行监督、调查、处置职责，监督检查公职人员依法履职、秉公用权、廉洁从政以及道德操守情况，调查涉嫌贪污贿赂、滥用职权、玩忽职守、权力寻租、利益输送、徇私舞弊以及浪费国家资财等职务违法和职务犯罪行为并作出处置决定，对涉嫌职务犯罪的，移送检察机关依法提起公诉。"不难发现，"依法履职""秉公用权""廉洁从政""道德操守"均为"口袋式术语"，其内涵和外延并不清晰。立法者应当遵从法律的确定性原则，梳理公权清单，确定合法和合理的标准，建立公德标准，实践监察权力有限性原则。概言之，在权限的维度，防止监察权过于宽泛的关键是建立监察组织法、监察行为和监察基准法的有机体系，分别明确监察权力的范围、行使的程序和处置的标准。

在监督的维度上，有限监察要求建立基于监察权限的问责机制。童之伟教授认为，防止"监察体制改革过犹不及"，最可靠的办法是"创造和维持制约者与被制约者享有的政治综合权重比大致均衡的局面"。[①] 对监察委员会的监督是如何监督监督者的问题，我国现行法律确立了多元监督机制，如人大的法律监督、政协的民主监督、检察机关的公诉监督和公益诉讼监督、人民法院的司法监督以及社会媒体、组织和公民的社会监督，这是有效监督

① 童之伟：《对监察委员自身的监督制约何以强化》，载《法学评论》2017年第1期。

监察权力的制度基础。监察委员会对所在地区公职人员进行监察,这自然包括对本机关公职人员的监察,因此,国家监察体制不可避免地存在同体监督和自我监督的问题。螳螂捕蝉式的设立监督机构并不经济也无必要,建立具有实效性、环伺式的监察权监督机制,是唯一选择。如上所述,相关监督机制并不缺少,关键是如何强化这些机制的实效。

(二)宪法根本规范与有效国家监察

权力有限性是宪法根本规范的基本内涵,这不仅意味着国家监察权的有限性,而且意味着其他国家权力的有限性,作为监督其他国家机关及公职人员行使公权的制度,国家监察必须是"有效"监察,方才符合宪法根本规范的要求。"有效"意旨高效和实效。高效要求监察权限配置适当、相对集中,监察组织构架完整,内部组织结构合理,监察程序设定清晰,监察标准明确,权力行使流程化,实效则要求监察委员会以维护法制的权威为首要目标,将规范层面的法秩序转化为实践中的权力受监察状态。有效监察的形成,除了要求构建相关制度外,还要求以监察权激活既有监督机制。以立法、行政、检察和审判为例。监察委员会在监察人大、人民政府、人民检察院和人民法院的公职人员时,若这些机关的公职人员存在违反依法履职、秉公用权、廉洁从政等要求的情形时,其参与作出的立法与决议、行政决定与命令、检察决定、法院裁判可能违反合法性和公正性的要求,若仅处理履职的公职人员而放生这些存在瑕疵的决定,监察的实效便大打折扣。符合法治原则的路径是授权监察机关提请有权监督上述主体的国家机关进行监督,如提请同级人大撤销或者改变其人大常委会不适当的决定,提请上级人民政府或者同级人大或者常委会撤销(改变)下级/同级人民政府不适当的决定,提请上级人民检察院监督下级人民检察院的决定,提请本级或上级人民法院再审相关案件，等等。在提请的同时，监察机关应当同时提交监察案卷或者报告监察案情，披露相关公职人员违法并影响其履职的情形。这种提请监督机制具有多重功能，既激活了既有的机关监督机制、披露制度，又事实上构成对监察机关的监督，同时维护了人大立法和行政决策的自主性、人民检察院和人民法院依法独立行使检察权和审判权的宪法原则。总之，有效的监察体制应当深深嵌入现行法律设定的监督体系之中，各机关间形成互相监督、相互配合的监督方式，并以宪法和法律为监察和监督的唯一根据。

四、结语

宪法是国家全面深化改革的根本遵循，国家监察体制改革应当遵循宪法修改的正当程序，不得破坏“党领导人民建设一个民主、法治、权力制约和人权受保障的现代化共和国”的根本规范，并应当建立一套最佳制度落实其核心价值。

首先，全国人大独享宪法修改权，唯有全国人大才能改革国家监察体制，但全国人大必须遵循宪法确立的程序、以宪法修改而非法律修改的方式展开国家监察体制改革。宪法权力结构和权力关系的变迁属于宪法修改的范围，国家监察体制改革旨在重构宪法权力结构，实现公权的有效制约，该项“改革权”本质上是修宪权。根据现行宪法的规定，全国人大享有修宪权，因此必须由全国人大改革国家监察体制。全国人大的职权源于宪法的授权，必须服从宪法对权力行使的程序性安排，全国人大在改革国家监察体制时不能任意为之，必须以宪法修改的程序改革国家监察体制，不得以立法权的行使程序替而代之。修改《行政监察法》为《监察法》的改革方式，虽然高效便捷但面临合宪性、合法性缺失的先天不足，只会削弱国家监察的权威。修法改革国家监察体制的观点实际上承认全国人大及其常委会权力的无限性，但又主张国家监察的全覆盖,必然面临国家监察机关如何监察权力无限的全国人大及其常委会的问题。以修宪方式改革国家监察体制,虽然程序相对冗长,但会构筑国家监察制度的正当性和权威性,更符合以法治方式推进法治国家建设的原则。

其次,宪法核和根本规范划定了国家监察体制改革的宪法边界,全国人大修宪改革国家监察体制时不得侵入宪法根本规范划定的"宪法禁区"。历经数十年的变迁,我国宪法形成了"党领导人民建设一个民主、法治、权力制约和人权受保障的现代化共和国"的根本规范,包括党的领导、现代化、共和国、法治、民主、人权及权力监督等核心内涵。国家监察体制改革不能改变这一根本规范,更不能有悖于民主、人权、法治、权力制约及党的领导的原则。人大制度下的一元多层单向权力监督结构并非宪法根本规范的核心内涵,也不构成反对双向、循环式权力监督和制约机制的正当理由。国家监察体制改革改变人大制度下的单向权力监督结构,但未改变民主的核心原则,改革形成首尾相衔的闭环权力制约模式,使国家制度更符合法治、权力制约及人权保障等核心原则的要求,亦有助于强化党对反腐败的领导,因而未动摇宪法的"根本"。

最后,宪法是国家法律秩序和价值秩序的根基,不仅禁止任何破坏根本规范的行为,更要求形成具体的国家制度落实国家根本规范,促成现实的法秩序,因而具有价值实现的积极和肯定内涵,是重大改革的根本指示。全国人大应当根据宪法根本规范的指示,依据宪法修改程序,改革国家监察体制,形成一个符合"有限"和"有效"标准的国家监察法治模式。有限监察要求形成监察组织法、行为法和基准法的融贯体系,以法律方式明确监察权限、监察程序和监察标准,亦要求激活既有监督机制,有效监督监察权的行使。有效监察要求监察权限集中、组织结构合理、监察流程清晰、监察标准明确，并且将监察权的行使嵌入机关监督机制之中，借助公职人员履职监察实现机关行为的监督，维护宪法和法律的权威。

第六章　国家监察制度改革的程序思维

一、引言：对我国国家监察体制顶层设计内涵的思考

为了建立执政党领导下的集中统一、权威高效的监察体系，完善党和国家的自我监督，不断增强自我净化、自我完善、自我革新、自我提高能力，[①]党中央作出了深化国家监察体制改革的重大政治决断。如果把党的十一届三中全会视为我国实施改革的起点，那么近40年的改革实践让我们深深认识到改革的成功与否离不开科学的方法论。[②]在我国社会主义改革大潮中，方法论问题是极为重要的。“正确的思维方法，可以推动改革的蓬勃发展；错误的思维

---

① 《实现对公职人员监察全覆盖完善党和国家的自我监督》，载《人民日报》2016年11月26日，第1版。

② 参见赵义：《改革需要方法论》，载《能源评论》2014年第1期。

方法，则会把改革引入困境。”[①]在我国由注重经济体制改革向“五位一体”和“四个全面”战略布局的改革变迁过程中，改革方法论也从“摸着石头过河”的渐进式转变为注重改革的系统性、整体性和协同性，更加强调改革的顶层设计。[②] 就国家监察体制改革而言，其采取了“顶层设计＋试点实践”[③]的方法，这符合现代化治理体系建立的一般程式。[④] 但进一步追问，国家监察体制的顶层设计之内涵为何？

欲理解这一顶层设计，我们首先从“改革的顶层设计”这一概念本身谈起。通说认为，它是在改革步入“深水区”，渐进式改革面临的挑战越来越多；单项改革效果日益弱化；自下而上的改革动力不足，来自既得利益者的阻力越来越大等宏观情景下被提出的。[⑤] “其内涵在于就深化‘改革’的目标模式、框架结构、重点领域、方式方法、运行机制和成本收益等方面的问题，在国家最高决策层主导下，作出战略性和系统化的总体安排与部署。”[⑥]除此之

---

① 艾丰：《中介论——改革方法论》，载《中国社会科学院研究生院学报》1993 年第 1 期。

② 这一点可以从重要官方文件中得到佐证。顶层设计概念源自系统工程学，从所搜集的重要官方文件发布时间来看，其最先出现在 2010 年的《中共中央关于制定国民经济和社会发展第十二个五年规划的建议》规定：要更加重视改革的顶层设计和总体规划。其他的包括《中共中央关于全面深化改革若干重大问题的决定》规定：加强顶层设计和摸着石头过河相结合。《决定》规定：国家监察体制改革是国家监察制度的顶层设计，等等。

③ 《决定》指出：“国家监察体制改革是事关全局的重大政治改革，是国家监察制度的顶层设计”，此外，其选定了北京、山西、浙江 3 省市为试点单位先行先试、积累经验。

④ 现代化治理体系的建立是顶层设计与实践经验的综合体。参见蓝志勇、魏明：《现代国家治理体系：顶层设计、实践经验与复杂性》，载《公共管理学报》2014 年第 1 期。国家监察体系是现代化国家治理体系的有机组成部分，自然也应遵循这一方法论。

⑤ 改革杂志社专题研究部：《顶层设计的宏观情景及其若干可能性》，载《改革》2011 年第 9 期。

⑥ 王建民、狄增如：《“顶层设计”的内涵、逻辑与方法》，载《改革》2013 年第 8 期。

外，其内涵之界定还有主体结构和主要模式说、制度总体设计说、科学决策和战略管理说等。笔者认为，上述种种界定方案都有一定的道理，勾勒了"改革的顶层设计"的基本框架。然而，其也存在诸多问题，比如，如果顶层设计者的认识具有局限性，这种列举式的界定方法可能出现某些失误；我国幅员辽阔，地方差异悬殊，对重点领域的界定、方式方法的选择等作出统一安排，可能出现"一刀切"的问题等。实际上，改革的顶层设计是难以用具体的要素和维度来界定的，而且在没有经过实践检验前，对其具体内涵进行界定无异于"盲人摸象"，反而背离了顶层设计的初衷。

政治现代性是围绕主体性与理性展开的现代宪法价值取向和秩序认同。[①] 基于这样的论断，本章以权力改革实践为对象，通过研究，我们发现以往改革的顶层设计是以"主体或机关"为视角切入，然后再以"主体或机关的作为"为中心设计相应的关系、程序等，这种设计方法有利于整合权力主体，推动了主体性和秩序层面认同的进程，但如果缺乏理性和现代宪法价值[②]指引，将导致改革效果大打折扣。在此，我们提倡一种补充的设计方法，即顶层设计以"客体或改革对象"为视角切入，在尊重权力的客观运作规律的基础上，再以"现代宪法价值"为中心对改革对象的各个环节作出指引。我们把前者的设计方法称为"机关思维"，把后者称为"程序思维"。从学理上来看，第一，何为机关思维？其何以成为我国传统改革具有优位性的方法选择？第二，什么是程序思维？其与机关思维是什么关系？其在我国民主政治发展过程如

---

① 参见刘红燕、宋惠敏：《现代民主的价值内涵探析：现代性与底线》，载《人民论坛》2013年第6期。

② 这里的程序并非教义学意义上的法律程序，而是权力运作的客观规律。程序思维目的是基于全面把握权力运作规律和特点，识别和防范权力各个环节异化的风险关键点，从而保证权力改革符合现代宪法价值。

何定位？第三，就国家监察体制改革而言，如何对这两者作出评价？如何在程序思维视域下对国家监察体制改革提出完善之策等，以上问题构成了本章的主要研究内容，希冀抛砖引玉，引起国家监察体制顶层设计者的关注和学界的参与。

二、机关思维：行政逻辑在公权力领域的延伸

（一）行政逻辑的解构

行政逻辑是与自上而下的压力型主导体制相联系的，强调的是上层一方的意志和行为。行政本质上是执行国家意志的功能，[①]其实现至少依赖以下几个条件：第一，雄厚的资源优势，这是行政逻辑的基础。这里的资源包括自然资源、经济资源、政治资源等。行政是一个消耗的过程，离不开资源尤其是物质资源的投入和支撑。一方面，管理者为追求资源来满足其生存、发展的需求，才有动力去执行国家意志；另一方面，被管理者只有服从国家意志才能获取其所需资源。第二，强大的制度约束，这是行政逻辑的关键。无规矩不成方圆强调了规矩或制度对秩序形成和维持的作用，但就另一个角度而言也强调了制度对人的限制和约束功能。制度存在于很多形式，包括法律、道德、纪律、命令等。从内容来看，制度包括动员、组织、实施、监督、奖惩等，这些制度预设了行政逻辑从形成到实现的展开过程。第三，坚固的暴力基础，这是行政逻辑的保障。行政是资源整合与调整的手段，利益主导者和利益既得者在利益一致的情境中表现为同盟关系，此时有利于行政的实现；但在利益冲突的情况下两者表现为对抗关系，此时利益既得者构成行政推进的阻力，进而触发行政的防护清理机

---

① 参见［美］弗兰克·J. 古德诺：《政治与行政》，王元译，华夏出版社1987年版，第41页。

制,而这离不开暴力(军队、监狱、司法机关等)威慑与实施。

行政逻辑的主要特征可总结为:第一,强调权力主体的整体单一性。权力是行政的逻辑起点,其决定着行政逻辑的形成、展开和实现,为了保证行政逻辑的一致性,必然要求权力主体是一个整体而不能分散,是单一的而防止出现多头逻辑,造成指挥系统的冲突和混乱。第二,强调意志与行为的统一性。意志的统一性是行政逻辑的前提,若意志多元化,轻则造成统治资源的内部折耗,重则导致统治系统的失灵,引发政治危机。行为的统一性是行政逻辑的典型表现,它既是意志统一后的外在效果,也是权力主体集中精力,以最小资源投入实现预设目标的不二选择。第三,通过行政组织贯彻国家意志。行政逻辑是一种单向度思维,在它看来,互动沟通是对权力主体权威地位的威胁与弱化。此外,官僚组织是行政逻辑展开的载体,其通过运作空间封闭化、权力关系层级化以及部门碎片化来建构统治者强大的控制体系。第四,其边际效应倾向于排斥社会。行政逻辑的外在追求效果在于降低官僚体系运作环境的复杂性和不确定性,将一切可以确定化的不确定性吸纳到系统内部,将一切不可确定化的不确定性拒之门外,①从而压缩社会的自主空间,减少社会对官僚体系的冲击和挑战。第五,追求效率和秩序价值。功利主义和实用主义是行政逻辑的哲学基础,而效率是检验行政逻辑是否功利最大化的重要标志,加之统治者占有资源是有限的,因此,“速战速决”而非“持久战”是行政逻辑胜出的优势所在。当然,行政逻辑终究不是在真空中演绎,其顺利实现需要稳定的环境支持,基于此,维稳常常是与行政逻辑相伴随的。

---

① 参见周军:《官僚制控制体系的失灵与变革》,载《公共管理与政策评论》2015年第3期。

（二）机关思维的形成及其比较优势

行政逻辑不是从来就有的，也不是人类文明发展史的最终选择，而是一定时期内统治者管理国家、控制社会的阶段性方法论。随着议会获得更多权力、多党制出现、公民权的崛起和民主法治环境的转变等，①行政逻辑被逐步得到修正，但是权力高层仍然将控制重心和着眼点放在权力机关上，试图通过控制权力机关来达到继续维系其统治的目的，这样，行政逻辑就自然延伸到了公权力领域，形成以“权力机关”为中心的机关思维。

机关思维具有以下特征：第一，以机关本身为中心。机关是权力的象征与载体，机关的设置与改革实质是权力内部或不同权力之间的较量与调配。在出现权力腐败甚至斗争时，权力高层往往从机关切入，通过设立、重组、合并、嫁接等方式对所涉机关予以调整，从而完成对权力的整合、调控。第二，权力向上层集中。机关思维下的权力架构往往呈现出传统权力分配的“金字塔状”，各级权力能量随着层级的降低而减小，“权力在横向层级上向某个个人集中，在纵向关系上，下级向上级集中”。② 第三，唯上级论。从个体权力的产生来源来看，权力个体依附于某一机关职位，而这一机关主要是上级决定产生的。由此在机关思维下，所产生的权力个体评价标准便是唯上标准。

机关思维作为一种权力控制方法论，在国家存在一种绝对强势力量的情境下容易成为该力量的优位选择，其重要原因在于这种方法有利于及时抓住时机，促使预设目标能够快速实现。现代权力结构不是独立存在的，而是一个整体联动的系统，在某一权

---

① 参见王敬尧、贾鹏举：《西方官僚体系的权力扩张与民主政治的矛盾》，载《社会主义研究》2000 年第 4 期。

② 陈国权、黄振威：《论权力结构的转型：从集权到制约》，载《经济社会体制比较》2011 年第 3 期。

力维度出现问题时，如果仅对其局部进行诊治，势必存在“头痛医头，脚痛医脚”的问题，不仅整治效果难以达到，而且可能会在调整其他权力系统过程中耗费时间、贻误解决良机。机关思维是一种直接的、深刻的、大刀阔斧的解决方法，在强力推动和保障的情况下，此方法可以快速配置权力，完成权力结构的快速调整，短时间内实现所追求的价值和目标。

（三）对机关思维的评说

第一，机关思维有违权力制约原则，容易导致权力的封闭空间，滋生新的腐败。例如，在国家监察体制改革前，我国将贪污贿赂渎职犯罪案件的侦查权和公诉权配置给检察机关，从反腐角度来说，由检察机关同时拥有前后承继的两项权力有利于提高打击腐败的力度。然而，这种权力配置方法容易形成侦查权与公诉权之间的封闭空间，可能给检察机关该作起诉决定的却不起诉创造机会，导致检察机关“灯下黑”问题的产生。

第二，机关思维有违权力运行的客观规律性。权力本身是一种具有自身逻辑和功能边界的自主结构，其有效运行既包括外在环境下的互动，还包括自运动。机关思维往往注意到了外在环境下该权力与其他事物的联系，容易忽略权力本身在设立、运行、实现等过程中的自有矛盾和自主修复功能。比如，此次国家监察体制欲融合行政监察、预防腐败等权力机制，但其并非功能意义上的反腐权力。《行政监察法》第 18 条规定监察机关针对监察对象的“执法、廉政、效能”履行监察职责，可以说反腐只是行政监察权能的 1/3。而国家监察体制改革只看到机关本身，忽视了机关背后权力各自的真实功能和运行规律，径直地将机关整合不仅破坏了权力自主体，而且这种颠覆性的改革方法无法为权力功能受损提供修复或救济途径，除非用相同的方法推倒重来。

第三,机关思维有违现代民主原则,公民、社会对权力改革的参与度低。这个问题体现在:一方面,机关思维强调权力高层的主观能动性,着眼点在于机关本身,这客观上导致公民个人与权力改革事项的区隔;另一方面,机关思维抑制社会组织的培育和发展,使社会组织游离于权力改革外围,无法激发和发挥社会组织在实现预设权力改革目标中的作用。

第四,机关思维可能有违人权保障原则,使相关人员的合法权益受到威胁。机关思维是一种简单的方法,对简单权力事项进行改革可能起到"短平快"的效果,但对于像国家监察体制顶层设计这样的复杂系统,若缺乏精细的制度设计和技术操作,加之机关原有的救济功能失效,很可能导致相关对象的合法权益受到制度侵犯而无法依法获得救济。

第五,机关思维是一种内耗式的改革方法,付出的成本很大。从某种程度上说,机关思维作用的发挥依赖于权力高层的权威以及制度自身所形成的公信力,而且这一过程大量消耗权力高层的人、财、物等有形、无形资源。此外,改革走到今天,各项制度和权力已形成直接或间接的联系,在全面深化改革的推动下,机关思维的运用更将对制度和权力有机体系造成显性而深刻的影响,甚至直接导致其他改革机制的熔断,造成权力改革领域新的不适。

三、程序思维:现代民主政治发展的必然逻辑选择

方法具有时代局限性,机关思维是计划经济体制、公民社会力量薄弱、民主机制不健全等条件下产生的,上文论述的诸多弊端凸显了机关思维方法的不适应性和方法改革的迫切性。现代民主政治呼吁新的改革方法论,笔者认为程序思维方法正顺应了时代要求、改革趋势、发展特征,成为权力改革领域必将崛起的新

的方法论。

(一)程序思维的描述

我们把“程序思维”方法描述为按照事物产生、发展、衰弱、消亡的客观运动规律,识别这一过程中可能出现的破坏民主、侵犯人权、违背法治、消减制约等风险点或价值漏洞,并采取相应的制度措施予以引导和修正,从而保证该事物的发生与变迁符合现代宪法价值的方法。

程序思维的特点表现为:第一,以“现代宪法价值”为中心,对客体进行全面动态的审视。程序思维与机关思维的最大不同之处在于切入改革的视角,后者切入点为机关本身,以机关为中心设置程序;而前者以改革对象为切入点,审视权力运作各阶段是否存在违反现代宪法价值的地方。第二,体现分权思想。程序思维并没有像机关思维那样预先将权力集中于某一机关,再主观设置权力运行程序,而是在遵循权力之客观运动规律基础上,为其营造了一个比较开放的运作空间,吸引社会组织、公民等其他主体参与到权力运作中来,再按照现代宪法原则和功能最适当原则[①]对权力配置作出适当安排。第三,追求现代宪法价值。从功能来说,程序思维最主要是对权力运作的各个环节作出价值判断,弥补机关思维带来的现代宪法价值创伤和漏洞。从程式上讲,程序思维在具体情境中所采用的价值系统不是随机的,它可以在某一类情境中积累固定的特殊程式,从而防止在运用程序思维时遗漏某一价值。从内容上看,现代宪法价值包括民主、法治、基本人权、权力制约、秩序、自由等。这些价值可能同时存在于某一环节,且彼此之间存在张力,这时则需要按照公权力上的比例

---

① 功能最适当原则是对三权分立和民主集中制思想的整合,有助于实现权力配置的帕累托最优。具体参见朱应平:《功能最适当原则是国家机构改革的宪法基础》,载《中国法学会宪法学研究会 2008 年年会论文集》。

原则对价值进行取舍,作出实质上的更优设计,基于此,我们也可以称程序思维是一种充满价值博弈的方法论。

(二)程序思维与机关思维的辩证关系

程序思维与机关思维是制度改革的两种方法论,尽管两者存在诸多差异,但都具有一定的方法优势,在同一制度改革中,两者不是对立的,而是相互配合,辩证统一的关系。

首先,机关思维是程序思维的基础。程序思维本质上是按照权力之客观运作规律对权力的发生和变迁环节作出的价值判断,其形式是抽象的,必须依赖于权力主体才能在现实中发挥作用。机关思维尽管存在诸多弊端,但它在一定程度上有助于理顺相关机关的主体关系,最起码提供了权力运作的基本载体,这为程序思维对权力运作环节进行价值供给奠定了基础。

其次,程序思维是机关思维的补强。机关思维以具体机关为视角切入权力运作过程,其更多地带有整合性政治的倾向,即通过改革机关本身,整合机关优势,优化机关的政治序列,达到更好的政治效果。可以看出,这种改革方法具有较强的可操作性,但是这种方法比较简单,容易为了执意达到整合性政治效果而丢了现代民主社会推崇的宪法价值和基本精神。而程序思维从宏观上把握权力的客观运作规律,再以现代宪法价值为参考系来识别权力运作环节可能存在的价值漏洞或风险点,再采取相应措施予以弥补。可以看出,程序思维带有预防性政治倾向,具有更高的价值指引性,而这恰好可以补强机关思维在这方面的短板。

最后,程序思维和机关思维的应用不存在谁先谁后的问题。尽管机关思维是程序思维的基础,程序思维是机关思维的补强,但这不意味着在诸如权力改革中先应用机关思维,再应用程序思维,而是统筹运用两种方法,不可偏颇任何一方,否则要么改革无法推进，要么改革因缺失宪法价值指引而制造出新的宪法问题。

（三）程序思维对现代民主政治发展的促进

程序思维是现代宪法价值实现的重要方法，其对现代民主政治发展的促进作用可归纳为两个方面：第一，有助于扩展权力运行空间，吸收社会组织、公民的民主参与。就权力改革而言，某种权力关系的重组会影响整个社会结构，[①]但这一论断是建立在程序思维基础上的。机关思维容易形成权力运行在机关内部型构的封闭空间，阻隔社会组织、公民对权力改革的参与，这与现代民主政治所提倡的公民参与政治的思想相违背。而程序思维尊重权力产生、发展、衰弱和消亡的动态过程之客观规律，按照现代宪法价值和功能最适当原则配置权力及其各环节对应的参与主体，从而使权力运作空间立体化、开放化，有利于扩大政治改革的民主参与度。

第二，进一步强化民主政治的实质性，推动民主政治精细化、宪法价值化发展。程序思维更加注重权力运作各个环节的价值性思考，其在尊重权力自身运作客观规律基础上，对权力的设置、发展以及与其他权力系统的协调衔接作出价值指引。尽管这增加了民主政治发展的复杂性，但程序思维的应用有助于缓解权力改革过程中的矛盾、冲突，减少现实环节的直接对抗，更大限度地凝聚在权力改革领域的价值共识，增加各方面对权力改革方案的认同感和可接受度。

---

① ［美］理查德·拉克曼：《国家与权力》，郦菁、张昕译，上海人民出版社2013年版，第36页。

四、程序思维视域下我国国家监察体制改革的完善建议

检视《决定》和当前正在进行的国家监察体制改革工作，[①]我们发现，国家监察体制的顶层设计是由执政党以设立监察委员会为中心展开，将行政监察机关、检察院反贪反渎局等机关整合进同级监察委员会，“要求实施组织和制度创新，整合反腐败资源力量，扩大监察范围，丰富监察手段，实现对行使公权力的公职人员监察全面覆盖，建立集中统一、权威高效的监察体系”。从现有的情况来看，笔者认为，当前国家监察体制改革方法论更偏向机关思维，注重理顺执政党领导下的国家监察体系，没有对国家监察体制整体和各环节提出价值层面的要求，亟须应用程序思维重新检视相关顶层设计方案，从而使我国国家监察体制更符合现代宪法价值。下面，笔者在批判性地吸收机关思维下顶层设计方案的基础上，按照监察权自身客观规律和特点，运用程序思维重新检视监察权的各环节，[②]并对我国国家监察体制改革提出一些完善建议。

（一）监察权成立环节

当前，国家监察体制改革正处于试点阶段，监察权在我国尚未成立。运用程序思维来检视这一环节，笔者认为这里可能的风

① 这里我们列举浙江省在试点阶段的国家监察体制之顶层设计所覆盖的主要内容：建立党统一领导下的国家反腐败机构；依法有序推进改革；实现机构、职能和人员的全融合；探索形成监察权有效运行机制；建立监察委员会与执法机关、司法机关的协调衔接机制；强化对监察委员会的监督制约。以上是浙江省监察委员会主任任泽民对浙江省相关试点工作做的归纳。参见闫鸣：《扎实推进监察体制改革试点工作》，载《中国纪检监察报》2017年1月7日，第3版。

② 需要说明的是，运用程序思维对监察权成立、运行环节进行价值判断仅是一种程式的具体展现，在其他案例中，顶层设计者或改革者可根据客体实际情况，设置相应地环节，运用程序思维识别各环节可能出现的风险点或价值漏洞，并相应地设计修正或防范制度措施。

险点或价值漏洞有两个：监察权的设立是否体现法治价值；行政监察权、国家审计权等权能被整合后，原有权力场域中的秩序价值如何维持。

具体来说，第一，从《决定》和试点实践可知，监察委员会由同级人大选举产生，这意味着监察权将成为与行政权、审判权、检察权并列的独立权力形态。根据我国现行宪法体制，监察权的成立是没有宪法依据的。为了使国家监察体制改革具有形式上的合宪性，全国人大常委会通过了相应地试点授权决定，但这种做法是存在重大瑕疵甚至可以说是违宪的，[①]因为对全国人大常委会职权进行法教义学分析，并不能推出其设置监察权的权力。因此，我们建议由全国人大重新对试点工作作出授权，重拾试点阶段监察体制顶层设计丢失的法治价值。进一步讲，如果将来国家监察体制在全国铺开，那必须获得宪法和法律依据，这就需要全国人大尽快对之修宪。[②] 第二，如前所述，将行政监察、检察院反贪反渎等整合进国家监察体制，希冀更大程度上发挥反腐作用的做法是不当的。行政监察等权能被国家监察权吸收后，行政监察权等原在的权力场域将发生秩序动荡，如行政效能的监督将面临空缺，国家资金被高效利用将无法保障等，如果还是运用机关思维将这些边际权能安排给其他机关，那是严重的破坏权力自身的

---

① 有读者可能认为在类似于国家监察体制改革等重大政治体制改革的意志突然出现且具有迫切性时，全国人大可能还不到定期开会的时间，由其组成机关——全国人大常委会临时作出授权决定具有相对正当性和合宪性。笔者认为，这种做法本身就严重违反法治原则，是法治不成熟的表现。重大政治体制改革当然要经过谨慎论证和试点，但是这一过程不能从改革起始就在效率和法治的天平上失去平衡，改革即使具有紧迫性也要遵循法治原则，而这一点我国《宪法》第 61 条对此作出了安排，即召开全国人大临时会议。

② 具体分析可参见童之伟：《将监察体制改革全程纳入法治轨道之方略》，载《法学》2016 年第 12 期。

客观规律的。因此，笔者建议，为了维持行政监察等在原有权力场域的秩序价值，保留行政监察等职能部门，仅把反腐的权能与相应的机关力量整合到国家监察体制。

（二）监察权实施环节

笔者认为，这一环节可能存在的风险点或价值漏洞有3个：如何体现对监察权的权力制约价值？如何避免选择性或运动性反腐，使监察权的运行体现民主价值？被监察对象的基本权利价值如何得到保障？

第一，根据试点方案和试点实践，监察委员会履行监督、调查、处置3项职责，从效果上讲，这3项在时间和空间上的连续权力为惩治腐败人员扫清了障碍。但是这种职权设置有违权力制约原则，因为上述权力安排实质构建了监察权运行的封闭空间，尽管对于涉嫌职务犯罪的腐败，检察院可对之构成制约，但仍有反腐案件未进入司法程序，这种设计对于所有公职人员来讲无疑是头顶悬挂着"达摩克利斯之剑"，可能会给权力秩序带来巨大的威胁。因此，我们建议在监察委员会的调查和处置之间介入一道制约机制，可以增加一个由执政党成立的相对独立的"反腐咨询委员会"，由该委员会根据监察委员会的调查情况作出是否处置和如何处置的决定，再由监察委员会实施该决定。第二，我国拥有庞大的公职人员群体，如此规模的反腐仅靠监察委员会是难以完成的，可以说反腐是一项需要全民参与的伟大事业。但观察目前国家监察体制的设计，它实际上阻隔了国家监察委员会和社会、公民在反腐语境中的互动，现代政治强调的民主价值并未得到体现。因此，我们建议监察权的顶层设计应拓展监察权能，充分调动和发挥社会组织、公民个人在监察腐败中的作用。比如，在现实反腐中，信访举报工作是反腐败斗争重要的基础性工作，是纪检监察机关获取问题线索的主要来源，是依靠人民群众开展反腐败工作的基本途径,[①]所以,建议将信访功能赋予监察权。第三,一方面,根据“监察委员会调查职务犯罪行为后,对涉嫌职务犯罪的,移送检察机关依法提起公诉”[②]可知,监察委员会的调查权在程序上与检察院的审查起诉阶段相衔接,相当于检察院对职务犯罪的自侦权,即其本质上具有了刑事侦查权的性质,此时,监察委员会已经作为司法机关介入刑事司法程序,被监察对象转变为犯罪嫌疑人,根据《刑事诉讼法》第33条,[③]因此,应当允许辩护律师的介入。关键从何时可以允许委托辩护律师呢?委托辩护律师并不会给监察委员会的调查带来显著影响,但对于被监察对象而言,这个调查程序性质可能在发展过程中发生上述“突变”,从而损害其程序利益。另一方面,监察委员会拥有如此强大的监察权,难免出现其自身的腐败,从而导致冤假错案,侵犯被监察对象的合法权益。因此,我们建议国家监察体制应设计被监察对象的权益救济机制,纳入国家赔偿的范畴。

---

① 何韬:《跑好反腐败的“头一棒”》,载《中国纪检监察报》2015年3月20日,第1版。

② 参见《全国人民代表大会常务委员会关于在北京市、山西省、浙江省开展国家监察体制改革试点工作的决定》(2016年12月25日第十二届全国人民代表大会常务委员会第二十五次会议通过),载《人民日报》2016年12月26日,第4版。

③ 即犯罪嫌疑人自被侦查机关第一次讯问或者采取强制措施之日起,有权委托辩护人;在侦查期间,只能委托律师作为辩护人。被告人有权随时委托辩护人。

第七章　国家监察制度试点的法治路径

在全面深化改革的背景下，改革与法律的关系是改革中首先面临的问题。《宪法》第5条规定："中华人民共和国实行依法治国，建设社会主义法治国家。"因此，这一问题的答案必然为："在整个改革过程中，都要高度重视运用法治思维和法治方式，发挥法治的引领和推动作用，加强对相关立法工作的协调，确保在法治轨道上推进改革。"[①]社会主义法律体系初步形成后，[②]依法改革实际是依法修改法律，[③]"只有通过立法程序，用法律法规的立改废来解

---

① 习近平：《把抓落实作为推进改革工作的重点真抓实干蹄疾步稳务求实效》，载《人民日报》2014年3月1日，第1版。

② 吴邦国：《中国特色社会主义法律体系已经形成》，载《中国法律》2011年第1期。

③ 付子堂、胡夏枫：《立法与改革：以法律修改为重心的考察》，载《法学研究》2014年第6期。

决,实现先立后破,才能使改革有序进行”。[①] 因此,在改革中,“如果有的重要改革举措需要得到法律授权,就应当按照法律程序进行,确保改革举措始终在法治轨道上进行”。[②] 国家监察体制改革也体现了依法改革的法治思维和要求。2016 年 12 月 25 日第十二届全国人大常委会通过的《决定》,为试点地区开展国家监察体制改革试点工作奠定了法律基础。同时,《决定》要求试点地区“依法有序推进”试点工作,实现试点地区监察机关“依法监察”的目标,确立了改革试点的法治原则。《决定》概括性、原则性地规定了改革的主要内容,如何具体地遵循法治路径依法推进改革试点,是试点地区面临的现实问题。本章首先探寻《决定》的法律效果,明确改革试点工作的内容,进而探讨推进改革试点的具体法律举措,为改革试点地区依循法治路径完成改革试点工作提供参考。

一、“补白”和“细化”:改革试点的任务

在从依法办事到法治国家进而法治中国的变奏声中,中国的法律之网日趋密集,对改革形成捆绑效应,若非法律变革先行,改革难以寸行。申言之,除非实定法律被修改,改革难展手脚。然则,全国性法律普遍适用,修改一经完成,改革也就全面铺开,而全国性改革必须审慎,在若干区域先行先试是我国长期以来的经验。这进而要求法律仅在试点地区暂停实施,既为试点地区改革“留白”,又维持其他地区法律秩序不变。于是,一种基于便捷和低成本法律变迁考虑的“暂时停止或调整法律实施”现象在我国

---

① 《为深化改革提供法治保障——二论把抓落实作为推进改革的重点》,载《人民日报》2014 年 3 月 4 日,第 1 版。

② 本报评论员:《为深化改革提供法治保障——二论把抓落实作为推进改革的重点》,载《人民日报》2014 年 3 月 4 日,第 1 版。

冒起，[①]引发对其合法性的追问。[②] 2015 年我国《立法法》修改，这种经验被提升为法律规范，该法第 13 条规定："全国人民代表大会及其常务委员会可以根据改革发展的需要，决定就行政管理等领域的特定事项授权在一定期限内在部分地方暂时调整或者暂时停止适用法律的部分规定。"[③]虽然理论上对"暂时调整或者停止法律"是否构成法律的修改认知不一，[④]但这种方式已为法律所认可，成为以决定方式修改法律的新样态，[⑤]则确定无疑。立法权作为一种创制规则的国家权力，其行使的结果必定是法律在形式和实质层面的制定、修改或者废除。[⑥] 虽对法律的形貌未变动一字，暂时调整或者停止法律实施却事实上导致法律先后有别，具有实质修法的立法效果，改革试点则是如何实施修改后的法律，

---

① 新近的实例有全国人大常委会《关于授权国务院在中国(上海)自由贸易试验区暂时调整有关法律规定的行政审批的决定》、上海市人大常委会通过的《关于在中国(上海)自由贸易试验区暂时调整实施本市有关地方性法规规定的决定》、国务院通过的《关于在中国(上海)自由贸易试验区内暂时调整有关行政法规和国务院文件规定的行政审批或者准入特别管理措施的决定》(国发〔2013〕51 号)。在《立法法》修订的前夜，全国人大常委会通过《关于授权国务院在北京市大兴区等三十三个试点县(市、区)行政区域暂时调整实施有关法律规定的决定》。

② 参见刘志刚:《暂时停止实施法律决定的正当性分析》，载《苏州大学学报》(法学版)2015 年第 4 期。丁伟:《中国(上海)自由贸易试验区法制保障的探索与实践》，载《法学》2013 年第 1 期。

③ 这一条的目的是解决改革的法律依据问题。"按照凡属重大改革都要于法有据的要求，在立法宗旨中增加规定，发挥立法的引领和推动作用；并结合近年来的做法，规定全国人大及其常委会可以根据改革发展的需要作出决定，就特定事项在部分地方暂停适用法律的部分规定。"参见李建国:《关于〈中华人民共和国立法法修正案(草案)〉的说明》，载《人民日报》2015 年 3 月 9 日，第 4 版。

④ 参见范进学:《授权与解释:中国(上海)自由贸易试验区变法模式之分析》，载《东方法学》2014 年第 2 期。刘志刚:《暂时停止实施法律决定的正当性分析》，载《苏州大学学报》(法学版)2015 年第 4 期。

⑤ 参见陈鹏:《全国人大常委会"抽象法命题决定"的性质与适用》，载《现代法学》2016 年第 1 期。

⑥ 这一点在我国《立法法》得到直接表达，该法第 2 条第 1 款规定:"法律、行政法规、地方性法规、自治条例和单行条例的制定、修改和废止，适用本法。"

改革试点即法律实施。

(一)暂时调整或者停止适用法律与法律的实质性修改

在我国,以《决定》大规模修改法律的实践并不鲜见,可兹观察的实例有三:全国人大常委会《关于授权国务院在中国(上海)自由贸易试验区暂时调整有关法律规定的行政审批的决定》(2013 年)、全国人民代表大会常务委员会《关于授权国务院在北京市大兴区等三十三个试点县(市、区)行政区域暂时调整实施有关法律规定的决定》(2015 年)和全国人民代表大会常务委员会《关于授权国务院在北京市大兴区等 232 个试点县(市、区)、天津市蓟县等 59 个试点县(市、区)行政区域分别暂时调整实施有关法律规定的决定》(2015 年)。值得注意的是,全国人大常委会在作出上述 3 个决定时,名为授权国务院暂时调整有关法律的实施,实为直接暂时调整、停止相关法律的实施,并直接确立了新的法律规则。在全国人大常委会《关于授权国务院在中国(上海)自由贸易试验区暂时调整有关法律规定的行政审批的决定》中,全国人大常委会在附录中直接决定暂时调整实施《外资企业法》《中外合资经营企业法》和《中外合作经营企业法》中涉及行政审批的 11 个条款,并将这些条款规定的行政审批改为备案登记,所谓授权"授权国务院……暂时调整"显然名不符实,而国务院所做的也不过是相应调整实施一批由其制定的相关规定。[①] 后两个"决定"同样在正文之后以表格形式详细列明了试点行政区域和所要调

---

① 参见《关于在中国(上海)自由贸易试验区内暂时调整有关行政法规和国务院文件规定的行政审批或者准入特别管理措施的决定》,载 http://www.gov.cn/xxgk/pub/govpublic/mrlm/201401/t20140106_66595.html,最后访问日期:2017 年 1 月 7 日。

整实施的法律及调整后的实施内容。① 不难发现,上述决定包括两部分内容,一是暂时停止法律在特定地区的实施,这直接导致法律空白的形成;二是创制在这些特定地区将要实施的法律,填补前述法律空白,国务院和试点行政区域实施暂时调整后的法律,改革试点得以推进。

《决定》更为直接地体现了法律实质修改、实施法律推进改革的意图。在标题上,《决定》未使用"授权"二字,而是采用"全国人民代表大会常务委员会关于在北京市、山西省、浙江省开展国家监察体制改革试点工作的决定"的表述,并逻辑连贯地以一个"三部曲"为试点地区国家监察体制的改革试点创制法律根据:先是直接决定在试点地区设立由本级人大产生的监察委员会,行使国家监察权(为试点地区成立监察机关建立法律根据),进而具体规定监察委员会的职权和职责(为试点地区监察委员会依法监察提供法律根据),然后暂时调整或停止适用相关法律(解决《决定》与现行法律规定相冲突的问题)。在法律的层面,《决定》的直接效果是以《决定》修改现有法律关于监察权限分配和行使的规定。

《决定》颁布后,《行政监察法》《刑事诉讼法》《人民检察院组织法》《检察官法》和《地方各级人民代表大会和地方各级人民政府组织法》(以下简称地方人大和地方政府组织法)形同被加入如下条款。

---

① 参见《全国人民代表大会常务委员会关于授权国务院在北京市大兴区等232个试点县(市、区)、天津市蓟县等59个试点县(市、区)行政区域分别暂时调整实施有关法律规定的决定》,载新华网:http://news. xinhuanet. com/politics/2015 - 12/27/c_1117592188. htm,最后访问日期:2017年1月15日。《全国人民代表大会常务委员会关于授权国务院在北京市大兴区等232个试点县(市、区)、天津市蓟县等59个试点县(市、区)行政区域分别暂时调整实施有关法律规定的决定》,载新华网:http://news. xinhuanet. com/2015 - 02/27/c_1114461294. htm,最后访问日期:2017年1月15日。

在设立监察委员会的地区，监察机关是监察委员会。监察委员会对本地区所有行使公权力的公职人员依法实施监察；履行监督、调查、处置职责，监督检查公职人员依法履职、秉公用权、廉洁从政以及道德操守情况，调查涉嫌贪污贿赂、滥用职权、玩忽职守、权力寻租、利益输送、徇私舞弊以及浪费国家资财等职务违法和职务犯罪行为并作出处置决定，对涉嫌职务犯罪的，移送检察机关依法提起公诉。监察委员会可以采取谈话、讯问、询问、查询、冻结、调取、查封、扣押、搜查、勘验检查、鉴定、留置等措施。

在设立监察委员会的地区，监察委员会由本级人民代表大会产生。监察委员会主任由本级人民代表大会选举产生；监察委员会副主任、委员，由监察委员会主任提请本级人民代表大会常务委员会任免。监察委员会对本级人民代表大会及其常务委员会和上一级监察委员会负责，并接受监督。

（二）改革试点工作的实质是实施法律

《决定》对上述法律的实质性修改在我国大陆地区形成少数地区由监察委员会统一行使国家监察权、多数地区由行政机关、人民检察院分散行使国家监察权的二元格局。实施法律，依法形成监察委员会的制度、体制和机制，则是改革试点地区的基本任务。在程序上，试点地区首先应当根据《决定》成立监察委员会，随之监察委员会根据《决定》行使国家监察权，接受监督。但与前引3份“授权决定”直接列明所要调整的法律及调整后的内容不同，《决定》使用的是“暂时调整或者暂时停止适用”《行政监察法》等5部法律的相关规定，未具体列明哪部法律中的哪些条款为“暂时调整适用”的对象，哪部法律中的哪些条款为“暂时停止适用”的对象。这种笼统地处理方法，旨在为改革试点留下空间。

依法改革和依法监察首先要求“有法可依”。[①] 试点地区依法推进改革试点必须完成如下两个任务：一是充分行使地方立法权，填补法律空白，如《决定》授权县级以上人大选举监察委员会主任，其常委会任免监察委员会副主任和委员，二者共同监督监察委员会，但未规定试点地区的人大及其常委会选举/任命（以下简称选任）监察委员会主任、副主任和委员的具体程序，亦未规定监督监察委员会的形式和程序，这需要试点地区以地方性立法予以填补，解决如何产生监察委员会组成人员、如何监督国家监察权一首一尾两个问题。二是立法细化国家监察委员会的组织和国家监察权的行使问题。《决定》授权试点地区的监察机关行使国家监察权，列明其权限和职责，但极为概括和原则，试点地区应当制定执行性法律，细化监察委员会的组织规范，规范国家监察权的行使。总之，根据《决定》创设选任权、监督权和监察权行使的具体法律根据，明确监察委员会组成人员的选任程序和监察委员会的监督办法，同时，制定监察委员会组织条例、监察行为和监察基准条例，明确监察委员会的组织结构、职权职责、监察程序和判断标准，完善监察权行使的法律制度，正是试点地区改革国家监察体制的首要任务和法治路径。

二、国家监察机关产生的法律程序

根据《决定》，试点地区人大及其常委会的职权范围得以扩大，包括产生监察委员会，选举监察委员会主任，根据主任的提名任免副主任和委员。试点地区如何成立监察委员会，是否需要另行作出成立监察委员会的决定？应当依照何种程序产生监察委员会的组成人员？这是试点地区推进改革试点工作面临的第一

---

① 《董必武选集》，人民出版社 1985 年版，第 419 页。

个问题。笔者认为，产生监察委员会组成人员即产生监察委员会，未有法律明确规定监察委员会组成人员的产生程序，试点地区应当首先明确这项议事程序。

1. 产生监察委员会组成人员即产生监察委员会。《决定》内容之一是在试点地区“设立监察委员会”，这是试点地区设置监察委员会的直接法律依据，也提出在试点地区成立具体的监察委员会的法律任务。《决定》明确规定，“试点地区监察委员会由本级人民代表大会产生”，并进而规定本级人大及其常委会选任监察委员会的组成人员。逻辑上，试点地区监察委员会的最终形成必须经过三个阶段：法律上设置监察委员会的机构（《决定》已经完成这一步），产生具体的监察委员会，选任监察委员会的组成人员。那么，试点地区是否必须通过一个“关于产生×××市/省/区/县监察委员会的决定”？对我国法律和具体实践的梳理显示，产生监察委员会组成人员即为产生监察委员会，无须另外单独产生监察委员会。

在宪法和法律的层面，人大产生同级国家机关实质是指人大产生同级国家机关的组成人员。我国1954年《宪法》没有规定由本级人大产生同级国家机关，而是在规定全国人大和地方各级人大的职权时，径直规定全国人大和地方各级人大选举、决定和罢免同级国家机关的组成人员。我国《宪法》虽然规定本级人大选举产生同级国家机关，但主要是明确国家机关间的权力关系，即同级国家机关由本级人大产生，对其负责，受其监督。由本级人大产生同级国家机关组成人员是这种权力关系得以实现的关键，因此，由本级人大选举产生同级其他的国家机关，首先是指产生这些国家机关的组成人员。在宪法和地方人大和地方政府组织法对人大职权的规定中，并没有产生同级其他国家机关这一项，只规定了人大选举、决定和罢免同级国家机关组成人员的职权。

实践中,人大主要通过选举、决定和任免同级其他国家机关的组成人员来成立该国家机关。试以1954年第一届人大第一次会议为例。该次会议制定并颁布我国《宪法》后,随之制定了全国人大、国务院、人民法院、人民检察院及地方各级人大和人民委员会组织法。随后,该次会议选举毛泽东为中华人民共和国主席、朱德为副主席,刘少奇为第一届全国人大常委会委员长,董必武为最高人民法院院长,张鼎丞为最高人民检察院检察长。大会根据毛泽东主席的提名,决定周恩来为国务院总理。根据国务院总理提名,全国人大决定了国务院的组成人员,国务院正式产生。①

总之,《决定》虽然在逻辑层次上分为先后三步,明确了设置、产生监察委员会及其组成人员的问题,但于试点地区而言,依法产生监察委员会的组成人员,便依法产生了具体的监察机关。是否依法产生监察委员会组成人员,决定了监察委员会的法律地位。这进一步地提出依法产生监察委员会组成人员的法律程序问题。

2.依法改革必须明确选任的法律程序。《决定》授权试点地区人大及其常委会选任本级监察委员会组成人员的职权,直接导致组织法的变迁,即地方人大和地方政府组织法第8条和第44条的实质性修改,试点地区人大及其常委会如何行使这项权力,未有明确的法律规定。北京、江西和浙江省及其所辖区域虽然制定了人大及其常委会的议事规则,并详细规定了会议的举行、审议工作报告和议案,审查国民经济、社会发展计划和财政预算、选举、辞职、罢免和补选、询问和质询、调查委员会、发言和表决等事

---

① 《全国人大一届一次会议》,载人民网:http://dangshi.people.com.cn/GB/165617/166495/10002616.html,最后访问日期:2016年8月7日。

项的议事程序，但若未对这些地方性法律作出修改或者变通适用，这些规定难以直接适用于监察委员会组成人员的产生。试点地区可以采取三种方式完善选任监察委员会组成人员的法律程序。一是直接修改相关人大及其常委会议事规则，借鉴选举和任免其他国家机关组成人员的经验和规定，形成选举监察委员会主任、任免监察委员会副主任和委员的议事规则。二是借鉴上海市的经验，[①]试点地区的省市及其所辖县、市、市辖区人大及其常委会分别通过一份调整实施人大及其常委会议事规则的决定，其具体内容可以表述为："为了实施《全国人民代表大会常务委员会关于在北京市、山西省、浙江省开展国家监察体制改革试点工作的决定》，依法产生监察委员会组成人员，调整实施本级人大（及其常委会）议事规则等的规定。"三是针对监察委员会组成人员的产生问题制定单项议事规则。这一做法在实践中有例可循，如2010年8月25日至26日，北京市西城区人大（临时）第一次会议在全国政协礼堂隆重召开，大会表决通过了北京市西城区人大（临时）

① 上海市人大常委会通过暂时调整实施地方性法规的决定，其内容为："为加快政府职能转变，创新对外开放模式，进一步探索深化改革开放的经验，依法推进中国（上海）自由贸易试验区建设，上海市第十四届人民代表大会常务委员会第八次会议决定：一、根据《全国人民代表大会常务委员会关于授权国务院在中国（上海）自由贸易试验区暂时调整有关法律规定的行政审批的决定》的规定，在中国（上海）自由贸易试验区内，对国家规定实施准入特别管理措施之外的外商投资，停止实施《上海市外商投资企业审批条例》。凡法律、行政法规在中国（上海）自由贸易试验区调整实施有关内容的，本市有关地方性法规作相应调整实施。二、本市其他有关地方性法规中的规定，凡与《中国（上海）自由贸易试验区总体方案》不一致的，调整实施。三、上述有关地方性法规的调整实施在三年内试行。本决定自2013年10月1日起施行。"参见《关于在中国（上海）自由贸易试验区暂时调整实施本市有关地方性法规规定的决定》，载上海人大网：http://www.spcsc.sh.cn/shrdgzw/node4/node24/u1ai53430.html，最后访问日期：2017年1月7日。

议事规则。[1] 试点地区可以针对监察委员会组成人员的产生制定一项专门的议事规则。根据国家监察体制改革的安排，改革试点的时间不会太长，[2]故试点地区采用调整适用或者制定单项议事规则的方式较为妥当，待国家监察法制定、地方人大和地方政府组织法等法律修改后，再全面修改议事规则及相关议事规定。[3]

三、监察委员会的组织规范

由宪法设定国家机关，国家立法机关制定各机关组织法和行为法，产生各国家机关组成人员，成立国家机关，是法治国家国家机构建立的基本程序。《决定》是监察委员会的直接组织规范，但其规定相当粗略，试点地区应当细化《决定》的内容，明确若干关键问题，完善监察委员会的组织规范。

（一）监察委员会的法律性质和地位

根据《决定》，监察委员会是行使国家监察权的国家机关。时任中纪委书记王岐山在北京、山西和浙江三地的调研指出，监察委员会实质上是反腐败机构，作为监督执法机关与纪委合署办公。[4] 据此，监察委员会在法律上应当为监督执法机关，本质上是反腐败机构。另外，《中国共产党第十八届中央委员会第六次全体会议公报》将监察机关与人大、政府、司法机关并列，说明监察

---

① 参见《新西城区人代会（临时）第一次会议胜利闭幕》，载首都之窗：http://www.beijing.gov.cn/zfzx/qxrd/xwq/t1132721.htm，最后访问日期：2017 年 1 月 7 日。

② 王岐山：《推动全面从严治党向纵深发展以优异成绩迎接党的十九大召开——在中国共产党第十八届中央纪律检查委员会第七次全体会议上的工作报告》，载《人民日报》2017 年 1 月 20 日，第 4 版。

③ 山西大同市正是采用这一方式，制定了大同市人民代表大会常务委员会《关于大同市监察委员会副主任、委员任免和宪法宣誓程序的决定》。

④ 《实现对公职人员监察全覆盖完善党和国家的自我监督》，载《人民日报》2016 年 11 月 26 日，第 1 版。

委员会是与“一府两院”并列的同级国家机关。[①] 试点地区监察委员会组织条例应明确监察委员会作为反腐败机构的本质、监督执法机关的法律性质以及由本级人大产生,受其监督,对其负责,并列于“一府两院”的法律地位。

(二)监察委员会组成人员的任免权

根据《决定》,本级人大选举同级监察委员会主任,本级人大常委会根据监察委员会主任的提请任免副主任、委员。试点地区应当明确“提请”的法律含义。在涉及此类人事权时,我国现行宪法和法律有使用“提名”的,如《宪法》第 62 条规定全国人大根据国家主席的提名,决定总理人选,根据总理的提名,决定国务院副总理、国务委员、各部部长、各委员会主任、审计长、秘书长的人选,根据中央军事委员会主席的提名,决定中央军事委员会其他组成人员的人选。也有使用“提请”的,如《宪法》第 67 条规定全国人大常委会根据最高人民法院院长的提请,任免最高人民法院副院长、审判员、审判委员会委员和军事法院院长,根据最高人民检察院检察长的提请,任免最高人民检察院副检察长、检察员、检察委员会委员和军事检察院检察长,并且批准省、自治区、直辖市的人民检察院检察长的任免;第 101 条规定县级以上地方各级人大选出或者罢免人民检察院检察长,须报上级人民检察院检察长提请该级人大常委会批准。地方人大和地方政府组织法同样多处使用“提名”和“提请”一语,在规定特定问题调查委员会时,同

① 《中国共产党第十八届中央委员会第六次全体会议公报——2016 年 10 月 27 日中国共产党第十八届中央委员会第六次全体会议通过》,载《中国纪检监察》2016 年第 21 期。

时使用了“提名”和“提请”。[①] 总体上,行政机关组成人员由行政机关首长提名后人大及其常委会决定产生,审判和检察机关组成人员由院长或检察长提请任命。需要特别说明的是,提请并不必然意味着提名,如《宪法》第 101 条规定,县级以上地方各级人大选出或者罢免人民检察院检察长,须报上级人民检察院检察长提请该级人大常委会批准。在这种情况下,上级人民检察院检察长并不享有提名下级人民检察院检察长人选交由其本级人大选举决定的权力。监察委员会所行使的职权一部分为行政监察权,另一部分是检察机关行使的公职监督权,作为行政执法机关,以服从首长和效率为首;作为法律上的监督机关,以独立性保障为要。[②] 人大常委会根据监察委员会主任的提请任免副主任和委员,究竟是指提名并请求任免,还是提请作为任免程序的启动,或者是一种折中的含义,即监察委员会主任可以提名请求任免,但任免机关也可在任免程序启动后依议事规则提名任命对象,需要

① 如第 31 条规定,“调查委员会由主任委员、副主任委员和委员组成,由主席团在代表中提名,提请全体会议通过”;第 52 条规定,“调查委员会由主任委员、副主任委员和委员组成,由主任会议在常务委员会组成人员和其他代表中提名,提请全体会议通过”。

② 对全国人大人事决定的初步分析显示,对于国务院组成人员的任务,全国人大常委会使用的是“全国人民代表大会常务委员会决定任免的名单——2017 年 2 月 24 日第十二届全国人民代表大会常务委员会第二十六次会议通过”的标题,对于司法机关组成人员的任免,全国人大常委会使用的是“全国人民代表大会常务委员会任免名单”或者“全国人民代表大会常务委员会批准任免的名单”的标题。参见《选举任免》,载中国人大网:http://www.npc.gov.cn/npc/xinwen/xjrm/xjrm.htm,最后访问日期:2017 年 2 月 15 日。

试点地区根据实际情况加以明确。①

（三）监察委员会管辖权的层级分配

试点地区监察委员会按照管理权限对本地区所有行使公权力的公职人员依法实施监察。根据我国《公务员法》的规定，依法履行公职、纳入国家行政编制、由国家财政负担工资福利的中国共产党各级机关、各级人大及人大常委会机关、各级国家行政机关、各级政协机关、各级审判机关、各级检察机关、民主党派机关、部分社会团体机关的工作人员均为公务员，也是监察的对象。但执政党、人大及来自各机关的人大代表实际上共同行使监察委员会组成人员的选任权，与监察委员会之间形成一种产生与被产生、监督与被监督的复杂关系，为了实现监察的有效性，有必要结合党管干部的原则和机制对监察管辖权作适当的安排。

（四）监察委员会的职责与职权

根据《决定》，监察委员会可以采取谈话、讯问、询问、查询、冻结、调取、查封、扣押、搜查、勘验检查、鉴定、留置等措施，对本行政区内行使公权的公职人员进行监察。试点地区需要明确如下问题：一是此处的"等"究竟是等内等还是等外等，即监察委员会可以采取的措施是否限于此处列举的 12 项，还是包括其他措施，尚不清晰。二是"调查"与"侦查"的关系。我国《刑事诉讼法》第 106 条列明："侦查"是指公安机关、人民检察院在办理案件过程中，依照法律进行的专门调查工作和有关的强制性措施。该法同

① 试点地区省级监察委员会副主任和委员产生的方式如下：根据北京市市监察委员会主任张硕辅的提请任免议案，北京市人大常委会决定任命杨逸铮、王贵平为北京市监察委员会副主任，杨小兵、钱华杰、韩索华、杨玉香、王向明为北京市监察委员会委员。浙江省十二届人大常委会经审议并分别以投票和表决的方式，决定任命马光明、王海超、罗悦明、胡志权为省监察委员会副主任，陈章永、徐鸣华、叶怀贯、孙良根、鲍秀英、陈春玉为省监察委员会委员。山西省人大常委会任命陈学东、郝权、孟萧为山西省监察委员会副主任，何青、王帅红、王成禹、孙京民、王海林、荣奋刚为山西省监察委员会委员。

时使用“调查”和“侦查”的用语，但对“侦查”作出专章规定，二者之间的区别较为明显。[①] “调查”与“侦查”究竟是何种关系，前者是否包括后者，《决定》未有明确，理论上也存在认识分歧。[②] 三是《决定》只是笼统地列明“暂时调整或者暂时停止适用”《刑事诉讼法》第 3 条、第 18 条、第 148 条以及第二编第二章第十一节关于检察机关对直接受理的案件进行侦查的有关规定，[③]未具体指明是“调整”还是“停止”。这些关键问题需要试点地区根据实践加以具体规定，以免造成监察执法中的混乱。

四、监察职权的行使规范

监察委员会组织规范主要处理监察委员会的法律定位、组织结构、监察权限及人员产生等核心问题，旨在为监察权的行使建立适当的主体，回应组织法定的法治要求。监察委员会在行使《决定》授予的职权时，面临如何行使监督、调查、处置的权力，如何判断是否构成违法犯罪的现实问题。试点地区应当在改革中制定监察行为和监察基准规范，为监察职权的行使提供具体的法律根据。

（一）监察基准的具体化

根据《决定》，监察委员会对“依法履职”“秉公用权”“廉洁从

---

① 参见余振华：《台湾检警侦查法制之现在与未来》，载《现代法治研究》2016 年第 2 期。

② 如马怀德教授认为，监察委员会不享有侦查权。参见马怀德：《国家监察委不会成为“超级机构”》，载《南方都市报》2016 年 11 月 30 日，第 A9 版。吴建雄则认为监察委员会应当行使侦查权。参见吴建雄：《监察委员会要不要行使腐败犯罪侦查权？——和马怀德教授商榷》，载中国反腐法治网：http://www.fffzcn.com/redianjj/12991.html，最后访问日期：2017 年 1 月 8 日。

③ 第 3 条和第 18 条是关于刑事案件管辖权等的规定，第 148 条是关于技术侦查的规定，第二编第二章第十一节包括检察机关对直接受理的案件进行侦查的规定。

政”“道德操守”“贪污贿赂”“滥用职权”“玩忽职守”“权力寻租”“利益输送”“徇私舞弊”“浪费国家资财”的情况进行监察，如何判断这些现象是否存在，需要明确监察基准。《行政监察法》可以作为监察委员会行政监察的参照，但这些法律并非必然可以直接适用于监察委员会，故需要经过地方立法的程序加以转化，并根据实践情况加以修改。在刑事司法实践中，“贪污贿赂”“滥用职权”“玩忽职守”和“徇私舞弊”等有相对明确的内涵和司法实践标准，可作为职务违法行为判断的参考标准，适用于职务犯罪行为的判断。除此之外，“依法履职”“秉公用权”“廉洁从政”“道德操守”“权力寻租”“利益输送”“浪费国家资财”等的内涵均较为模糊，必须具体化。总之，监察判断标准是监察职权有效行使的前提，若标准模糊不清，一方面可能导致监察委员会的权力过于宽泛，诱发权力的滥用，最终削弱监察委员会的威信；另一方面会对其他公职人员的正常履职行为造成困扰。这显然不是国家监察体制改革所冀望的结果。

（二）监察措施的程序化

试点地区应当明确监察人员行使谈话、讯问、询问、查询、冻结、调取、查封、扣押、搜查、勘验检查、鉴定等权力的条件和程序。除谈话、留置外，《行政监察法》和《刑事诉讼法》对上述措施多有明确规定，《决定》并未明确对这两部法律的相关规定究竟是暂时调整适用还是暂时停止适用，加之两部法律对上述措施的规定多有特定行使主体，在国家监察中直接适用这两部法律的相关规定，特别是对人身自由进行限制，必然导致相关监察行为合法性的缺失。另外，这两部法律所规定的监察和侦查措施是否能够达至监察目的，亦大可追问。为顺利推进改革试点工作，试点地区人大应当借鉴上述两部法律的规定，对监察措施的采取作出系统和明确规定，为监察委员会履行职责，行使职权提供清晰的法律根据。

五、监察委员会的监督规范

“监察委员会的高位阶、监察体制的全覆盖、反腐败力量的一体化等特性，都意味着‘反腐败进入了制度化改革的新阶段’。”[①]在国家监察体制改革的部署逐步明晰和公开的过程中，国家监察委员会的权力是否过大引发社会的关注。[②] 强化对监察委员会的制约和监督，既是法治国家建设的应有之义，也是《中共中央办公厅印发〈关于在北京市、山西省、浙江省开展国家监察体制改革试点方案〉》的要求和《决定》的具体内容之一。根据《决定》，试点地区的监察委员会由本级人大产生，对本级人大及其常委会和上一级监察委员会负责，并接受监督。监察委员会如何负责，如何接受监督，是试点地区必须依法解决的具体问题。

(一)负责

我国现行宪法、组织法、人大议事规则等法律规定本级人大产生同级国家机关，同级国家机关对本级人大负责，但是否要报告工作，则规定不一。各级人大常委会、国务院及地方各级人民政府、中央军事委员会、各级人民法院和人民检察院均要对本级人大(及其常委会)负责，除中央军事委员会外，这些国家机关也应当依法律规定向人大(及其常委会)报告工作，其中国务院及其部委、地方各级人民政府及其工作部门、各级人民法院和人民检察院还须接受人大代表的质询。另外，各级国家行政机关均须向

① 陈光中：《监察体制改革需启动系统修法工程》，载财新网：http://china.caixin.com/2017-01-17/101044638.html，最后访问日期：2017年1月26日。

② 参见马怀德：《国家监察委不会成为“超级机构”》，载《南方都市报》2016年11月30日，第A9版；童之伟：《对监察委员会自身的监督制约何以强化》，载《法学评论》2017年第1期。

上级国家行政机关负责并报告工作，各级审计机关均须向本级人民政府和上级审计机关负责。监察委员会作为与“一府两院”并列的由人大产生的国家机关，在向本级人大及其常委会和上级监察委员会负责时，是否需要报告工作，《决定》未作规定，各试点地方可以参考国家行政机关负责和报告工作的规定，试行监察委员会向本级人大及其常委会和上级监察委员会负责并报告工作的制度。

（二）监督

《决定》规定监察委员会“接受监督”，与《宪法》第 3 条中“国家行政机关、审判机关、检察机关都由人民代表大会产生，对它负责，受它监督”的规定略有差别。后者是指同级国家行政机关、审判机关和检察机关接受人大及其常委会的监督；前者则指多元化的监督，既包括国家机关间的法律监督、司法监督和审计监督，也包括公民等的社会监督和政协的民主监督。试点地区应当实施《决定》和现行宪法的相关规定，完善对监察委员会的监督制度，将监察委员会纳入既有的监督体系之中，重点落实人大及其常委会和检察机关对监察委员会的刚性监督。试点地区可以根据我国《各级人民代表大会常务委员会监督法》的规定，具体化人大及其常委会对监察委员会的法律监督，也可以尝试在人大及其常委会设立对口监督的监察监督委员会。[①] 试点地区亦应当根据《宪法》第 135 条“人民法院、人民检察院和公安机关办理刑事案件，应当分工负责、互相配合、互相制约，以保证准确有效地执行法律”的精神，明确人民法院、人民检察院和监察委员会之间的监督制约关系，特别是检察机关的监督权。《决定》的用语是监察委员会“对涉嫌职务犯罪的，移送检察机关依法提起公诉”，并未提及

① 童之伟：《对监察委员会自身的监督制约何以强化》，载《法学评论》2017 年第 1 期。

检察机关的审查起诉权，但检察机关“依法提起公诉”自然包括按照法律的规定作出起诉或者不起诉的决定，这种决定本身包括审查的权力。因此，检察机关对监察委员会的监督是其法律监督权的应有之义，追诉、审查和监督一体并存，依托公诉的制度发挥监督功能。①

除此之外，试点地区亦应当完善法律，创新形式，保障公民的监督权。根据《宪法》第 41 条的规定，公民可以对于任何国家机关和国家工作人员提出批评和建议，也可以对任何国家机关和国家工作人员的违法失职行为向有关国家机关提出申诉、控告或者检举，在国家机关和国家工作人员侵犯公民权利而受到损失时，可以依照法律规定取得赔偿。试点地区应当借鉴信访、国家赔偿等法律的规定，建立国家监察信访监督和国家赔偿法律制度，②也可以借鉴检察机关实行的人民监督员制度，或者香港特别行政区廉政公署的审查贪污举报咨询委员会制度，③形成基于公民参与的外部监督制度。人民政协也可以考虑设立监察监督委员会，履行民主监督的职责。④

（三）公开

“公开制度被视为现代社会与产业弊病的矫正政策而被推崇。阳光被称为最好的防腐剂，电灯则是最有效的警察。”⑤试点地区在完善监察委员会监督制度和负责制度时，也应当尝试建立

---

① 沈思：《国家监察体制改革中法治保障初步思考》，载《中国纪检监察报》2017 年 2 月 15 日，第 8 版。

② 同上。

③ 童之伟：《对监察委员会自身的监督制约何以强化》，载《法学评论》2017 年第 1 期。

④ 同上。

⑤ Louis D. Brandeis, *What Publicity Can Do*, Harper's Weekly, December 20, 1913, p. 10.

国家监察信息公开制度。监察委员会行使行政监察权，并对其他的公职人员行使监察权，试点地区应当根据《政府信息公开条例》的规定，建立监察委员会公职人员违法监督信息公开制度，并尝试将信息公开的范围扩展至包括所有公职人员的违法行为。对于公职人员涉嫌犯罪的监察信息公开，试点地区可以借鉴《人民检察院案件信息公开工作规定（试行）》及检察信息公开的经验，建立案件程序性信息和重要案件信息的公开和发布机制。

六、结语

国家监察体制改革试点工作的目标是通过先行先试为全国范围内建立一套强化反腐力度和广度、符合法治要求的监察执法机制，以回应反腐败和行政监察中出现的合法性不足、权力分散等问题。[①]《决定》是试点地区设立监察委员会行使监察职权的法律根据，对试点地区提出了依法推进改革的法治要求和实现依法监察的法治目标。试点地区全面实施《决定》的内容，依法行使地方立法权填补《决定》对法律实质修改形成的法律空白，细化《决定》中较为原则和概括性的规定，建立区域性国家监察体制，便是遵循法治的轨道依法推进改革试点工作。具体而言，改革试点工作的首要目标是完善监察法律制度，基本路径是依法行使地方立法权进行地方性法律的立、改、废，主要内容是建立完善的监察委员会人员产生规范、组织规范、职权行使规范和监督规范，规范监察职权的行使。

① 参见马怀德、张瑜：《通过修法完善国家监察体制》，载《学习时报》2016 年 7 月 14 日，第 A4 版。

第八章　国家监察制度改革的修宪之道

国家监察体制的改革与监察委员会的设立,乃是事关全局的重大政治改革,是国家监察制度的顶层设计。如此重大的政治改革,若缺失宪法的参与,其正当性将会存疑,改革亦会因此面临更多的变数与风险。

一、缘何修改宪法:改革事关重大宪制结构

国家监察体制改革缘何有赖于宪法的修改,其最主要原因在于改革关乎国家重大宪制结构的变动。因为改革的内容关涉国家的宪制结构,改革的进行也应做到于法有据,改革的成果同样需要借由法律予以固化。具体而言有如下3个方面。

首先,改革内容关涉国家宪制结构。通常来说,宪法规定的乃是国家最根本、最重要和最重大的事项,当此类事项发生变动之时,宪法也应当作出相应的修改。国

家机构的组织及其职权即为这类最根本、最重要的事项之一，我国《宪法》也在第三章对“国家机构”作出了专门规定。如前所述，监察委员会的设立是此次监察体制改革的核心内容，而与新机构设立相伴随的乃是现有机构及其职能的整合。由此观之，监察体制改革无疑是关乎国家宪制结构的重大政治改革，鉴于此，在改革的进程中，作为根本法的宪法亦须进行相应的修改。

其次，改革进行应当做到于法有据。“凡属重大改革皆须于法有据”，现今已成为改革所必须遵守的基本准则之一。这一准则要求实现立法与改革的有效衔接：改革者在推出改革举措之时必须依法为之，立法者同样需要主动适应改革和经济社会发展的需要。由此，作为重大政治改革的国家监察体制改革，同样需要做到于法有据、依法进行。而在改革所依据的诸多法律中，最为根本的便是宪法，于此层面而言，宪法的适时修改也是改革于法有据的必然要求。

最后，改革成果需经法律予以固化。当前国家监察体制改革所走的乃是探索型道路，诚如《决定》所指出的那般：“从体制机制、制度建设上先行先试、探索实践，为在全国推开积累经验。”在探索型改革中，改革者在经过多次试错后开始总结成败得失，然后将有益经验推及全国，若此经验能在全国范围内取得预期效果，则由立法者以法律的形式予以确认。依此逻辑，此次改革试点若能取得相当的有益经验，便可通过修宪的方式对其予以确认、固化和推广。

二、何时修改宪法：尚待改革经验成熟之后

诚如上述，当前国家监察体制改革所走的是一条探索型道路。其实，改革开放以来，我国相当多的改革走的大多都是探索型改革之路：改革者以“摸着石头过河”为方法论，当某项改革取

得一定的成果之后,便对法律进行相应的“立改废”,以法律的形式对此成果予以确认,进而推及到更广的范围。此次国家监察体制改革同样如此。

在探索型改革之下,改革通常先于立法,法律的确认只是一种事后的确认,或言之为“追认”。譬如在改革开放前夜,民间自下而上地进行“包产到户”的探索型改革,在该项民间试错成功之后,中共中央便在 1982 年批转的《全国农村工作会议纪要》中明确指出“包产到户、包干到户都是社会主义集体经济的生产责任制”,此后,全国人大于 1993 年进行修宪,正式以国家根本法的形式对家庭联产承包责任制予以确认。由此可见,在探索型改革之下,宪法和法律的修改通常并非在改革之初即可为之,而是要等到改革经验既已成熟,且在全国范围内推广该经验具有相当必要性与可行性。因此,对于当前的监察体制改革而言,同样需待先行试点工作已稳步推进,且经验具有可复制性的前提下,方可进行宪法和法律的修改。

然而,探索型改革蕴含先“变革”后“变法”的逻辑,这使法律总是滞后于社会变革,即在改革成果为法律确认之前,改革极有可能是处于法律的范围之外的。如此一来,在宪法修改之前,为避免当前的监察体制改革存在违法的风险,且使改革的推进“有章可循”。在改革尚处于谋篇布局之时,可先由全国人大或全国人大常委会作出相应的授权决定,赋予相关试点省市必要的权力,并可对改革的内容进行相对宏观的规定。

三、如何修改宪法:监督权配置模式的调整

在我国人大制度和“一府两院”的宪制结构之下,人大作为国家权力机关的监督、政府内部的审计监督与监察监督、检察院的法律监督。此种“叠床架屋”式的监督权配置模式,在实践中的弊

病日渐显现:监督力量分散、监督存在盲区、监督衔接不足等。鉴于此,有必要优化国家监督监察权的权力配置模式,实现监督监察机构与职能的整合。也正是基于此种考虑,《决定》才提出了“实施组织和制度创新,整合反腐败资源力量”的改革思路。

监察体制改革的实质在于国家监督监察权的重新配置,由于权力的配置须“仰仗”宪法为其提供正当性基础,如此一来,宪法的适时修改便成了改革的必然结果,也是改革得以实质性推进的前提。然宪法修改兹事体大,须慎之又慎,切不可率尔操觚。故而,结合我国宪法体制和改革实际,此次修宪当遵循以下 3 个原则:一为人大制度。这主要表现为监察委员会与人大以及其他国家机关的关系。二为机构与职能整合原则。即改革的思路在于将原属于政府、检察院的监察、反腐等权能,从行政权和检察权中分离出来,整合为统一集中的国家监察权。三为监察权的独立性原则。即监察权“升格”为独立于行政权与司法权的第三权,其行使亦具有独立性。

虽然改革尚处谋篇布局之初,但从上述《决定》可大致看出,宪法的修改将会围绕新机构的设立及其职权的赋予,以及与之相伴随的现有机构及其职能的整合而展开。具体而言,宪法的修改可能会涉及以下几个方面的内容。

第一,监察委员会的地位,及其与其他国家机关的关系。根据上述《决定》的内容,省(市)监察委员会由省(市)人大产生,作为行使国家监察职能的专责机关。由此可见,改革者的想法是将监察委员会作为与政府、法院、检察院平行的国家机关,其行使的国家监察权亦将与既有的行政权、审判权、检察权居于并列地位。通俗而言,此前我们熟悉的人大之下的“一府两院”结构将可能转变为“一府一委两院”的新结构。监察委员会作为国家监察,其由人大产生,对人大负责,受人大监督。对于政府、法院、检察院等其他国家机关及其工作人员，其可以依法进行监督监察。具体到现行宪法的文本，需要作修改的有《宪法》第3条第3款，于“国家行政机关、审判机关、检察机关都由人民代表大会产生，对它负责，受它监督”之后增加“监察机关”；以及《宪法》第67条第6项，于“监督国务院、中央军事委员会、最高人民法院和最高人民检察院的工作”中增加“国家监察委员会”。

第二，监察委员会的产生，及其与上级监察委员会的关系。如上所述，监察委员会由同级人大产生。具体来说，在中央层面，由全国人大选举产生国家监察委员会负责人。在地方层面，可在县级以上设立各级监察委员会。为保障监察职权的独立行使，避免受地方因素的干扰，地方各级监察委员会应实现“垂直领导”的体制。这类似于我国检察机关的双重从属制，即监察委员会既要对同级人大负责，还要对上级监察委员会负责。具体到宪法的文本，需要作修改的有：在《宪法》第62条，增加一项全国人大的职权，即“根据国家主席的提名，决定中央监察委员会负责人的人选；根据监察委员会负责人的提名，决定监察委员会组成人员的人选”。同时，在《宪法》第63条，在全国人大有权罢免的人员中，新增中央监察委员会负责人及其组成人员。相应地，在《宪法》第101条中增加地方各级人大选举且有权罢免地方监察委员会负责人的规定。

第三，监察委员会的职权，以及现有机构与职能的整合。如前所述，监察体制改革的基本思路是实现监督监察机构与职能的整合。由此可见，在设立新机构的同时还需要对既有机构及其职能予以整合，将现有的监督监察性质的职能一并整合至新设立的监察委员会。这些需要整合的机构主要有：政府内部的监察部门，检察院内部的反贪腐部门。需要整合的职能主要有二：一是政府内部的监察监督职能；二是检察院内部的监督监督职能，主要是指检察院的反腐败职能。由于反贪污贿赂、反渎职侵权乃是检察院核心职权之一,这便意味着检察院现有的机构和职权将会受到相当程度的影响。对此内容,宪法的修改主要集中在《宪法》第62条、第63条、第67条、第80条。

第四,基于监察委员会宪法地位的考量,可以考虑在《宪法》第三章"国家机构"部分新增一节,专门就监察委员会的地位性质、人员构成、组织结构、任期、监察权的内容、监察权的行使原则等方面相对宏观的内容作出规定。

此外,监督权配置模式的调整,除了作为根本法的宪法需要作出修改之外,其他法律同样需要进行相应的"立改废"。具体来说:一是修改《人民检察院组织法》《国务院组织法》《地方各级人民代表大会和地方各级人民政府组织法》《刑事诉讼法》等。因为改革需要将原属政府与检察院的监察监督职权予以"剥离"整合,但这些职权规定在上述既有的法律中,故而需要对其进行修改或废止。同时,《决定》提出的"监察委员会与司法机关的协调衔接",也要求《刑事诉讼法》作出相应的修改,以便经监察委员会处理的案件得以有效进入刑事诉讼等司法程序。二是制定《监察法》《监察委员会组织法》。因为通过在《宪法》中新增一节,可以对监察委员会作出相对宏观的规定,但对于其他较为具体的内容,则需另行立法予以规定。对于监察委员会的组织结构、机构设置、职权范围等内容,可规定在《监察委员会组织法》中;对于监察委员会的工作机制、具体职权、监察程序、法律责任等内容,则可规定在《监察法》中。

第九章　国家监察制度改革的逻辑、原则与路径

权力的行使须仰仗必要的控制，现代国家与社会通常都会通过各种方式对权力的行使施以一定的监督与制约，在国家的权力运行架构中，通过诸多形式构建国家监督制度。自 1949 年新中国成立以来，社会主义中国的国家监督制度日渐建立并不断完善。这一监督制度无疑在权力监督与制约方面发挥相当的作用，但其在实践中的弊病也日渐显现。为此，党和国家以期通过修改行政监察法、[①]健全国家监察组织架构[②]等诸多方式完善我国的监督制度和监察体制。虽然此次改革尚处“谋篇布局”之初，但改革的思路随着试点工作的推进

---

① 参见《全国人大常委会 2016 年立法工作计划》，载《中华人民共和国全国人民代表大会常务委员会公报》2016 年第 3 期。

② 参见《坚持全面从严治党依规治党创新体制机制强化党内监督》，载《人民日报》2016 年 1 月 13 日，第 1 版。

已“端倪初现”。即便如此,改革所欲为之的乃毕竟是变革既已运行数十年的固有体制,加之试点改革之“试错性”特征,致使改革依旧存在诸多不确定性与变数。鉴于监察体制改革关乎的乃是国家宪制结构的重大政治改革,为确保改革本身的合法性和可期性,有必要框定监察体制改革所应当遵循的基本原则,并以此原则为指引来探求改革的路径与方法。

一、监察体制的现状及改革缘起

监察体制为什么要改革?这个问题涉及监察体制改革的必要性。于逻辑上而言,监察体制改革的必要性主要缘于现行的监察体制未能有效地发挥其预期功效,监察体制自身及其运行皆存在某些问题。因此,揭示监察体制存在的问题便成了监察体制改革的基本前提,探求问题的解决出路则构成了监察体制改革的主要内容。

(一)国家监督权的分散配置

现行监察体制存在的问题,就根本上而言,涉及我国监督权的配置模式。历史地看,新中国成立以来,我国便开始建立起了国家权力监督制度,设立各类监督机关,并在其间配置国家监督权。随着新政权的建立,在《共同纲领》和《中央人民政府组织法》的总体建构之下,国家监督制度便已初具雏形。[①] 随着第一届全国人大的召开和新中国第一部《宪法》的制定,人大制度之下的国家监督制度亦随之大体形成。但随之而来的非正常化政治活动,使包括国家监督制度在内的整个国家政治和法律制度遭到严重的人为破坏。直至 1978 年拨乱反正之后,国家监督制度才得以恢复重建并不断完善。纵观 60 余年的机构与职权变迁史,可总

---

① 参见汤唯、孙季萍:《法律监督论纲》,北京大学出版社 2001 年版,第 230 ~ 235 页。

结出我国国家监督制度发展的一般规律：

其一，国家监督机构的多元性。1949 年至今的中国，承担国家监督职责的机构大体有三：一为权力机关性质的机构，即 1954 年前的全国政协全体会议和中央人民政府委员会，以及 1954 年之后的各级人大及其常委会。二为行政机关内部的监督，即行政监察监督和行政审计监督。三为检察机关的法律监督。由此可见，我国的国家监督机构具有多元性的特征，即国家监督权分由不同机构来行使。人大作为国家权力机关，其基于民主集中制的原则，产生并监督行政、审判、检察、军事等其他国家机关。在此种一元分立权力架构之下，若欲对权力进行有效的制约和监督，势必通过设立各类专门的监督机关。① 因为人大作为权力机关的监督通常只能限于宏观领域，加之人大监督权行使过程中的诸多滞碍，致使在实践中需要设立诸如检察机关、行政监察机构、行政审计机构等专门的监督机关。

其二，国家监督职权的变动性。建国伊始便已初具雏形的国家监督制度，历经 60 余年的变迁，其依旧保持着相当的稳定性，即总体上始终表现为人大监督、行政监督、检察监督“三位一体”的监督权配置格局。但是，在相对稳定的同时，具体的监督职权在各主体之间亦存在相当的变动性。以行政监察监督为例，新中国成立之初的各级监察委员会，其性质虽为行政机关，但监察对象却可及于包括审判机关、检察机关在内的一切国家机关及其工作人员。② 在

---

① 参见朱孝清：《中国检察制度的几个问题》，载《中国法学》2007 年第 2 期。

② 中央人民政府政务院监察委员会所作的《一九五〇年人民监察工作总结及一九五一年工作任务的报告》，在谈及监察机关的职权时便明确指出：“监察机关的职权，是依据政府的政策、法令、决议、计划，其有权监督一切国家机关和公务人员”。参见《一九五〇年人民监察工作总结及一九五一年工作任务的报告》，载《人民日报》1951 年 8 月 15 日，第 3 版。

1955 年之后，根据《监察部组织简则》的规定，行政监察的范围则限于国务院各部门、地方各级国家行政机关、国营企业、公私合营企业、合作社，以及这些机关的工作人员。监察机关不再对审判机关和检察机关及其工作人员进行监察。[①] 同时，在 1986 年恢复设立国家监察部之时，在规定行政监察的对象时，减少了公私合营、合作社及其工作人员，把对国营企业及其工作人员的监察也限于国家行政机关任命的领导干部。[②] 除监督对象之外，行政监察权的权限类型和行使方式亦处于变动状态中。

其三，国家监督范围的叠合性。"三位一体"的监督权配置格局，致使国家监督权由不同机构分别行使，但此三类不同的国家监督并非平行并列的，由于人大所具有的国家权力机关的地位，人大监督的位阶高于行政监督和检察监督。这种存在位阶的监督权配置格局，使国家监督权在监督范围上存在叠合，因为在不考虑其他因素的前提下，人大作为权力机关，其监督范围无疑涵盖了行政监督和检察监督的监督范围。同时，即便是地位相对平行的行政监督和检察监督之间，其亦存在或多或少的重合部分。

（二）监督权配置模式的调整

在我国的人大制度和"一府两院"的宪制结构之下，国家监督监察权在某种意义上而言是"师出多门"的，此种"叠床架屋"式的监督权配置模式表现为国家监督权由 3 大不同的国家机关享有和行使。此外，在上述国家监督权之外，还有执政党内部的纪律检查权。这一监督制度的弊病有三：一是监督力量分散，各类监督监察主体在各自的领域内开展监督工作，难以形成实质意义上

---

① 参见韩晓武：《建国以来我国行政监察制度的发展变化》，载《河北法学》1984 年第 5 期。

② 参见乔石：《关于设立中华人民共和国监察部议案的说明》，载《中华人民共和国全国人民代表大会常务委员会公报》1986 年第 7 期。

的合力；二是监督存在盲区，这主要表现为现有的监察监督其实仅限于行政机关内部，未能有效及于其他国家机关和公职人员；三是监督衔接不足，即国家监督与党内监督的衔接贯通机制仍有诸多欠缺。而此般弊病的根源在于国家监督权的分散配置，故此有赖通过改革优化国家监督权的配置模式。

当前正在进行的国家监察体制改革及其试点工作，也正是基于此种考虑，《决定》明确提出了“实施组织和制度创新，整合反腐败资源力量”的改革思路。[①] 至于如何优化国家监督权的配置模式，由《决定》可知，此次试点工作的具体方案是由人大产生监察委员会，作为行使国家监察职能的专责机关。并将现有的行政监察、预防腐败和检察机关查处贪污贿赂、失职渎职以及预防职务犯罪等工作力量，一并整合至新设立的监察委员会。[②] 由此可见，改革者的想法是将监察委员会作为与政府、法院、检察院平行的国家机关，其行使的国家监察权亦将与既有的行政权、审判权、检察权居于并列地位。通俗而言，此前我们熟悉的人大之下的“一府两院”之国家政权组织形式将可能变革为“一府一委两院”的新结构。由此可知，监察体制改革的意涵有二：一是新设专职监察的机构，即监察委员会；二是与新机构设立相伴随的现有机构及其职能的整合。易言之，此次国家监察体制改革的实质在于国家监督权的重新配置。

---

① 参见姜洁：《中办印发〈关于在北京市、山西省、浙江省开展国家监察体制改革试点方案〉》，载《人民日报》2016 年 11 月 8 日，第 3 版。

② 参见姜洁：《实现对公职人员监察全覆盖完善党和国家的自我监督——王岐山在北京、山西、浙江调研监察体制改革试点工作时强调》，载《人民日报》2016 年 11 月 26 日，第 1 版。

二、监察体制改革应遵循的原则

若欲使监察体制改革具有充分的正当性和科学性，改革势必以一定的原则作为指引。具体来说，监察体制改革所应当遵循的基本原则来源有三：一是改革的属性，即改革的变动性属性要求处理好改革与立法的关系；二是改革的背景，即监察体制改革乃是置于人大制度这一根本政治制度之下进行的；三是改革的内涵，即监察体制改革的思路与理念。由此，监察体制改革应遵循的原则主要有：

（一）先“变法”后“变革”的逻辑

当代中国的立法可以说是在改革背景下和改革进程中的立法。自 1978 年党的十一届三中全会确立“改革”的基本方针之后，中国便进入了一个全面改革的时期，在此过程中，“立法是与改革同时起步、同步或者交错前行的，立法所规范的社会关系，实际都是改革背景下的社会关系”，①可以说“改革的重点也是立法的重点”。② 然而，改革的基本属性在于变动，而法律注重稳定，二者属性上的矛盾势必导致改革与现行法律制度之间的冲突与紧张关系。为此，在改革进程中妥善处理改革与立法的关系便是关乎改革正当性与国家法律权威的重大问题。这种紧张关系尤其体现在探索型改革中，因为在探索型改革之下，改革通常先于立法，法律的确认只是一种事后的确认，或言之为“追认”。

当前进行的监察体制改革同样是一种探索型改革，现阶段的改革仅是在北京、山西、浙江先行先试，这既是为了减少改革的风险和成本，亦是希冀以上三省市能在试点工作中取得可供复制的

---

① 刘松山：《当代中国处理立法与改革关系的策略》，载《法学》2014 年第 1 期。

② 李鹏：《进一步搞好立法和监督工作》，载《十五大以来重要文献选编》（上册），中央文献出版社 2011 年版，第 279 页。

经验，进而在更广范围内铺陈开来。诚如《决定》所指出的那般："从体制机制、制度建设上先行先试、探索实践，为在全国推开积累经验。"[①]然而，探索型改革蕴含先"变革"后"变法"的逻辑，这使法律总是滞后于社会变革，即在改革成果为法律确认之前，改革极有可能是处于法律的范围之外的。如此一来，改革的正当性将极大地被削弱，法律的权威亦将随之不断式微。鉴于此，监察体制改革需要遵循先"变法"后"变革"的逻辑，改革所涉及的法律法规"立改废"及试点工作所需法律授权问题，都需要改革者与立法者主动衔接，相向而行、同步推进。[②] 故而需要适时启动相关法律的"立改废"工作，实现立法与改革的衔接。当前，全国人大常委会通过的《决定》在一定程度上可使监察体制改革于法有据且有据可循，然而由全国人大常委会作出此般"授权决定"尚存质疑。[③] 同时，由于《决定》调整或暂停了部分法律的实施，但《决定》本身只是笼统的规定，由此致使监察委员会在机构设置与职权行使上存在法律依据的"空白"。此时可能会以更为细化的方案来解决这一问题，但这同样会面临突破现有宪法和法律的质疑。

（二）人大制度的根本遵循

作为我国的根本政治制度，人大制度为此次监察体制改革确立了根本遵循，即改革的内容不得与人大制度的核心内涵有所抵触与违背。具体而言，我国人大制度的主要内容是人大的产生、

---

① 姜洁：《中办印发〈关于在北京市、山西省、浙江省开展国家监察体制改革试点方案〉》，载《人民日报》2016 年 11 月 8 日，第 3 版。

② 参见《严把改革方案质量关督察关确保改革改有所进改有所成》，载《人民日报》2014 年 9 月 30 日，第 1 版。

③ 参见童之伟：《将监察体制改革全程纳入法治轨道之方略》，载《法学》2016 年第 12 期。

组织、职权的制度,以及人大与其他国家机关互相关系的制度。① 其中,与监察体制改革关系较甚的内容有二:一是人大与监察委员会的关系。按照当前的《决定》,监察委员会由同级人大产生,因此监察委员会向人大负责,受人大监督便是自然而言之事。如此一来,便需要在研究改革措施和现实推行改革时,具体厘清监察委员会如何由人大产生,监察委员会如何向人大负责,人大监督监察委员会的方式等内容。二是监察委员会与其他国家机关的关系。在当前的改革思路之下,监察委员会将与现有的"一府两院"形成并列平行的关系,作为行使国家监察职能的专责机关,其无疑可对"一府两院"施以监察和监督。但是,我国《宪法》第126条和第131条明确规定了法院与检察院依法独立行使审判权与检察权。因此,监察委员会对法院和检察院实施监督时,尚须恪守"审判权与检察权独立行使"这一宪法原则。

(三)机构与职能整合的改革思路

国家监察体制的改革与监察委员会的设立,意味着现有的国家机构体系与国家监督权的配置模式将会被革新。这也是《决定》提出的"实施组织和制度创新,整合反腐败资源力量"的深层意涵之所在。同时,这一意涵在《决定》以及当前开展的试点工作中皆得到了体现:整合行政监察、预防腐败和检察机关查处贪污贿赂、失职渎职以及预防职务犯罪等工作力量,成立监察委员会。② 由此观之,监察体制改革的思路在于实现既有机构与职能的整合。具体来说,在机构整合层面,其意在于新机构的设立与旧机构的撤销。其中,新机构即专门行使监察权的监察委员会,

---

① 参见蔡定剑:《中国人民代表大会制度》,法律出版社2003年版,第25~26页。

② 参见姜洁:《实现对公职人员监察全覆盖完善党和国家的自我监督——王岐山在北京、山西、浙江调研监察体制改革试点工作时强调》,载《人民日报》2016年11月26日,第1版。

旧机构则为此前行使监察监督性质职权的机构，根据当前的改革方案，这些机构主要有行政机关内部的监察等部门，检察机关内部的反贪等部门。与机构整合相伴随的自然是职能的整合，即将被撤销的旧机构之职权统一整合至新设立的监察委员会，由其行使这些职权。此外，为了监察委员会能够更好地行使监察权，可能还需要赋予其现有职权类属以外的新权力类型。[①] 此外，由于反贪污贿赂与反渎职侵权职能从检察院“剥离”，加之检察院法律监督职能本身所面临的诸多质疑，[②]如此一来，随着监察委员会的设立，及其国家监察机关地位的确立，检察院之“国家的法律监督机关”之宪法地位是否应作出变更亦是殊值探讨的话题。

（四）监察权独立行使的改革理念

通常来说，“民主政治的监察官应当是独立的”，[③]然而我国现行监察体制存在的主要问题之一即监察机关的独立性保障不足。因为现行的现状监察其实只是行政机关内部的一种自律性监督，或言之为“同体监督”，监督者在某种意义上又是被监督者。[④] 同时，按照《行政监察法》的规定，我国监察机关实行的双重领导体制，其需对本级政府和上级监察机关负责并报告工作。但在实践中，“监察机关的干部人事、财物经费皆由地方政府控制，监察机

---

① 参见张智新：《重大政治改革的监察委员会，如何监怎么察?》，载凤凰网：http://finance.ifeng.com/a/20161111/15001165_0.shtml，最后访问日期：2016 年 12 月 1 日。

② 参见陈卫东：《我国检察权的反思与重构——以公诉权为核心的分析》，载《法学研究》2002 年第 2 期；缪树权：《检察机关法律监督若干争议问题观点释评》，载《国家检察官学院学报》2003 年第 5 期；蒋德海：《“以法律监督为本质”还是“以控权为本质”？——兼论中国检察机关的职权配置》，载《河南社会科学》2011 年第 2 期等。

③ ［法］孟德斯鸠：《论法的精神》（上），张雁深译，商务印书馆 1961 年版，第 53 页。

④ 参见魏志荣、李先涛：《我国行政监察制度存在的主要问题与改革建议》，载《黑龙江政法管理干部学院学报》2006 年第 4 期。

关在工作中缺乏应有的独立性，这也严重影响了监察的权威性”。[①] 对此问题，改革者无疑亦是有所关注的，并提出了改革党的纪律检查体制，完善反腐败体制机制，增强权力制约和监督效果，保证各级纪委监督权的相对独立性和权威性。要强化制约，科学配置权力，形成科学的权力结构和运行机制。[②] 为了构建相对独立的监察监督制度，监察体制改革所为之的便是将监察权从行政权与检察权中“剥离”出来，从而形塑出与行政权、审判权、检察权平行并列的监察权，尤其是让监察权独立于行政权之外。

三、监察体制改革的路径与方法

监察体制改革的原因与改革所应遵循的原则已在上文进行讨论，那么，监察体制究竟要如何改革便是此部分需要谈论的内容。如前所述，监察体制改革所关涉的乃是国家的重大宪制结构，与之相关的问题可谓是纷繁复杂，这也是“国家监察体制改革是事关全局的重大政治改革”的应有之义。然而，由于篇幅和智识有限，本章难以对所有相关问题逐一论述，在此仅选取其中几个相对重要的问题进行讨论。

（一）监察体制改革与法律的“立改废”

此次改革若能于试点工作之后得以在全国范围内全面铺陈开来，将意味着我国现行宪法和法律所确立的监督监察权配置模式将被调整。同时，改革在经由探索试错之后，若欲将有益经验推及全国，亦需要通过法律的制定与修改实现经验的固化与确认。

---

① 马怀德：《全面从严治党亟待改革国家监察体制》，载《光明日报》2016 年 11 月 12 日，第 3 版。

② 参见《强化反腐败体制机制创新和制度保障 深入推进党风廉政建设和反腐败斗争》，载《人民日报》2014 年 1 月 15 日，第 1 版。

首先，国家监察体制改革的实质在于国家监督权的重新配置，如此一来，作为根本法的宪法便需要"出场"以发挥其功能，进而实现对改革进程与结果的指引和规范。因为"宪法在政治方面的意义便是强调国家权力的组织与运作，国家应设置何种机关来行使统治权力并界定机关的权力，此即为国家大法的宪法所应规范的内容"。[①] 通俗而言，为宪法所规定的通常是国家最根本、最重要的事项，当此类事项发生变动之时，宪法也应当作出相应的修改。国家机构的组织及其职权即为这类最根本、最重要的事项之一。[②] 由此观之，在改革的进程中，作为根本法的宪法亦须进行相应的修改，以此为机构的整合与权力的再配置创造相应的宪法空间与制度可能。同时，为这一改革提供充分的正当性基础必须求诸宪法的修改，绝非全国人大的立法与修法所能有效为之的。因为在规则创设的过程中存在"制宪权—修宪权—立法权"这样的位阶构造。[③] 概言之，鉴于监察体制改革所变革之内容，即国家监督权的配置模式以及国家的政权组织形式属于宪法保留之事项，故而宪法修改具有法律制定与修改不可替代的功能。

其次，与法律相比较，"宪法在内容上具有根本性、宏观性和全面性，而法律具有派生性、微观性和具体性"。[④] 因此，即便宪法在为监察体制改革作出修改之后，仍然有诸多微观细节的问题有待其他法律继续相应的"立改废"，以适应改革的需要。具体来说，法律法规"立改废"的内容主要有：一是修改《人民检察院组织法》《国务院组织法》《地方各级人民代表大会和地方各级人民政

---

① 陈新民：《宪法学释论》，台北，三民书局股份有限公司 2014 年版，第 1～2 页。

② 参见秦前红：《监察体制改革需修宪保障》，载《财经》2016 年第 34 期。

③ 参见［日］芦部信喜：《制宪权》，王贵松译，中国政法大学出版社 2012 年版，第 90 页。

④ 胡锦光、韩大元：《中国宪法》，法律出版社 2007 年版，第 27 页。

府组织法》《刑事诉讼法》等。因为改革需要将原属政府与检察院的监察监督职权予以“剥离”整合，但这些职权已经规定在上述既有的法律当中，故而需要对其进行修改或废止。同时，《决定》提出的“监察委员会与司法机关的协调衔接”，也要求《刑事诉讼法》等作出相应的修改，以便经监察委员会处理的案件得以有效进入刑事诉讼等司法程序，在实践中较为普遍的便是监察委员会在处理案件过程中获得的材料应通过何种途径和方式转化为刑事诉讼中的证据并予以运用。二是制定《监察法》《监察委员会组织法》。因为通过在《宪法》中新增一节，可以对监察委员会作出相对宏观的规定，但对于其他较为具体的内容，仍然需要另行立法予以规定，具体有监察委员会的组织结构、机构设置、职权范围、工作机制，以及监察委员会行使监察权的程序、法律责任等内容。

（二）监察委员会与其他国家机关的关系

将监察委员会置于人大制度之下，其与其他国家机关的关系主要表现有二：一是基于民主集中制而形成的监察委员会与同级人大的关系；二是在国家机关构架中监察委员会与“一府两院”的关系。

其一，根据我国《宪法》第 3 条第 1 款的规定，我国的国家机构实行民主集中制的原则。在我国，民主集中制是一个普遍适用于执政党和国家政治生活的重要原则。作为国家机关组织原则的民主集中制，其内容之一即体现为国家权力机关和其他国家机关的关系上，遵循其他国家机关由民选的国家权力机关产生，对其负责、受其监督的原则。[1] 依此逻辑，在监察委员会与人大的关系上，则表现为监察委员会由人大产生，对人大负责，受人大监督。具体来说，“由人大产生”主要表现为人大对监察委员会有关

---

① 参见蔡定剑：《宪法精解》，法律出版社 2006 年版，第 171 ~ 172 页。

人员的任免。根据我国的宪法实践，国家机关负责人任免有选举、决定人选、任命、批准任命等不同的行使方式，其中，选举的职务通常更为重要。[①] 同时，根据《决定》的安排，监察委员会主任由本级人大选举产生，监察委员会副主任、委员，则由监察委员会主任提请本级人大常委会任免。此外，监察委员会还应当接受人大及其常委会的监督，向人大常委会作专项工作报告，并接受其询问、质询等。

与此同时，在处理人大与监察委员会关系之时，还将面临"监察全覆盖"与"监察委员会受人大监督"的问题。由《决定》以及既已开展的试点工作可知，监察体制改革所欲实现的目标乃是"实现对行使公权力的公职人员监察全面覆盖"。[②] 对此可理解为将各级人大及其常委会的公职人员纳入监察的对象。然而，鉴于民主集中制及人大与监察委员会的关系，监察委员会当接受人大及其常委会的监督。如何解决此一逻辑上的"悖论"无疑是改革面临的难题之一。在人大制度之下，各级人大非但具有代议机构之属性，其更有作为权力机关之优越地位。鉴于此，监察委员会不得对各级人大及其常委会之立法、监督、决定、任免等职权行使行为施以监察，但对于贪污贿赂、渎职侵权等与职务违法行为，则可纳入监察委员会之监察范围。

其二，在监察委员会与政府、法院、检察院等的关系上，则表现为监察委员会在法律规定的范围内有权对"一府两院"实施监督，但法院与检察院依法独立行使审判权与检察权，不应受到监察委员会的干涉。此外，《决定》所提出的"建立监察委员会与司

① 参见蔡定剑：《中国人民代表大会制度》，法律出版社 2003 年版，第 344 ~ 346 页。

② 姜洁：《中办印发〈关于在北京市、山西省、浙江省开展国家监察体制改革试点方案〉》，载《人民日报》2016 年 11 月 8 日，第 3 版。

法机关的协调衔接机制”亦要求妥善安排监察委员会、检察院、法院在刑事诉讼中的关系。例如，监察委员会在监督、调查过程中获得的材料，如何作为刑事诉讼证据得以运用，尤其是在纪委监察合署办公的情境之下。①

（三）监察委员会的组织结构与职权

与以上讨论的监察委员会与其他国家机关间的关系不同，监察委员会的组织结构是指监察机关相互间的关系，尤其是上下级监察机关之间的关系。诚如上述，监察体制改革应以人大制度为根本遵循，且须彰显监察权的独立性原则。此一根本遵循与原则在相当程度上划定了我国监察委员会的组织结构，具体体现有二：其一，在人大制度之下，按照民主集中制的组织原则，监察委员会由人大产生，对其负责，受其监督；其二，为确保监察委员会得以独立行使监察权，又需要使监察机关尽可能少地受到地方因素和行政权力的干扰，这便要求监察机关的领导应当是垂直式的。

在此二原则的共同意旨之下，便需要在监察委员会的组织结构中实行所谓的“双重领导”体制，即监察委员会既要对同级人大负责，还要对上级监察委员会负责。对此，《决定》乃是有所规定的，即监察委员会对本级人大及其常委会和上一级监察委员会负责，并接受监督。这种“双重领导”体制具体如何实现，可参照人民检察院的组织机构，作如下制度设计：一是省级监察委员会主任的任免由同级人大决定；二是省级以下各级监察委员会主任的任免由同级人大决定；三是国家监察委员会领导地方各级监察委员会的工作，上级监察委员会领导下级监察委员会的工作；四是国家监察委员会对全国人大及其常委会负责，地方各级监察委员

---

① 参见龙宗智：《取证主体合法性若干问题》，载《法学研究》2007 年第 3 期。

会对产生它的国家权力机关和上级监察委员会负责。

在厘清监察委员会的组织结构之后，需要讨论的便是监察委员会的职权。如上所述，按照当前的改革思路，政府内部的监察、预防腐败，以及检察院内部的反贪污贿赂、反渎职侵权等职权，将一并整合至监察委员会。但监察委员会具体应行使哪些职权，仍然存在较多的争论。[①] 在当前改革试点工作中，改革者的想法是监察委员会履行"监督、调查、处置职责，包括谈话、讯问、询问、查询、冻结、调取、查封、扣押、搜查、勘验检查、鉴定、留置等具体措施"，[②]同时实行党的纪委与监察委员会合署办公，履行纪检、监察两项职能。[③] 由此可见，监察委员会监察权之具体权能并非单一的刑事侦查权或行政监察权所能涵盖。此外，不宜将拘留、逮捕等侦查性质的权能归入监察权中。因为由检察院转隶至监察委员会的职权乃是"查处贪污贿赂、失职渎职以及预防职务犯罪"，而不包括审查逮捕、侦查监督等职能。但监察委员会可向检察院提请批准逮捕，检察院侦查监督机构审查决定是否批捕，[④]且批捕后应由公安机关执行。如此一来，可在检察院与监察委员会之间形成一定的制约机制，且符合宪法关于公民人身自由权的规定。

---

① 参见程姝雯：《马怀德：国家监察委不会成为"超级机构"》，载《南方都市报》2016 年 11 月 30 日，第 A9 版；吴建雄：《国家监察体制改革的法理思考》，载《学习时报》2016 年 12 月 15 日，第 A6 版；何家宏：《反贪局不宜并入监察委》，载凤凰博客：http://bbs.ifeng.com/article/46523137.html，最后访问日期：2016 年 12 月 6 日。

② 《全国人大常委会关于在北京市、山西省、浙江省开展国家监察体制改革试点工作的决定》（2016 年 12 月 25 日第十二届全国人民代表大会常务委员会第二十五次会议通过），载《人民日报》2016 年 12 月 26 日，第 4 版。

③ 参见本报评论员：《构建权威高效的国家监察体系》，载《人民日报》2016 年 12 月 5 日，第 1 版。

④ 参见孙谦主编：《中国特色社会主义检察制度》，中国检察出版社 2008 年版，第 143 ~ 144 页。

(四)合署办公与党纪国法衔接问题

从当代中国合署办公的实际运作来看,主要是基于中国的党政关系,“解决两个具有不同编制、职责,但工作对象、工作内容相近的党政机构工作关系问题,实际上是一种党政型合署办公”。[①]这种合署办公,一则有助于在监察工作中贯彻党的领导;二则能够有效解决职责交叉重复的问题,[②]且利于实现党内监督与国家监督的衔接。《决定》提出的“党的纪律检查委员会、监察委员会合署办公”同样是基于此种考量。以期通过监察体制改革,“解决监督范围过窄、工作力量分散、定位不清等问题,建立集中统一、权威高效的国家监察体系”。[③] 与此同时,依法治国和依法执政的理念皆要求理顺党政关系。鉴于此,在监察体制改革中,虽然监察委员会与纪委合署办公,但在各自的职权行使上应是“泾渭分明”的,“党要管党内纪律的问题,法律范围内的问题应该由国家和政府管”。[④] 这既符合《中国共产党章程》对纪委任务的规定,也符合监察体制改革对监察委员会宪法地位的安排。

再者,合署办公后的纪委与监察委员会机构与职能的整合,其实质乃是党内法规与国家法律间的协调衔接问题。监察委员会作为国家机关,纪委作为执政党内部的纪律检查机关,二者所执行的分别是国家法律和党内法规。同时,国家法律与党内法规基于发生机理和性属的不同而有诸多差异,但若欲使纪委与监察委员会在合署办公的模式下实现两种监督形式的有效衔接,那

---

① 徐理响:《现代国家治理中的合署办公体制探析》,载《求索》2015 年第 8 期。

② 参见《关于中央纪委监察部合署办公问题的解答》,载《党建》1993 年第 4 期。

③ 本报评论员:《构建权威高效的国家监察体系》,载《人民日报》2016 年 12 月 5 日,第 1 版。

④ 邓小平:《在全体人民中树立法制观念》,载《邓小平文选》(第 3 卷),人民出版社 1993 年版,第 163 页。

么,在组织建设、作风和反腐倡廉制度建设等方面的党内法规便需要与国家相应领域的法律法规相协调。[①]

(五)监察权行使的监督与制约问题

“一切有权力的人都容易滥用权力,这是万古不易的一条经验。”[②]随着监察体制改革的推进,监察委员会将享有较之此前行政监察机关更大的监督权,故而监察委员会亦将面临权力膨胀与滥用的质疑。历史地看,在古代中国,监察体制建立之初,常常实现监察权与行政权的分离,“监察地方的官吏与地方行政、司法和军事长官各为系统,互不统属,这样既使地方官不敢妄为,又能使其发挥正常作用”,[③]但由于监察权的不断扩大,仍然难以避免监察权的地方化与行政化。[④] 例如,汉朝设置的司职地方监察的刺史,在东汉后期愈加干预军事和行政,地方监察区演变为地方行政区,监察长官也异化为行政长官。[⑤] 鉴于此,对监察委员会施以相当的监督与制约自属必要,《决定》亦明确提出:“强化对监察委员会自身的监督制约”。

具体而言,可通过如下方式实现对监察权的监督与制约:其一,强化人大对监察委员会的监督。监察委员会由人大产生,自

---

① 参见秦前红、苏绍龙:《论党内法规与国家法律的协调衔接》,载《人民论坛·学术前沿》2015 年第 20 期。

② [法]孟德斯鸠:《论法的精神》(上),张雁深译,商务印书馆 1963 年版,第 154 页。

③ 李孔怀、陈永明:《汉唐明三代行政监察体制比较》,载《复旦学报》(社会科学版)1994 年第 4 期。

④ 参见白平则:《论我国古代地方监察体制与监察权运行的关系》,载《理论界》2012 年第 6 期。

⑤ 参见李孔怀、陈永明:《汉唐明三代行政监察制度比较》,载《复旦学报》(社会科学版)1994 年第 4 期。

然须接受人大的监督。但当前的人大监督工作还是一个薄弱环节,[1]为此,无疑需要改善当前人大监督不力的现状。其二,其他国家机关对监察委员会的职权行使行为施以必要的制衡。这主要体现在检察机关通过侦查监督权、逮捕批准权等对监察委员会进行监督,当然还包括法院通过“非法证据排除规则”等庭审制度设计实施的间接监督。其三,借由规则以规范监察委员会的职权行使行为,因为程序的设定无疑可以框约监察权的行使。当前正在制定的《中国共产党纪律检查机关监督执纪工作规则(试行)》无疑是在这方面的努力。[2] 其四,建立监察权行使不当,侵犯公民权利的救济机制,既有监察机构内部的救济,即上级监察委员会对下级监察委员会的纠错;亦有监察机构外部的救济,如监察权的行使应当接受司法审查等。其五,引入必要的外部监督机制。人民监督员制度创设初衷即在于“消解社会对检察院办理职务犯罪案件的疑虑,补强检察机关职权行使的民主性,防范检察权的滥用”。[3] 随着检察机关相应职能的整合,同样可将该制度作适当改进之后引入监察委员会,进而实现对其的外部监督。

四、结语

在国家的权力运行架构中,通过诸多形式构建国家监督体制,业已成为古今中外的通行做法。在国外,有以美国为代表的“三权分立”式的权力监督制衡模式。在古代中国,三省六部间的

① 参见林伯海:《人大监督权威缺失的传统政治文化探析》,载《政治与法律》2002年第5期。

② 参见闫鸣:《把自己摆进去,管住监督执纪权力》,载《中国纪检监察报》2016年12月7日,第1版。

③ 秦前红:《人民监督员制度改革路径》,载财新网:http://opinion.caixin.com/2015-03-11/100790203.html,最后访问日期:2016年12月8日。

分权制度以及专司监察的御史制度，也承载了相当的国家权力监督功能。在近代中国，孙中山先生独辟蹊径提出的“五权宪法”，更是将监察权独立，以彰显监察权的监督功能。新中国成立伊始，社会主义中国的国家监督制度便得以建立，并随着历史的进程而不断完善。但终究未能突破“三位一体”的监督权配置模式，这也是当前监察监督制度弊病之根源所在。当前进行的监察体制改革正是期盼经由机构与职能的整合，优化监察监督权的配置模式。但改革所关涉的因素众多，切不可草率为之，须将改革置于既有的宪制机构和特定的历史环境中予以慎重考量，并在此基础上设计改革的总体思路和具体方案。

与此同时，无论是监察御史制度、三权分立制衡，还是专门法律监督的检察院，国家监察职能专责机关的监察委员会，其作为“权力制约权力”的具体样态，与公民监督、舆论监督、社会监督等“权利监督权力”的具体样态，共同构成了国家权力监督制约机制。在权利监督权力之效能未能有效发挥的情境下，通常会借由权力对权力的制约以避免权力的滥用。依此逻辑，当前监察体制改革所强调的“权威高效的监察体系”，在某种意义上表征着权利其实未能对权力施以有效和充分的监督，以及人大作为权力机关的监督尚未具备应然的权威与效用。鉴于此，我们在期盼通过改革监察体制和设立监察委员会，来对国家权力施以必要的监督和制约之时，亦不可漠视权利对权力的监督。

再者，改革的成功离不开社会的参与。因为制度是共识的固化，制度改革是重新凝聚共识的过程，由此便要求改革者广开言路、保持开放的姿态，从而维持和创造共识。同时，改革措施的科学性、合理性有赖于社会的讨论与批评，因为真理乃是越辩越明的。

第十章　国家监察“全覆盖”的可能与限度

一、问题的提出

此次监察体制改革的初衷与目标之一即实现监察的全面覆盖，即《决定》所指出的“实现对行使公权力的公职人员监察全面覆盖”，《决定》则更为具体地提出：“试点地区监察委员会按照管理权限，对本地区所有行使公权力的公职人员依法实施监察”。

在既往的国家监察体制中，所谓国家监察在实质上而言乃是行政监察，行政监察机关的监察对象限于国家行政机关及其公务员和国家行政机关任命的其他人员。[①]如此监察体制致使监察对象过窄，权力监督存在盲区。故而改革者认为，在完善权力监督制度时，需要健全国家监察组织架构，形成“全面覆盖国家机关及其公务员的

---

① 参见汤唯、孙季萍：《法律监督论纲》，北京大学出版社2001年版，第351～352页。

国家监察体系"。[1] 假若权力失却必要的监督，则必然出现绝对权力导致绝对腐败的境况。[2] 于此层面而言，实现监察的全面覆盖将进一步使不受监督制约的权力得以消弭，如此改革理念与目标无疑有助于国家监察体制与权力监督制度的完善。然而，置于特定宪制环境之下的监察体制改革，其自然会面临诸多难以逾越甚至不得逾越的边界。监察全面覆盖之改革目标亦不乏相当的限度，如监察机关在监察人大工作人员之时，尚需尊重人大作为权力机关的宪法地位；在对法院和检察院施以监察之时，不得背离司法权独立行使的宪法原则。

二、监察机关如何尊重权力机关的宪法地位

监察体制改革的实质在于国家监督权的重新配置，其通过机构与职能的整合，创设出独立于行政、审判、检察的监察机关。若以机关与权力互相关系之维度来考察，监察全面覆盖之意旨便在于国家监察机关之监察权得及于一切公权力机关公职人员，《决定》所言之"对本地区所有行使公权力的公职人员依法实施监察"意即在此。在现代立宪国家，作为整体的国家权力往往基于诸多因素作了大同小异的各类划分，不同机关基于一定的原则形成并运作着相互间的关系。在我国，构建国家机关相互关系的核心原则即人大制度以及民主集中制的国家机关组织原则。依此逻辑，监察机关与其他国家机关之相互关系同样不得逾越此一核心原则。

---

① 习近平：《在第十八届中央纪律检查委员会第六次全体会议上的讲话》，载《人民日报》2016 年 5 月 3 日，第 2 版。

② 参见［英］阿克顿：《自由与权力：阿克顿勋爵论说文集》，侯建、范亚峰译，商务印书馆 2001 年版，第 342 页。

(一)民主集中制:监察机关的从属地位

在我国,民主集中制是一个普遍适用于执政党和国家政治生活的重要原则,其有着相当丰富的意涵。[①] 根据我国《宪法》第3条第1款的规定,我国的国家机构实行民主集中制的原则,这便是以国家根本法的形式将民主集中制确定为国家机关组织原则。作为国家机关组织原则的民主集中制,其目的在于建构国家政权机关,因为“没有适当形式的政权机关,就不能代表国家”。[②] 由《宪法》第3条之规定可知,国家机关组织原则之民主集中制的基本意涵有三:一是在人民与国家权力机关的关系上,遵循由人民选举产生国家权力机关,国家权力机关对人民负责、受人民监督的原则;二是在国家权力机关和其他国家机关的关系上,遵循其他国家机关由民选的国家权力机关产生,对其负责、受其监督的原则;三是在中央国家机关和地方国家机关的关系上,遵循在中央统一领导下,充分发挥地方积极性的原则。[③]

像其他现代国家一样,中国的宪法体制把人民作为一切权力的源泉,把代表机构奉为最高权力机关。人民代表大会制度被认为是根本的政治制度,是社会主义民主的象征。[④] 依照民主集中制的国家机关组织原则,国家的一切权力(主权)属于人民,人民行使国家权力的机关是各级人大。行政、审判、检察、军事等国家机关由人大产生。在此过程中,主权性质的国家权力便作了最初的分配:由主权衍生出了行政权、审判权、检察权等权力。此一逻

---

① 参见赵宬斐:《民主集中制:过去、现在与未来》,载《学术月刊》2011年第2期。

② 毛泽东:《新民主主义论》,载《毛泽东选集》(第2卷),人民出版社1991年版,第677页。

③ 参见全国人大常委会研究室政治组编著:《中国宪法精释》,中国民主法制出版社1995年版,第106页。

④ 陈端洪:《宪治与主权》,法律出版社2007年版,第232页。

辑的概括表述即为:“议会是人民的委员会,政府是议会的委员会。”[①]如此一来,人大自然具有优越于其他国家机关的地位,“它是其他国家机关的组织者与监督者,人大高踞其他国家机关之上”。[②] 作为权力机关的人大“代表人民行使对国家的统治权,由它来产生其他国家机关,它是其他国家机关权力的直接来源”。[③]

在监察体制改革中,作为国家监察机关的监察委员会如何产生,同样遵循了民主集中制的国家机关组织原则,如《决定》所述:“试点地区监察委员会由本级人民代表大会产生。监察委员会主任由本级人民代表大会选举产生;监察委员会副主任、委员,由监察委员会主任提请本级人民代表大会常务委员会任免。监察委员会对本级人民代表大会及其常务委员会和上一级监察委员会负责,并接受监督”。由此可知,监察机关相对于权力机关而言,其乃是居于从属地位的。如此一来,监察全面覆盖的改革目标无疑需要回应“次位”的监察机关监督“主位”的权力机关的质疑。其实,此般“次位监督主位”的做法在我国亦有先例,新中国成立初期曾借鉴以列宁一般监督思想为理论基础建构的苏联检察机关之一般监督制度,并在“五四宪法”中得以确立,[④]监察机关的监督范围可及于包括地方人大在内的地方各级国家机关、国家机关工作人员和公民。然而,随着检察机关的恢复重建,对于检察机关一般监督职能之法治功能的认识逐渐加深。在1979年制定《人民检察院组织法》时,立法机关对检察机关的法律监督职能有

---

① [德]施米特:《合法性与正当性》,冯克利、李秋零、朱雁冰译,上海人民出版社2014年版,第39页。

② 何华辉主编:《人民代表大会制度的理论与实践》,武汉大学出版社1992年版,第1页。

③ 蔡定剑:《中国人民代表大会制度》,法律出版社2003年版,第27页。

④ 参见王建国:《列宁一般监督理论的制度实践与借鉴价值》,载《法学评论》2013年第2期。

了不同的认识,检察机关的法律监督职责急剧缩小。[①]

(二)议会自律原则:监察权行使的禁区

除却作为国家权力机关之优越地位,在议会自律原则之下,作为代议机关的人大亦有其相当范围的“自留地”,此一范围构成监察权行使的禁区。代议机构的自律与自治是代议政治的基本原则,国会议事自治之目的在于“确保国会行使职权的自主性与独立性,使免于受其他国家机关之干预”。[②] 通常来说,议会自律原则的意涵为立法机关之议会自己就其内部事务,当然有独立于行政权、司法权之外的自律权。这种议会就其内部事务,不受行政权、司法权之干涉,而自行决定之自主权、自治权,具体包括规则自律权、管理自律权、财物自律权、内部纪律惩戒权、议院警察权等,以及言论免责权、人身保护权和生活保障权等议员特权。[③]

议会自律原则可从议会主权与分权制衡两个角度来阐释,前者是指民选的议会相较于其他国家机关而言居于优越地位,故不容其他机关对其施以干涉。这在以上讨论“监察机关的从属地位”时已有谈及,此处将从分权制衡的角度来具体说明。在分权制衡原则之下,国家机关相互之间可进行干预,进而实现制衡之目的。但“权力制衡所允许的各权彼此干预之程度是有限制的,即所为之干预不得破坏权力之均衡,各权均各自拥有其具不可侵犯性与不可让渡性的‘核心领域’;若许一权干预他权的‘核心领域’,无异于有制无衡,使一权任诸他权指挥、‘宰割’,离制衡之本

---

① 参见王玄玮:《论检察权对行政权的法律监督》,载《国家检察官学院学报》2011年第3期。

② 许宗力:《国会议事规则与国会议事自治》,载许宗力:《法与国家权力》,台北,月旦出版股份有限公司1993年版,第308页。

③ 参见李鸿禧:《议会自律权之比较宪法底研究(上)——兼谈地方议会议员之免责特权》,载《台大法学论丛》1991年第20卷第1期。

意相去甚远"。[①] 在以美国为典型代表的宪法司法审查的国家，司法部门在实施宪法审查过程中采取消极主义价值立场，尽可能对与之处于同等宪法地位的立法机关和行政机关通过立法或行政行为就相关事务所作出的判断保持适度的尊重，本质上也是为了维护和保障权力分立之宪治制度构架之需要。[②]

（三）监察机关应当如何"监察"权力机关

由上可知，民主集中制要求监察机关在面对权力机关时应当表现得谦卑，而议会自律原则乃是要求监察机关在对代议机关施以监察时应当保持谦抑。鉴于此，监察委员会在行使监察权时应当尊重人大作为权力机关和代议机关的宪法地位。那么，监察机关应当如何"监察"权力机关才能彰显其对权力机关宪法地位的尊重？当然，此处虽言之为"监察"，但绝非意味着监察机关有权监督权力机关。具体而言，监察机关"监察"权力机关时至少有以下 3 个问题需要考量。

其一，监察机关"监察"之对象应为人员而非机构。依上述人大与监察委员会关系之逻辑，后者决然不可监督前者，否则难免出现诸多宪法逻辑上的悖论，如不符合民主集中制之国家机关组织原则等。不过，若将监察机关之监察对象限于权力机关之人员，而非权力机关机构自身，在相当程度上可使以上逻辑悖论得以恢复自洽。这或许也是《方案》和《决定》将监察委员会之监察对象表述为"所有行使公权力的公职人员"的缘由。然而，因为人员的职务行为必然与机构的职权存在诸多交集，二者并非可决然分开的；且对人员的监察难免影响其职务之履行，此种影响可间

---

① 许宗力：《国会议事规则与国会议事自治》，载许宗力：《法与国家权力》，台北，月旦出版股份有限公司 1993 年版，第 308 页。

② 参见刘练军：《消极主义：宪法审查的一种哲学立场》，法律出版社 2010 年版，第 193 页。

接及于由人员组成之机构。鉴于此，将监察机关之监察对象限于人员仍然不够，尚需在监察权可涉及的对象与范围上作进一步的限制，即监察范围以权力机关职权之“核心领域”为限，以及履行代表职责之民意代表不得为监察的对象。

其二，监察机关不得介入权力机关职权的“核心领域”。诚如上述，若监察机关得“侵入”代议机关之“核心领域”，势必破坏权力之间的均衡态势。加之我国的人大不仅是代议机关或立法机关，更是地位优越于其他国家机关的权力机关。[①] 如此一来，人大职权范围内的事务，尤其是其中的“核心领域”，自然是不容监察机关介入与干涉的。通常来说，我国人大及其常委会的职权有四，即立法权、决定权、任免权和监督权，这四类职权并未穷尽列举所有各项职权。[②] 但这四项职权之行使，显然属于权力机关职权的“核心领域”，即便有弊，亦不可由监察机关予以纠偏，而应当由上级权力机关予以纠正。以人大之立法权为例，假若省级人大所立之地方性法规存在有违上位法之弊病，根据我国《立法法》第97条第2项之规定，唯全国人大常委会有权撤销之。

其三，监察机关应尊重人民代表之“民意代表”身份。在人大内部，并非所有的人员皆为民意代表。严格来说，唯有人大代表才是人大之构成因子，故人大代表之外的其他人员，则可认为仍属监察对象之列。因为代议机关通常会根据自己的活动特点和职能需要设立各种辅助性的工作机构和附属性的服务部门，但这些机构与部门不是代议机关本身，“只能辅助代议机关进行工作，不具备代议机关的法定资格”。[③] 例如，在我国人大之内，存在办

① 参见王超之、陈云生编著：《新宪法讲话》，四川人民出版社1983年版，第85页。

② 参见蔡定剑：《中国人民代表大会制度》，法律出版社2003年版，第259页。

③ 刘政、边森龄、程湘清主编：《人民代表大会制度词典》，中国检察出版社1992年版，第609页。

公厅、秘书局等办事机构，这些机构的工作人员自然不在民意代表之列。当然，将人大代表排除在监察对象之外，并不意味着其一切行为与活动皆无边界。因为其政治责任虽不受监察机关的追究，但如贪污受贿等职务违法和职务犯罪行为，因与履行代表职责并无直接关联，故亦不可免于监察。

三、监察机关如何恪守审判独立的宪法原则

较之权力机关而言，监察机关与审判机关乃是处于同一权力位阶之上的，二者地位相当，皆由权力机关产生。因为监察体制改革所为之的便是将监察权从既有的行政权与检察权中“剥离”出来，从而形塑出与行政权、审判权、检察权平行并列的监察权。同时，在人大之下，行政机关、审判机关、检察机关等之间也往往存在权力制约与平衡的构架，如根据《行政诉讼法》的规定，行政机关作出的具体行政行为需接受审判机关的司法审查。据此逻辑，并依监察全面覆盖之改革目标，监察机关对审判机关及其公职人员施以监察，似乎也是自然而然之结论，然而，审判权独立行使乃是一项极为重要的宪法原则。如此一来，监察机关在行使监察权时，如何恪守审判独立的宪法原则，便成殊值探讨之话题。

（一）审判权独立行使的宪法“边界”

审判独立可谓是一项为现代法治国家普遍承认和确立的基本法律准则，依我国《宪法》第 126 条之规定，人民法院依照法律规定独立行使审判权，不受行政机关、社会团体和个人的干涉。但是，法院并非完全独立的，根据我国的实际情况，人民法院必须接受国家权力机关的监督。换言之，“行政机关、社会团体和个人虽然无权干涉人民法院的审判工作，但人大及其常委会、检察机

关和中国共产党则除外”。[①] 因此,在现有的宪制安排之下,审判权的独立行使亦有其宪法“空间”,而非毫无界限与边界。当然,执政党、权力机关、检察机关对审判机关的监督,亦不得妨碍审判权的独立行使。具体来说,我国审判机关独立行使审判权的宪法“边界”有如下3个。

其一,党对审判工作的领导。在我国,“中国共产党领导人民建立新政权后,组建了公、检、法(包括国家安全机关)三大机关,长期以来被统称为‘政法机关’。政法机关开展工作的一条根本指导思想就是坚持党的领导”。[②] 但“党对政法工作的领导主要是政治思想领导和方针政策的领导”,[③]并不表现为“党的组织包办、代替人民法院的日常业务工作”。[④] 其二,权力机关对审判机关的监督。依《宪法》和《监督法》等的规定,人大及其常委会有权通过审议工作报告、执法检查、询问质询等方式监督“一府两院”的工作,“审判权只是置于权力机关监督之下的国家权力的一种”。[⑤] 但宪法充分地考虑到了法院作为审判机关,有与行政机关不同的功能和作用,因此在监督的方式选择、程度把握上,都作出了不同的规定。[⑥] 其三,检察机关的诉讼监督。在我国,检察机关有权对刑事、民事和行政诉讼过程中遵守和执行法律的情况进行监督和

---

① 蔡定剑:《宪法精解》,法律出版社2006年版,第441页。

② 刘松山:《彭真论党的领导与政法机构独立行使职权》,载《法学论坛》2013年第7期。

③ 参见乔石:《加强和改善党对政法工作的领导》,载乔石:《乔石谈民主与法制》(上),人民出版社2012年版,第174页。

④ 许崇德主编:《中国宪法》,中国人民大学出版社2010年版,第243页。

⑤ 郑贤君:《论我国人民法院和人民代表大会关系的法理基础——兼议司法权的民主性》,载《甘肃政法学院学报》2008年第5期。

⑥ 参见左卫民、冯军:《以监督权为视角:最高法院与全国人大关系的若干思考》,载《社会科学研究》2005年第4期。

纠察,这也被称为“诉讼监督权”。[①] 检察机关可以通过抗诉、检察建议等诸多方式来监督审判活动。但在实践中,检察监督与审判独立之间的冲突和矛盾也日渐显现,[②]甚至有论者认为现行检察监督制度在一定程度上损害了法院对审判权的独立行使。[③]

(二)审判机关是否受监察机关的监督

作为一项宪法原则,“司法独立原则调整着国家司法机关与立法、行政机关等其他职能部门的关系”。[④] 如上所述,依我国法律与实际,审判机关需接受执政党、权力机关和检察机关的监督。随着监察体制改革的推进和监察委员会的创设,加之监察全面覆盖理念与目标的明确,审判机关是否需要接受监察机关的监督?或者监察机关对审判机关及其公职人员的监督是否有一定的界限?对此,笔者以为,监察机关监督审判机关的法理基础并不存在,但审判机关公职人员所为的与审判职权无涉的行为,却仍属监察之范围。

首先,监察机关监督审判机关的法理基础并不存在。执政党、权力机关、检察机关虽可对审判机关进行监督,但此三者的监督乃是建筑于相当的法理基础与制度逻辑之上的:党的监督源于其对中国特色社会主义事业的领导,人大及其常委会的监督是源于其权力机关的宪法地位,检察机关的监督则是源于现行宪法所赋予的法律监督职权。而在监察机关对审判机关的监督中,上述基础与逻辑都是不存在的。即便在监察体制改革中,检察院的部

---

① 参见姜伟主编:《中国检察制度》,北京大学出版社 2009 年版,第 69 页。

② 参见潘传表:《论抗诉监督与审判独立之间的冲突与协调》,载《黑龙江省政法管理干部学院学报》2008 年第 1 期。

③ 参见黄松有:《检察监督与审判独立》,载《法学研究》2000 年第 4 期。

④ 卞建林等:《中国司法制度基础理论研究》,中国人民公安大学出版社 2013 年版,第 224 页。

分职权将整合至监察委员会,但这些职权仅是“人民检察院查处贪污贿赂、失职渎职以及预防职务犯罪等部门的相关职能”。[①] 至于对审判活动,判决、裁定等的监督,通常是由检察院的公诉部门、刑事申诉检察部门、民事行政检察部门、监所检察部门等具体承办,而这些职权与部门并未因改革而整合至监察委员会。鉴于此,需要在《宪法》第126条和第131中增加法院和检察院独立行使职权不受监察机关干涉的规定。

其次,监察机关有权监督审判机关公职人员所为的与职权无涉的行为。审判独立的重要意涵之一即法官独立,法官可自主地审核证据、认定事实、适用法律和作出裁判。假若法官的行为无关审判之职权活动,则对其的监督原则上亦不会妨碍法官独立和审判独立。如此一来,对审判的监督只能限于法官个人的违法行为、违纪行为以及道德品行等情况,而不能涉及法官对案件所作出的裁判,因为其一般不会损害法官的独立审判权。[②] 这也符合监察委员会作为反腐败机构之实质特征。[③] 但是,“法官的个人行为和裁判行为通常难以严格界分,且个人行为往往会影响到裁判行为,进而影响到裁判的结果”。[④] 德国《法官法》第26条第1款更是规定:“法官只在不影响其独立性的范围内接受职务监督”,[⑤] 借此保证法官独立与审判独立。

---

① 《全国人大常委会关于在北京市、山西省、浙江省开展国家监察体制改革试点工作的决定》,载《人民日报》2016年12月26日,第4版。

② 参见黄松有:《检察监督与审判独立》,载《法学研究》2000年第4期。

③ 参见姜洁:《实现对公职人员监察全覆盖完善党和国家的自我监督——王岐山在北京、山西、浙江调研监察体制改革试点工作时强调》,载《人民日报》2016年11月26日,第1版。

④ 刘田玉:《民事检察监督与审判独立之关系的合理建构》,载《国家检察官学院学报》2004年第1期。

⑤ 参见刘练军:《司法要论》,中国政法大学出版社2013年版,第345页。

(三)监察机关如何“监察”审判机关

如上所述,监察机关监督审判机关的法理基础并不存在,故而此处虽言之为“监察”,但绝非意味着监察机关有权监督审判机关,不过监察机关对审判机关公职人员的监察仍然有相当大的“余地”。易言之,监察机关对审判机关的“监察”,其“监察”之对象同样应为人员而非机构。具体来说,对审判机关公职人员监督“余地”之具体形态有二:一是监察机关有权对法官之外的司法行政人员和司法辅助人员进行监督;二是监察机关亦可对法官的个人行为进行监督,但不得有碍法官之独立审判。

其一,司法行政人员和司法辅助人员应属于监察机关的监察对象。党的十八届三中全会审议通过的《中共中央关于全面深化改革若干重大问题的决定》明确提出完善司法人员分类管理制度,[①]随着新一轮司法体制改革的推进与深化,我国的司法人员被区分为法官、检察官,司法辅助人员,司法行政人员 3 类。此种分类管理在某种意义上是一种“区别对待”,而“区别对待”的基础则是不同人员行使的职权不同。一般来说,我们法院权力结构呈现二元性,即审判权与行政管理权并行。其中,“审判权是审判组织拥有的对纠纷作出权威判断的一种权力”,“权力主体主要是从事司法决策的审判组织(独任制或合议庭),其角色特征具有独立性,每个法官在审判事务上应是独立的决策者”。[②] 如此一来,为体现法官、检察官角色的独立性特征,监察机关在对其进行监督时,自然须有一定的限度和范围。而司法行政人员和司法辅助人员则不同,其仍然应属于监察机关的监察对象。

---

① 参见《中共中央关于全面深化改革若干重大问题的决定》,载《人民日报》2013年11月16日,第1版。

② 陈陟云:《法院人员分类管理及审判权运行改革的实践向度》,载《中国法律评论》2014年第4期。

其二，法官职务范围外的个人行为亦属于监察机关的监察范围，但此种监察不得影响法官独立审判。如上所述，因为对法官个人行为的监督原则上不会妨碍法官的独立审判权，因此需要将法官的职务行为排除在监察的范围之外，即“将监督范围聚焦于法官的违法、违纪及其他不当行为，至于对错误裁判的纠正，则可归于法院自身的上诉、申请再审等救济程序来实现和完成”。[①] 然而，职务行为与个人行为之间的界限并非“泾渭分明”，甚至纯粹的个人行为亦会对职务行为产生影响。甚至可以说，“在法官作出判决的瞬间，被别的观点，或者被任何形式的外部权势或压力所控制或影响，法官就不复存在了。宣布决定的法官，其作出的决定哪怕是受到其他意志的微小影响，他也不是法官”。[②] 而依《决定》之规定，监察机关监督检查的范围可及于“公职人员依法履职、秉公用权、廉洁从政以及道德操守情况”。其中不少事项其实有“渗入”职务行为领域之嫌，如秉公用权，加之此类概念自身的模糊性，更易致使监察机关不合理地干涉法院和法官的独立审判。

四、国家监察体制改革的宪法限制

当前国家监察体制改革的必要性缘于现行监察体制的诸多弊病。将监察机关重新定位为行使国家监察职能的专责机关，并将其监察范围扩展至所有行使公权力的公职人员，则是基于现行监察体制所存在的监察机关定位不准，以及监察对象范围过窄的

---

① 黄松有：《检察监督与审判独立》，载《法学研究》2000 年第 4 期。

② [英]罗杰·科特威尔：《法律社会学导论》，彭小龙译，中国政法大学出版社 2015 年版，第 205 页。

问题。[①] 但改革的必要性并不能当然地证成改革同样具有正当性，而改革正当性的获得尚需仰仗改革与法律关系的良好处理，以及改革行为恪守法律制度的核心要义。如上所述，实现监察全面覆盖的改革目标虽有相当的必要性，但在实现此目标的过程中，既有的《检察院组织法》《刑事诉讼法》等法律无疑需要作出相应的修改，同时，监察机关亦须尊重权力机关的宪法地位，并恪守审判独立的宪法原则。概言之，改革的变法特质决定了监察体制改革必然需要突破宪法的规定，但此“突破”不得及于民主集中制、审判权独立行使等宪法制度之核心内容。

（一）监察体制改革能否突破现行宪法

改革的基本属性在于变动，而法律注重稳定，立法与改革天然具有内在的冲突。立法是把稳定的、成熟的社会关系上升为法律，而改革则意指革除旧制度、旧事物。[②] 国家监察体制改革同样如此，无论是当前尚处试点阶段的改革，还是日后在全国范围内铺陈开来，改革所拟运用的方式及所欲达致的目标，皆在一定程度上与现行的法律制度相悖。易言之，改革就是要改变同生产力迅速发展不相适应的生产关系和上层建筑，[③]其实质在于“破旧立新”。监察体制改革作为事关全局的重大政治改革，与以往“小修小补”式的改革不同，按照当前的改革思路和预设的改革结论，其将突破的非但有普通法律，更有作为国家根本法的宪法。因为监察体制改革关乎国家组织结构的重大调整，其通过机构与职能的

---

① 参见马怀德：《全面从严治党亟待改革国家监察体制》，载《光明日报》2016 年 11 月 12 日，第 3 版。

② 参见刘松山：《当代中国处理立法与改革关系的策略》，载《法学》2014 年第 1 期。

③ 参见《中国共产党第十一届中央委员会第三次全体会议公报》，载中共中央文献研究室编：《三中全会以来重要文献选编》（上），中央文献出版社 2011 年版，第 10 页。

整合，实现国家监督权的优化配置。而权力的重新配置须"仰仗"宪法的变迁为其提供正当性基础。

宪法作为国家根本法，"必须具有相对的稳定性，不能频繁修改"。[①] "过分的变动和时常的不稳定与真正含义上的法律都是不相符合的"。[②] 加之"改革是社会主义生产关系和上层建筑的自我完善，是推进一切工作的动力"，[③]故而监察体制改革突破现行宪法法律的规定，以及由此而生的宪法修改无疑皆属必要与正当。此外，监察体制改革将在相当程度上调整当前的国家政权组织形式，虽然国家主要机关的组织、职权及其关系，"有许多部分须以普通法律为补充或具体的规定，然凡与国家组织有重大关系者，固不容不规定于宪法之中"。[④] 因此，为这一改革提供充分的正当性基础必须求诸宪法的修改，绝非全国人大的立法与修法所能有效为之的。因为在规则创设的过程中存在"制宪权—修宪权—立法权"这样的位阶构造。[⑤] 概言之，鉴于监察体制改革所变革之内容，即国家监督权的配置模式以及国家的政权组织形式属于宪法保留之事项，故而宪法修改具有法律制定与修改不可替代的功能。

如此一来，"宪法的适时修改便成了改革的必然结果，也是改革得以实质性推进的前提"。[⑥] 但即便是修宪权亦非无任何限制

---

① 何华辉：《比较宪法学》，武汉大学出版社 2013 年版，第 108 页。

② ［美］E. 博登海默：《法理学：法哲学及其方法》，邓正来译，中国政法大学出版社 1999 年版，第 326 页。

③ 赵紫阳：《沿着有中国特色的社会主义道路前进》，载中共中央文献研究室编：《十三大以来重要文献选编》（上），中央文献出版社 2011 年版，第 12 页。

④ 王世杰、钱端升：《比较宪法》，商务印书馆 2010 年版，第 12 页。

⑤ 参见［日］芦部信喜：《制宪权》，王贵松译，中国政法大学出版社 2012 年版，第 90 页。

⑥ 秦前红：《监察体制改革需修宪保障》，载《财经》2016 年第 34 期。

的，为修宪权设定一定的限制，则是基于制宪权与修宪权之区别，前者是创造宪法的权力，后者是宪法所创设的权力。[①] 在我国的立宪史上亦有对二者进行区分的实践：在1954年《宪法》起草过程中，初稿曾写了全国人大“制定宪法”和“修改宪法”的职权。但经过讨论，最终将“制定宪法”删去了。因为宪法的制定已在《宪法》序言中作了宣布，以后若需要修改宪法，只是“修改宪法”职权的行使，而非“制定宪法”的职权。[②] 在区分制宪权与修宪权之逻辑前提下，宪法修改受到限制便成必然。一般而言，“宪法的修改不得及于宪法中具有本质之重要性而为规范秩序存立之基础者，宪法的修改也不能触及作为宪法保持‘存续性’和‘同一性’的根本宪法精神”。[③] 鉴于此，监察体制改革以及由此而来的宪法修改，自然不得变更现行宪法的实质核心内容。

（二）宪制核心：监察体制改革的边界

如上所述，监察体制改革不得“触及”宪制核心这一边界。然而何为此处所指的实质核心内容，各国的立宪实践对此有不同的制度设计：或在宪法中有明确的规定，如《德国基本法》第79条第3项便规定：“对本基本法的修改不得影响联邦由各州组成的事实，不得影响各州参与立法及第1条和第20条所规定的原则”；或未在宪法文本中作出明示，而将其交由宪法解释机关来完成。

我国宪法亦未对宪法的实质核心内容作出明确的规定，同时宪法解释实践亦处于“阙如”状态。然已有不少学者对我国的宪制核心进行学理上的探讨与阐释，如有论者认为，中国宪法内含5

---

① 参见[日]芦部信喜：《制宪权》，王贵松译，中国政法大学出版社2012年版，第90页。

② 参见许崇德：《中华人民共和国宪法史》，福建人民出版社2003年版，第322页。

③ 秦前红、涂云新：《宪法修改的限制理论与模式选择——以中国近六十年宪法变迁为语境的检讨》，载《四川大学学报》（哲学社会科学版）2012年第6期。

项根本法,按优先秩序分别为:中国人民在中国共产党的领导下、社会主义、民主集中制、现代化建设、基本权利保障,并认为这5个根本法是中国民主整合、政治认同的根本原则。① 亦有论者认为,改革不是与现行宪法的彻底割裂,它应当以坚持现行宪法所确立的国体、政体、基本社会制度、四项基本原则为前提。② 甚至有论者指出国旗、国徽、国歌的选择都属于重要的宪法符号,并同样具有一种整合的功能在内。③ 笔者以为,国家宪制核心通常在一国的宪法文本中有明示或默示的规定,既有民主国家共同的内容,如人民主权、权力制约、审判独立等;亦有个别国家特有的内容,如中国共产党的领导等。

具体到我国的宪法文本和监察体制改革的实践,作为监察体制改革边界的宪制核心至少有四:其一,中国共产党的领导。中国共产党作为中国特色社会主义事业的领导核心,由其领导监察体制改革具有天然的必要性与正当性,当前各省市进行的改革试点工作,同样亦是在由省(市)委书记担任组长的深化监察体制改革试点工作小组之领导下进行的。其二,人大制度。人大制度作为我国的根本政治制度,其应当属于"宪制核心"之范畴。这主要体现在权力机关与监察机关关系,以及监察机关与其他国家机关的关系的处理。同时亦须强调人大,尤其是全国人大对监察体制改革的必要参与。其三,权力制约与监督,即随着监察体制改革的推进,监察委员会将享有较之此前行政监察机关更大的监督权,监察委员会亦将面临权力膨胀与滥用的质疑,故而对监察委

① 参见陈端洪:《制宪权与根本法》,中国法制出版社2010年版,第256页。

② 参见苗连营:《关于制宪权的形而下思考》,载《上海交通大学学报》(哲学社会科学版)2003年第2期。

③ 参见李忠夏:《从制宪权角度透视新中国宪法的发展》,载《中外法学》2014年第3期。

员会施以相当的制约与监督自属必要。其四，司法权独立行使，即监察机关之监察权虽可扩展至法院和检察院之公职人员，但对法院和检察院实施监督时，尚须恪守“审判权与检察权独立行使”这一宪法原则。

第十一章　国家监察调查权的性质分析

根据《决定》,试点地区监察委员会按照管理权限,“调查涉嫌……职务违法和职务犯罪行为并作出处置决定,对涉嫌职务犯罪的,移送检察机关依法提起公诉”。此处“调查权”①的性质是行政调查权抑或刑事侦查权?我国《宪法》第135条规定,人民法院、人民检察院和公安机关办理刑事案件,应当分工负责、互相配合、互相制约;新增监察委员会后,其职务犯罪“调查权”是否应并入分工负责、互相配合、互相制约的渠道之中?监察委员会具体应行使哪些职权,仍然存在较多的争论,在当前改革试点工作中,改革者的想法是监察委员会履行监督、调查、处置职责,包括谈话、讯问、

---

① 监察委员会调查活动的性质尚未明确,本部分即意在对此作探讨,故此处,笔者有意对监察委员会的调查活动的“调查权”和与刑事侦查权对应的行政调查权加以区分。下同。

询问、查询、冻结、调取、查封、扣押、搜查、勘验检查、鉴定、留置等具体措施。对于职务违法犯罪行为涉及的行政调查权、刑事侦查权、调查措施的批准(决定)权和起诉决定权,按照《决定》,在试点地区,起诉决定权归检察机关,行政调查权归监察委员会;至于刑事侦查权及对调查措施的批准(决定)权,其归属尚存疑问。[①]

2017年4月13日山西省监察委员会官网挂出消息,日前已对山西煤炭进出口集团有限公司原董事长郭某采取了留置措施,对其涉嫌严重违纪违法问题进行调查;根据山西省纪委监委网站,此前3月22日郭某已接受组织审查。4月14日,该省纪委监委网站又发布消息,经山西省监察委员会批准,运城市监察委员会对运城市水务局、林业局两名官员采取留置措施,对其涉嫌严重违纪违法问题进行调查。公开资料显示,"郭某案"是国内授权试点地区监察体制改革以来,山西省监察委采取留置措施的第一案。这是试点地区监察体制改革的阶段性成果,但从宪法层面还能做一些冷思考,这至少涉及以下问题:监察委员会调查活动的性质是调查权抑或侦查权,二者有何差异?留置措施的现实意义是什么?监察委员会不经检察院批准而采取留置措施对监察体制改革意味着什么?这对人民检察院有哪些影响?恰当的路径应当如何?

---

① 《决定》要求,试点地区监察委员会"对涉嫌职务犯罪的,移送检察机关依法提起公诉",可见在试点地区起诉决定权仍归检察机关;"调查涉嫌……职务违法和职务犯罪行为",可见《决定》授予试点地区监察委员会以"调查权",但未明确表明"调查权"之性质属于调查权抑或侦查权。此外,"为履行上述职权,监察委员会可以采取……措施"的表述中,难以推断这些措施的批准(决定)权之归属情况。

一、监察委员会调查活动:调查权抑或侦查权?

(一)监察委员会调查活动面临的问题

国家监察委员会制度试点改革中的一个重大问题是,国家监察委通过监察机关反贪、预防犯罪等部门的转隶,实质拿走了职务犯罪侦查权,但却改称行政调查权。这次改革试点,“将试点地区人民政府的监察厅(局)、预防腐败局及人民检察院查处贪污贿赂、失职渎职以及预防职务犯罪等部门的相关职能整合至监察委员会”,也就是说,原来属于检察院的职务犯罪调查权或涉嫌职务犯罪案件的侦查权会随着其行使主体从检察院转移至监察委员会。① 检察院的职务犯罪侦查权被剥离后,如果由监察委员会行使,其内涵外延有无变化,以及用何种方式履行和表现,这些都还有待下一步研究明确。究竟是行政调查权还是刑事侦查权,这将对监察结果产生重大影响,如调查活动取得的证据是否可直接作为检察院起诉的证据?调查阶段能否申请律师介入?调查活动仅受未来的《监察法》规制还是其与修改后的《刑事诉讼法》共同调整?

山西省监察委员会对郭某采取了留置措施,不排除还采取过其他财产或人身强制。我国行政强制措施有限制人身自由、查封、扣押和冻结和其他 5 种,刑事强制措施也有拘传、取保候审、监视居住、拘留和逮捕 5 种,它们是否可与监察委员会的调查措施直接比较?监察委员会这些严厉的强制措施究竟属于调查性质还是侦查性质,或者说属于行政调查权还是刑事侦查权?还有,行政机关在行政执法和查办案件过程中收集的调查笔录在刑

---

① 参见童之伟:《对监察委员会自身的监督制约何以强化》,载《法学评论》2017 年第 1 期。

事诉讼中无法作为证据使用，[①]因为讯问和询问作为刑事诉讼方式，具有司法专属性，行政机关不具有这种属性，如果监察委员会“调查权”不具备刑事侦查性质，那么由它采取讯问和询问取得的调查笔录，可以直接作为刑事诉讼证据吗？

监察委员会调查活动的性质是否影响监察体制改革的正当性？全国人大常委会在2016年12月25日通过《决定》，“暂时停止或暂时调整”实施《刑事诉讼法》《检察院组织法》《检察官法》《地方各级人民代表大会和地方各级人民政府组织法》，以及其他有关法律，如《行政监察法》和其他有关行政法规规章在3个省市的适用，并赋权试点地区监察委员会以限制公民人身自由权和财产权的措施。那么由全国人大常委会“决定”或“授权”[②]是否正当？在检察院有关部门和职务犯罪侦查权划归监察委员会的背景下，如果监委调查活动只是行政调查权，则该职权将产生实施主体和职权性质的双重变更，则除非按照法律保留原则在法律层面(且不得授权行政立法)重新赋权，授权这一调查权以作为行政权范畴下的限制人身自由和财产权之权限，否则其无权采取留置措施，全国人大常委会的“决定”或“授权”当无此权限；如果监委兼具调查权和侦查权，则将检察院的此种权力划归监察委员会

---

① 根据《刑事诉讼法》第52条第2款的规定，“行政机关在行政执法和查办案件过程中收集的物证、书证、视听资料、电子数据等证据材料，在刑事诉讼中可以作为证据使用”，其中不包括调查笔录。

② 对《决定》的性质存在争议。童之伟教授认为，改革试点应在其预备阶段获得最高权力机关的授权。韩大元教授则认为，全国人大常委会《决定》并不是一种授权，只是具有法律效力的规范性文件，因为“决定”通常是指职权范围内具体事项的安排，“授权”是全国人大及其常委会可以决定将其专属的立法权领域的部分事项授权给其他部门，监察委不在现行宪法规定的国家机构体系之内，不属于全国人大常委会职权范围内决定的事项，无法采用授权的方式。参见童之伟：《将监察体制改革纳入法治轨道之方略》，载《法学》2016年第12期；韩大元：《论国家监察体制改革中的若干宪法问题》，载《法学评论》2017年第3期。

时，变更的只是实施主体，而职权性质未变更，当然，就监察委员会这一新设机关而言，仍可视为某一主体创设限制公民人身自由和财产权的强制措施之职权，因此本次"决定"或"授权"是否正当，仍需再作讨论。[①]

（二）调查活动并非单一行政调查权

假设《决定》授权试点地区监察委员会的调查活动是单一的行政调查权，[②]则对于职务违法行为的调查，因不涉及职务犯罪而"剧终"；对于职务犯罪行为的调查，其后续侦查权有属于监察委员会或检察院两种可能，其中前一情形暂不讨论，后文将提及。

若职务犯罪侦查权仍归检察院，这导致的问题如下：第一，检察院既有职务犯罪侦查权，又有侦查监督职能，当前同体监督问题并未解决；第二，以当前《刑事诉讼法》对证据的规定为例，行政机关采取讯问、询问等具有司法专属性的措施所取得的调查笔录并不能直接作为刑事诉讼证据，故而，若监察委员的调查权只有行政调查性质，则调查证据的起诉衔接问题有待解决，并存的问题是增加了司法成本；第三，与我国现有的纪委调查差异不显著，难以彰显改革实效；第四，除非按照法律保留原则在法律层面（且不得授权行政立法）重新赋权，授权这一调查权以作为行政权范畴下的限制人身自由之权限，否则其无权采取留置措施；限制财产权的措施亦如是。第五，《行政监察法》赋予监察机关检查、调查、建议和行政处分等权力，并未赋予监察机关行使查封、扣押、

① 关于这一问题的进一步讨论，参见秦前红：《全国人大常委会授权与全国人大授权之关系探讨——以国家监察委员会为研究对象》，载《中国法律评论》2017 年第 2 期。

② 如马怀德教授认为，"这将有助于对国家公职人员涉嫌职务犯罪的行为实施调查"，"调查部门既有对违纪违法行为的调查，也有对涉嫌职务犯罪的调查"，可见其认为监察委员会之"调查权"属于调查而非侦查。参见马怀德：《国家监察体制改革的重要意义和主要任务》，载《国家行政学院学报》2016 年第 6 期。

冻结等强制措施的权力,更没有赋予其留置等限制人身自由权的权力;《中国共产党纪律检查机关案件检查工作条例》同样没有关于留置措施的规定,这两个只有行政调查权性质的监察或检查机关均无权采取限制人身自由权和财产权的强制措施,可见至少现有法律难以为行政调查权寻此依据,何故"作为行政调查权的监察委员会之监察权"有此特权?而刑事司法权则凭借其司法专属性,得以在刑事诉讼有关法律框架内实施上述措施。当然,这一结论建立在依法定程序授权并完成转隶的基础上,这也将在下文谈及。

不仅如此,假设监察委员会调查活动不具刑事侦查这一司法性质,则"调查权"属于单一的行政调查范畴:第一,行政调查程序不属于司法程序,将不受《刑事诉讼法》规制;第二,行政调查程序不受《刑事诉讼法》"辩护与代理"章节规制,当事人将无权申请律师介入(除非《监察法》专门就此规定)。考虑到《决定》规定了试点地区监察委员会有权实施搜查、扣押甚至留置这些极为严厉的措施,假设其不受《刑事诉讼法》规制且律师无权介入调查活动,则当事人的人身自由权和财产权等宪法赋予的基本权利将无任何保障可言。

按照《决定》提及的转隶要求的语义解释,并考虑上述假设存在的大量难以解决的问题,应该认为原来属于检察院的涉嫌职务犯罪案件的侦查权,已随其行使主体从检察院转移至监察委员会。

(三)调查活动具有双重性质

按照试点地区监察委员会具有职务犯罪侦查权这一设定,则监察委员会监察权将同时具备行政调查和刑事侦查的双重性质。这一看法目前占据主流地位,差异在于行政调查权和刑事侦查权的区分情况。对此,主要有 3 种观点。

有的学者从职务案件调查对象的违法犯罪程度出发，认为监察委员会的“调查”要区分一般调查和特殊调查，前者是针对违反党纪和行政法规，即职务违法违纪调查；[1]后者是针对腐败犯罪，即职务犯罪刑事侦查。[2] 该观点存在一定缺陷：其一，并非对所有贪腐人员最初都能准确定性，对于后来转入特别调查的贪腐人员，前期以一般调查对其取得的证据，许多无法直接作为刑事诉讼证据；其二，一般调查期间未进入司法程序，故尽管监察委员会仍可采取各项调查措施（包括限制财产权和人身自由的措施），却不受《刑事诉讼法》规制，如何规制这些措施及在此期间是否可申请律师介入均需《国家监察法》进一步规定，如此，不仅难以保障一般调查期间的公民基本权利，还浪费了立法成本，更在实践中难以协调二者关系（尤其由一般调查转入特殊调查时更难协调）。

还有人就此进一步引申说，一般调查和特殊调查都是“调查”，当有证据证明被调查人有可能构成职务犯罪时，就立案侦查，这一说法其实与原观点大相径庭，实质是将监察委员会调查活动整体定性为调查和侦查两个层次。[3] 存在两个问题：第一，《决定》原文“调查涉嫌……对涉嫌职务犯罪的，移送检察机关依法提起公诉”，从语义上分析，应理解为对涉嫌职务犯罪的，“调查”结束后直接移送审查起诉，绝难推出“调查”和“起诉”之间还有“侦查”程序。第二，即便二者之间还有“侦查”程序，此时侦查措施是否还是《决定》所述的12项？若侦查措施与调查措施无不

---

① 实际上，《决定》并未提及试点地区监察委员会对职务违纪行为的职能。

② 参见陈光中：《监察体制改革需启动系统修法工程》，载财新网：http://china.caixin.com/2017-01-17/101044638.html，最后访问日期：2017年4月14日；施鹏鹏：《国家监察委员会的侦查权及其限制》，载《中国法律评论》2017年第2期。

③ 此处侦查和调查是监察委员会调查活动下存在先后顺序的两个程序，且二者间应有显著标志（如“立案侦查”）以作区分。

同,何故走重复程序?若侦查还涵盖其他措施(如拘留、逮捕等侦查性质的权能),可《决定》的转隶要求并未提及转移这些职能,从我国宪制结构和《宪法》第 135 条来看,监察委员会亦不应有这些权力。若只为将调查证据转为刑事诉讼证据,何不直接承认调查措施兼具侦查性质?

有的学者从职务案件是否已经立案出发,认为监察委员会的调查权类似于人民检察院当前的自侦案件的初查权,[①]是正式立案之前对职务犯罪案件线索进行初步调查的权力,它的侦查权才是当前检察院的职务犯罪侦查权。这种观点的实质是将监察委员会调查活动定性为初查和侦查两个层次,以初查代替了行政调查,使调查活动更加偏向刑事侦查权。

割裂地看待监察委员会调查活动的行政调查属性和刑事侦查属性都是不合适的,监察委员会调查活动的具体职能绝非单一的刑事侦查权或行政调查权所能涵盖。[②] 可行的设定是,调查活动同时具有调查和侦查属性,且不再单设"侦查"程序。如此,则监察委员会的"行政调查权"同时受未来的《监察法》与修改后的《刑事诉讼法》共同调整;且在此阶段,当事人有权申请律师介入,一如犯罪嫌疑人在公安机关侦查、而未提请检察院批捕或提起公诉之时,即可申请律师介入。

可以从两个层次来理解这一设定。(1)调查活动既然兼具司法程序的性质,则宜同时接受《刑事诉讼法》规制;根据《刑事诉讼

---

① 初查权在《刑事诉讼法》中并未规定,是司法实践的适用创造,起因是职务犯罪等案件比较抽象,需要进一步核实材料,以决定是否立案。这也导致初查权成为检察机关侦查权的监督制约机制中最为薄弱的环节。参见张兆松:《论职务犯罪初查权监督制约机制的完善》,载《宁波大学学报》(人文版)2011 年第 5 期。

② 参见秦前红:《监察体制改革的逻辑与方法》,载《环球法律评论》2017 年第 2 期。

法》第36条和第37条的规定，辩护律师在公安侦查阶段即可介入，既然调查活动具备“侦查”的性质，只要《刑事诉讼法》这一规定不修改，监察委员会“调查”期间当事人应可申请律师介入。(2)但是，根据《刑事诉讼法》的规定，[①]为配合监察委员会对“特别重大贿赂犯罪案件”的“调查”，监察委员会“调查”期间律师介入的程度和程序应当有一定限制。当然，这建立在允许申请律师介入的基础之上。在此基础上，监察委员会对涉嫌职务犯罪案件侦查获取的证据，当人民检察院审查决定提起诉讼后，其可作为刑事诉讼证据使用。

刑事侦查应划入司法范畴、行政调查应划入行政范畴，那么监察委员会在新的宪制结构中应作何种定位？是行政机关还是司法机关，或者代替检察院成为法律监督机关，抑或是成为新的所谓“政治机关”？这些都有待进一步讨论明晰。

(四)山西省第一案的意义

根据山西省监察委员官网消息，2017年3月22日郭某已接受组织审查，4月13日监委对其采取留置措施，对其涉嫌严重违纪违法问题进行调查。所谓“组织审查”，当然不是简单的“审查”(对于职务违纪行为的性质下文有单独讨论)。按照2017年1月8日通过的《中国共产党纪律检查机关监督执纪工作规则(试行)》第9条第2款的规定，纪委的调查包括线索处置、谈话函询、初步核实、立案审查、案件审理和处置；第28条第1款规定，“审查组可以依照相关法律法规，经审批对相关人员进行调查谈话，查阅、复制有关文件资料，查询有关信息，暂扣、封存、冻结涉案款物，提请有关机关采取技术调查、限制出境等措施”。3月22日至

---

① 《刑事诉讼法》第37条规定，“危害国家安全犯罪、恐怖活动犯罪、特别重大贿赂犯罪案件，在侦查期间辩护律师会见在押的犯罪嫌疑人，应当经侦查机关许可”。

4 月 13 日“组织审查”期间,不排除已对郭某采取了“留置”之外许多措施的可能。对于“组织审查”和“留置”“调查”区分了明显的先后顺序,可见山西省监委理解下的“留置”是有特殊意义的,对其定义倾向于侦查或至少为特别调查(如果承认特别调查)。

二、留置措施怎样取代“双规”“双指”

在试点地区监察委员会可采取的 12 项调查措施中,留置措施限制公民人身自由,极为严厉。在山西省第一案中,省监委对郭某采取了留置措施。而留置措施的本质属性或者说现实意义是什么?最长期限多久?实际效果如何?存在哪些问题?

根据现有法律和党内法规对“留置”及类似强制措施的规定,可作以下梳理:其一,《人民警察法》第 9 条规定,对被盘问人的留置时间自带至公安机关之时起最多不超过 24 小时,特殊情况下经县级以上公安机关批准可以延长至 48 小时,并应当留有盘问记录。可见,在一般的犯罪侦查中,公安侦查机关有权采取留置盘查措施,时间不得超过 48 小时。此外,《刑事诉讼法》第 80 条还封闭式列举了 7 种情形下公安机关可以先行拘留,并有其他条款规定了公安侦查机关拘传、取保候审、监视居住、拘留和逮捕的条件和程序。其二,《刑事诉讼法》仅在第 117 条第 2 款中规定,人民检察院传唤、拘传不得超过 12 小时,需要采取拘留、逮捕措施的,不得超过 24 小时。此外,人民检察院还可以采取取保候审、监视居住、拘留和逮捕等措施,实际上,《刑事诉讼法》并未规定人民检察院有留置权,但规定了刑事拘留最长时限为 37 天。[①]其三,如前文所说,根据《行政监察法》和《中国共产党纪律检查机

---

① 刑事拘留最长时限是 37 天,流窜作案、多次作案、结伙作案的重大嫌疑分子,提请批准逮捕的时间可以延长到 30 日;检察院必须在 7 日内作出批准逮捕或者不批准逮捕的决定。

关案件检查工作条例》的规定，行政监察机关的纪律检查机关均无权采取限制人身自由权和财产权的强制措施，其中也均未提及留置措施。其四，前者第32条规定行政监察机关的调查期限是6个月，特殊原因延长的不得超过1年；后者第28条第2款规定纪委机关的审查时间是90天，经上级纪检机关批准可以延长90天。

《决定》新增的"留置"措施，"从办案的实效性考量，显然不同于《人民警察法》第9条规定的留置盘查的临时措施，而可能是用于取代'双规''双指'的羁押举措"。[①] 但是对于留置的期限、场所和律师介入等问题，尚无法律文件予以规范。有的学者提出，留置期限可以借鉴纪委机关的90天调查期限，[②]这是缺乏根据的，原因如下：其一，监察委员会从宪制地位、监察对象和职权看，都不同于纪委机关；其二，监察委员会的监察措施和纪委机关的检查措施并不相同；其三，纪委机关的90天审查期限，是指整项审查活动不得超过90天，对应的是监察委员会采取12项具体措施的调查期限，而非留置措施的期限。

留置措施取代"双规""双指"存在一个问题，《决定》规定试点地区监察委员会"调查涉嫌……职务违法和职务犯罪行为"，未包括"职务违纪"行为，这是否能推得纪检机关和监察委的"合署办公"有明确分工？或者说职务违纪行为由纪检机关负责，只有发生职务违法或职务犯罪行为时，才进入监察委员会这一国家机关之监察程序？如此，则监察委员会无权对职务违纪者采取留置措施，因为对其之调查尚未进入监察程序。未来是增加监察委员会调查职务违纪行为职能，还是制定其他配套措施，有待于进一

① 施鹏鹏：《国家监察委员会的侦查权及其限制》，载《中国法律评论》2017年第2期。

② 参见马怀德：《〈国家监察法〉的立法思路与重点》，载《环球法律评论》2017年第2期。

步研究。

三、监察委员会调查活动的批准(决定)问题

山西省监察委员会自行决定对郭某采取留置措施,并两次批准运城市监察委员会采取留置措施。对于留置等限制公民基本权利的调查措施,监察委员会可以自行决定吗?其他调查措施呢?由此追问另一个问题:批准逮捕权的归属。

(一)《宪法》第 135 条的讨论

新增监察委员会后,其职务犯罪调查(侦查)权是否应并入《宪法》第 135 条规定的分工负责、互相配合、互相制约的渠道之中?有两种不同观点。一种观点认为,监察委员会具备刑事侦查职能,应该也加入该条之中。[①] 另一种观点认为,《宪法》第 135 条所针对的国家审判权、检察权和侦查权对应的是审判机关、检察机关和公安机关,其核心价值在刑事诉讼中"互相制约",重在控制"侦查权",而对行政权的监督制约主要是对侦查权的监督制约。监察委是反腐败工作机构,不行使审判权、检察权,对职务犯罪等部分侦查权也并不作为主体行使,监察委侦查权是有限的且不进入刑事诉讼程序,且对职务犯罪提起公诉权仍由检察机关行使,因此性质和功能不符合宪法规范的要求。[②] 其一,既然承认监察委具备"有限的侦查权",为何不进入刑事诉讼程序?其二,检察权同时行使职务犯罪侦查和监督职能,这种自我监督的局限性本即监察体制改革要解决的问题之一,可见就"职务犯罪侦查"而言,《宪法》第 135 条"互相制约"之意旨很难实现,从该角度来说,

---

① 参见陈光中:《监察体制改革需启动系统修法工程》,载财新网:http://china.caixin.com/2017-01-17/101044638.html,最后访问日期:2017 年 4 月 14 日。

② 参见韩大元:《论国家监察体制改革中的若干宪法问题》,载《法学评论》2017 年第 3 期。

《宪法》第135条的规定中加入监察委员会,在办理职务犯罪的刑事案件方面有一定意义,至于利弊优劣仍须进一步讨论。

(二)调查活动的批准(决定)权

从限制公民权利内容来看,冻结、查封和扣押限制财产权,留置限制人身自由权,搜查同时限制两种公民基本权利。一种说法是,根据《行政强制法》和《人民警察法》,行政强制措施包括上述全部措施;《刑事诉讼法》的监视居住和拘留与留置有一定相似性。由此推导,因为《行政强制法》第18条规定实施行政强制措施"须向行政机关负责人报告并经批准",故搜查、冻结、查封和扣押只须上级监察委员会负责人批准(省级监察委员会经本级负责人批准)即可实施;对于留置的批准(决定),《人民警察法》和《刑事诉讼法》有不同规定,若以刑事拘留为参照(人民检察院"决定拘留",公安机关可"先行拘留"),[①]则由人民检察院"批准"留置,监察委员会可"先行留置";若以监视居住为参照(是否监视居住的强制措施由公安机关、法院或检察院决定),[②]则监察委员会可"自行决定"留置。

这种说法有一定的道理,可以借鉴,但是本章已阐明的观点包括不能简单用行政调查权或刑事侦查权来定义监察委员会的监察权,可见我们不能简单用行政强制措施和刑事强制措施来区分这些措施。

至于其他调查活动的批准(决定)权,这涉及谈话、讯问、询问、查询、调取、勘验检查和鉴定等。理论上应明确,这些措施既不是单一的侦查措施,也不是单一的调查措施。考虑到监察委员会的宪制定位和反腐效用,这些没有涉及公民人身自由和财产权

① 参见《刑事诉讼法》第80条。

② 参见《刑事诉讼法》第72条。

等基本权利的措施，其实施由监察委员会自行决定应无疑问。

（三）批准逮捕权的归属

此前，检察院囊括职务犯罪侦查权和侦查监督权于一体，对犯罪嫌疑人可自行决定逮捕和决定提起公诉，这种同体监督的重大缺陷也是本次监督体制改革的重要原因之一，那么这些部门或职权转隶至监察委员会后，批准逮捕权的归属就显得尤其重要。此前尚无明确文件确认监察体制改革后职务犯罪批捕权的归属问题，根据《决定》表述，检察院转隶至监察委员会的职权是“查处贪污贿赂、失职渎职以及预防职务犯罪”，并未提及审查逮捕职能。对于这一问题，学术界已经有许多探讨。

关于职务犯罪的批准逮捕权是否应独立于监察委员会之外，几无争议。如童之伟教授查阅亚欧美主要国家的监察资料后，撰文表示其获得的总体情况如下：在各国反腐体制中，职务犯罪调查权（或侦查权）与逮捕权、起诉决定权通常都由不同性质的公权力机关分别行使；检察官直接行使调查权和起诉决定权都是有的，但对检察官获此权力的国家，除紧急情况外至少批捕一般须经法官批准；在检察官无职务犯罪调查权的国家，没有任何国家有不经法官批准行使逮捕权、绕过监察体系由监察官员直接行使提起公诉决定权的情况。由此童之伟教授认为：“职务犯罪调查权（或侦查权）与批捕权、起诉决定权应分开，而且还应作出其他必要的制度安排，以确保强大的检察权受到有效的制约。”①

至于应作出何种制度安排，目前争议不少，主要集中在于将批捕权保留在检察院还是划入法院。持后一种意见的如上述童之伟教授认为“可在法院专门设立羁押审查庭”，“由法院根据《刑

① 童之伟：《对监察委员会自身的监督制约何以强化》，载《法学评论》2017年第1期。

事诉讼法》第93条规定的公开开庭审查羁押的必要性并作出决定，从而加强法院对监察委员会羁押性强制措施的制约”。[①] 前一观点则认为，合理办法是保留检察院的批捕权，“不宜将拘留、逮捕等侦查性质的权能归入检察权当中”，“监察委员会可向检察院提请批准逮捕，检察院侦查监督机构审查决定是否批捕，且批捕后应由公安机关执行；如此一来，可在检察院与监察委员会之间形成一定的制约机制，且符合宪法关于公民人身自由权的规定”。[②]

实际上，如果检察院宪制层面的法律监督机关地位不变，并且检察院继续承担职务犯罪批准逮捕职能，那么检察院将对监察委员会发挥引导侦查和监督侦查的双重作用，一如引导和监督公安机关侦查，这将一方面在宪制层面对监察委员会产生极大监督和制约，使检察院成为监委这一超级权力的监督者之一；另一方面尴尬的是检察院很难有效行使该职权，因为检察院尚存的职权难以保障其法律监督机关之权威，除非在宪制层面赋予其更多有实效的监督措施，但随之而来的是作为司法审判机关的人民法院亦须面临重大改革，如此重大的连锁改革在短期内难以实施，因此假若最终采取检察院批准逮捕这一设定，应当配套实施其他有效措施与批准逮捕权相适应。

（四）山西省第一案的意义

山西省监察委对郭某采取留置措施，以及经其批准后运城市监察委员会采取的留置措施，可直接推得：省级监察委员会有权决定自己和下级监察委员会采取留置措施；可间接推得：检察院丧失了批准监察委员会采取留置措施的职权，或者说，检察院对

① 童之伟：《对监察委员会自身的监督制约何以强化》，载《法学评论》2017年第1期。

② 秦前红：《监察体制改革的逻辑与方法》，载《环球法律评论》2017年第2期。

监察委员会的留置措施已无侦查监督职能;更进一步说,对于“留置措施”这一限制公民人身自由权的最严厉的措施,都无须检察院批准,可见,检察院对监察委员会的其他程度较轻的措施更无侦查监督职能。可以说,假设作为试点改革的山西省监察委员会此番动作,在后续全国范围内的改革中被延续,则检察院将实质上丧失批准逮捕权以外的全部批准(决定)权。

对于调查(侦查)权、强制措施和其他调查(侦查)措施的批准权以及起诉决定权这3项权力,可以肯定:(1)起诉决定权,按照《决定》“对涉嫌职务犯罪的,移送检察机关依法提起公诉”的规定,从文本和语义方面分析,这一职权属于检察机关应该无大变化。(2)调查(侦查)权,这是转隶后监察委员会当然具有的职能。(3)调查活动的批准(决定)权,假设上述“假设”成为现实,则可以预见的是:检察院不仅将被剥离职务犯罪侦查权,还将至少丧失批准逮捕权以外的全部批准(决定)权。至于后续检察院是否将丧失批准逮捕权,以及假如检察院丧失了该职能后其归属于监察委员会还是法院,还有待在后续改革中见证。如果连批准逮捕权都丧失,则恐怕很难不改变检察院的法律监督机关性质,原因如前文所说它的实际权威已难以维持其作为法律监督机关的宪制定位。要保证检察院作为法律监督机关的定位,此番监察体制改革和司法改革之间,还有待作进一步的价值平衡。

四、结语

“郭某案”是山西省监察体制改革以来,采取留置措施查办的首起案件。在“欢呼”试点地区监察体制改革的取得阶段性成果同时,还应当思考,它对我国监察体制改革、保障公民基本权利、人民检察院宪制地位乃至我国宪制结构产生的重要影响。

监察委员会调查活动的性质,关乎监察机关的宪制定位、调查活动的法律规制、调查证据的起诉衔接和律师辩护与代理等问题,更甚者可能影响全国人大常委会“授权”“决定”的正当性。割裂地看待监察委员会调查活动的行政调查属性和刑事侦查属性都是不合适的,从立法科学性与实践可操作性来看,调查活动兼具调查和侦查属性,且不再单设“侦查”程序,应是较合理之设定。在具体实践中,如何通过留置措施赋予“双规”“双指”以合法性,还存在许多问题。在此设定之基础上,伴随国家监察体制改革而来的新一轮修宪中,《宪法》第135条“分工负责、互相配合、互相制约”是否要加入监察委员会,很大程度上影响监察委员会的宪制定位、职务犯罪刑事案件的调查活动和监察委员会权力的制约平衡。

如《决定》所言,国家监察体制改革是事关全局的重大政治体制改革。监察委员会调查活动的性质问题牵涉甚广,准确把握调查活动的性质,有序推进监察体制改革试点工作,对于全面深化改革和推进国家治理体系和治理能力现代化,全面依法治国、建设法治国家,以及完善党的领导、依宪治国等都具有重要意义。

第十二章　国家监察留置措施的实践透视

根据《决定》,试点地区监察委员会有权采取留置措施。留置措施涉及限制公民人身自由、极为严厉,兹事体大,需从试点地区探索实践之比较出发,逐一分析其中可能出现的问题。公开资料显示,自2017年3月以来,杭州市上城区监委、北京市通州区监委和山西省监委分别采取了各自试点改革以来第一起留置措施。[①] 此外,3个试点省市均制定了专门文件或整篇章节以规范留置措施的有关事项。各地探索不约而同回避或未言明留置权之性质,而多从留置措施的批准、备案、执行、期限、权益保护和外部衔接机制等具体问题切入,恰好对应事前决策、事中实施、事后监督、外部衔接和当事人权益保护5个方面。试点地

① 参见《以首善标准完成监察体制改革试点任务——北京开展国家监察体制改革试点工作纪实》,载《中国纪检监察报》2017年6月1日,第1版。

区诸多探索绝非无的放矢，其中可以透析留置权性质的踪影，还可能蕴含全面改革顶层设计的重要线索。

一、监察委员会留置措施的决策和监督

目前来看，试点地区留置措施的审查模式主要是事前审批和事后备案。二者从源头和末端两处根本上影响留置个案正当性。从审查对象来看，主要有实体和程序两方面的要件，前者是指根据一定原则规定或标准，若判定符合事先规定的法定情形和情节，则得采取（或者延长、解除）一定期限的留置措施；后者即实施留置的过程应符合程序性规定。事前审批或因留置尚未实施而限于实体审查，事后备案则有可能实现双重审查。从审查本身来看，还涉及审查主体（如审查机关和级别）和审查具体操作问题（如审查期限、文书和驳回后果）等问题。

（一）批准条件待更加明确

审批制度是留置措施的先期把关，必须有严格的批准条件。以山西省留置首案为例，表述为“涉嫌严重违纪违法问题”。党纪检机关对用语表述普遍严格，采用这一表述者结果多是“对涉嫌犯罪问题移送司法机关依法处理”，类比可见采取留置措施一般需要涉嫌犯罪并达到一定证据标准，“涉嫌犯罪”和“一定证据标准”就是情形条件和认定办法。

试点地区监察措施审批制度在批准条件上有两处待改进：第一，法定情形情节待明确，如浙江省制定了《浙江省监察留置措施操作指南》，规定条件是“已立案并且案件具有重大、复杂等四种情形”，却未详述哪些法定情形、亦未区分不同情形下留置的期限差异，山西省和北京市的公开报道未涉及该问题，尚不知具体规定；第二，原则规则标准待明确，3 个试点省市均未明确提及对情节情形的判定办法，相关内容仅有如山西省指明留置措施要遵循

慎用、少用、短用的原则。

（二）审批主体待统一规定

试点地区就留置措施的审批主体多已有详细规定，如审批机关及其层级等。（1）浙江省留置首案经省委专门指示后由区委书记审批；《浙江省监察留置措施操作指南》则作了更全面的规定，“凡采取留置措施的，需监委领导人员集体研究、主任批准后报上一级监委批准，涉及同级党委管理对象的，还需报同级党委书记签批”。（2）北京市留置首案同由区委书记批准；[①]《调查措施使用规范》明确采取留置措施需“报同级党委主要负责人批准，予以立案审查（调查）”，“市纪委市监委机关对局级或相当于局级的监察对象采取留置措施的，还需报市委主要领导批准”，“区级纪检监察机关对处级或相当于处级的监察对象采取留置措施的，还需报区委主要领导批准”。（3）山西省留置首案由山西省监委自行决定，紧接着，经山西省监委批准，运城市监委采取了留置措施；《山西省纪委监委机关审查措施使用规范》在第八章规定，山西省监委确需采取留置措施的，应提交省监委执纪审查专题会议研究决定。

不难归纳以下 3 点：（1）实践探索大致有自行决定和提请其他机关批准两条路径。山西省探索的路径是省级监察委员会决定自己或批准下级监察委员会采取留置措施，不过还难以确定县级监委采取留置措施应经市级还是省级监委批准。北京市和浙江省探索的是党委审批制度，前者可直接概括为“报同级党委主要负责人批准”；后者可抽象为区分对待原则和双重审批制。“普通留置”和“特殊留置”区分对待原则（区分标准为是否“涉及同级党委管理对象”），前者由监察机关自行决定、级别上提一级；后

① 北京市通州区级别不同于杭州市上城区，比较对象应为其他省份设区的市。

者则须在前一程序基础上再经同级党委书记批准。(2)我们发现,实践来看非民主决策过程中级别最高的程序通常直接决定了最终结果,故此,浙江省试点探索的留置措施“双重审批制”至少在针对“同级党委管理对象”时实际上归为党委书记审批制。(3)北京试点公开资料未提及对更低级别公职人员的批准程序,从“还需”表述来看,很大可能亦为区分对待原则。可见,北京和浙江两地探索路径基本趋同,差异在于“同级党委管理对象”和“同级党委主要负责人”等具体表述,但从党内组织级别实践来看,前者一般即下一级别公职人员,后者一般即同级党委书记。

留置措施审批权限之归属有党委、监委、人民检察院或人民法院4种可能路径,现行探索主要是党委和监委审批两种。北京留置首案公布后,一度引发热议,有三种观点:支持者如北京师范大学研究员陈新林认为“留置措施适用报区委书记审批,也是按程序执行的”;①部分反对者坚持独立行使留置措施,其适用和解除由监委一应决定,否则背离职权法定的法治原则,亦有反对者基于分工制约提出人民检察院或人民法院批准之;还有学者持居中态度,认为留置首案采取党委书记审批乃“改革试点之责任担当”,有一定实质正当性,但属于“特例而非常态”,②故未来走哪条路还未可知。

留置措施批准权限之归属,绝非监察体制改革单个细胞,亦不仅公民基本权利之保障,这可能关乎大国执政方式和策略的抉

---

① 高鑫:《北京“留置首案”释放哪些反腐新动向?》,载《京华时报》2017年6月5日,第3版。

② 吴建雄:《北京首例留置案件的法理评析》,载 https://mp.weixin.qq.com/s?__biz=MzI0MzEzOTQ4NA==&mid=2654375787&idx=2&sn=0b925fc55daf30d9291eeb2eb202149c&chksm=f2b3b998c5c4308ed37a94e2fe8e36c3cb98b248677493683184a2d0dfb4729068f2d4c15cbb&mpshare=1&scene=23&srcid=0608NJ5mXMIQq2gOSfuEjDIz#rd,上传时间:2017年6月7日,最后访问日期:2017年6月21日。

择。试点地区已成立的各级监察委员会，都采用了党的纪委负责人和监察委员会负责人完全重合的模式。如果监委和党纪委是同一个机构、挂两块牌子、不分彼此，则党委书记审批尚说得通：借鉴党领导枪模式，纪委乃是党的纪检机关，接受同级党委领导当属应有之义，形成类似"A←B = C"结构，姜明安教授就提出了"从工作便利上讲，二者不加区分，不分彼此，监督效率可能更高"，[①]当然这也需进一步考量和赋予正当性。但从《决定》表述来看，并未提及监察委员会有权监察职务违纪行为，这说明在检查职务违纪行为和监察职务违法犯罪行为上还存在工作衔接的需求可能性，由此更倾向将二者视作"两个机构、合署办公"。在实际工作中，监察委员会若无职权监察职务违纪行为，则二者无论职能还是机构设置都很难不分彼此。总之，监察体制改革旨在构建党统一领导的反腐败工作机构，党委和纪委对监察委员会是类似"A←B←C"结构的领导和被领导关系，由此，党委和纪委对监察委员会的领导应基于何种程度和限度，就很值得后续改革认真思量。

（三）备案审查待发挥实效

备案制度是留置措施的最后关卡，为可能的失误提供最后补救机会。从资料来看，试点各地确有考虑监察权力过于集中等问题，如探索执纪监督和执纪审查分设和监察措施监督问题，浙江省就规定了"对留置宣布、留置调查、留置交接等整个执行过程全程同步录音录像"，还制定了《关于对说情、过问实行记录、报告制度》，但都限于内部横向监督或者自我约束，未走出同体监督桎梏；就留置而言，相反，本可发挥实效的备案制度却有流于形式之虞。浙江省规定是"凡使用、延长、解除留置措施的，市县两级监

---

① 姜明安：《国家监察法立法的若干问题讨论》，载《法学杂志》2017年第3期。

察机关都需报省级监察机关备案，而省监委则需报中央纪委备案”；山西省规定是“由案件监督管理室报中央纪委备案”。从表述来看，似乎被框定为一种存档流程。

“备案”在《现代汉语词典》的解释是“向主管机关报告事由，存案以备查考”，有学者归纳指出备案有许可、监督、立法、登记、告知、审批和行政行为7种理论探讨。[①] 留置备案制度的争议在于：备案仅作存档之用，抑或备案必然伴随审查？[②] 单纯的备案可能使其价值限缩于“使其知晓”，而难发挥监督实效。从法律正当程序出发，留置措施涉及限制公民实际基本权利，单纯备案是不够的（至少就留置而言）；对报送的留置案件进行实体且程序性的审查，对不符合留置条件或违反留置程序性规定的案件及时补救，应有必要。

留置措施备案制度的比较对象，应该是具体而不是抽象行政行为的备案制度。有人指出重大具体行政行为备案审查制度蕴含着规范行政权行使的意旨，但在实际操作中可能面临许多规范层面的难题。[③] 留置备案若要发挥审查实效，这些问题值得重视。一个重要问题是，备案制度若得发挥实效，审查发现实体条件不合格或程序缺陷时当如何补救？这包括3种情况：第一，符合留置条件，但过程程序有缺陷；第二，过程程序无误，但不符合留置条件；第三，不符合留置条件，且过程程序有缺陷。有学者提出说

---

① 参见朱最新、曹延亮：《行政备案的法理界说》，载《法学杂志》2010年第4期。

② 随着《立法法》的出台和2004年5月全国人大法工委法规审查备案室的成立，预示着备案已经从一种程序性的登记制度演变为一种对立法的审查方式，即“备案审查”。但是，备案机关并无“审查权”，立案备案审查性质也比较模糊。参见王锴：《我国备案审查制度的若干缺陷及其完善——兼与法国的事先审查制相比较》，载《政法论丛》2006年第2期。

③ 参见陈鹏：《重大具体行政行为备案审查制度的规范阐释》，载《政治与法律》2012年第5期。

救济是权利实现的必要条件，所谓“无救济即无权利”和“有权利必有救济”差别主要在因果顺序；[①]还有一种说法，基于裁判请求权、提起申诉和控告权和取得国家赔偿或补偿权，公民在宪法权利受到损害或侵犯时，有“权利救济权”。[②] 联系我国宪法和国家赔偿等有关法律，至少在不符合留置条件而被采取该措施时公民得取得赔偿。基于此，还需进一步考量权利救济的程序、损害填补方式和标准计算准则等问题。

此外，审查留置措施的具体操作问题亦当重视。现有办法集中在审批文书等方面，对于提请采取（延长或解除）留置措施的审批期限、驳回后果，乃至备案审查不合格的后果等，都应考虑到位。

二、监察委员会留置措施的实施

留置措施涉及限制公民人身自由，其具体实施可能直接影响公民基本权利的实现。留置措施的实施包括纵向和横向两个维度，分别对应留置期限和具体执行，借此亦可分析留置措施的性质问题。

（一）从期限切入研究留置权性质

监察委员会调查活动的期限问题涉及 3 个层面：一般期限、最长期限和折抵刑期问题。

《山西省纪委监委机关审查措施使用规范》在第八章规定，使用留置措施时间不得超过 90 日，特殊情况下经批准可延长一次，时间不得超过 90 日。《行政监察法》未规定“双指”期限，但在第 33 条规定行政监察机关的调查期限是 6 个月，特殊原因延长的不

---

① 参见孙笑侠：《西方法谚精选：法，权利和司法》，法律出版社 2005 年版，第 44 ~ 45 页。

② 参见林来梵：《从宪法规范到规范宪法》，法律出版社 2001 年版，第 229 ~ 231 页。

得超过1年;《中国共产党纪律检查机关案件检查工作条例》第28条第2款规定纪委机关的审查时间是90天,经上级纪检机关批准可以延长90天。《人民警察法》第9条规定留置盘查措施时间不得超过48小时;《刑事诉讼法》规定拘传不得超过24小时且不得连续拘传,取保候审不得超过12个月,监视居住不得超过6个月,刑事拘留不得超过37日,逮捕一般不得超过2个月,不同特殊情形可经批准延长1个月、2个月或更长。排除性质显著不同的民法留置、行政拘留和自由刑,[①]可能与留置措施类似的有留置盘查、监视居住、刑事拘留、逮捕和"双规"("双指")等5种措施。有一种说法,留置措施从办案实效性考量更可能是用于取代"双规""双指"的羁押举措,而不同于《人民警察法》第9条规定的留置盘查的临时措施。[②] 联系山西省的探索,从留置期限来看,这个说法还是有一定依据的。

但是,如陈光中教授指出,一方面"双规"是和《行政监察法》第20条规定的"双指"结合实施的,另一方面《行政监察法》第20条规定"双指"的实施"不得对其实行拘留或者变相拘留",然而"双规"实际操作通常对被调查人实行近似拘禁长达3个月之久,故而与《行政监察法》冲突。由此其提出,"双规"法治化是用"留置"来代替,还是与刑事诉讼法规定的强制措施结合起来,尚需要作进一步研究。[③] 可见,"双规"措施具有正当性缺陷,监察委员会的"留置"措施之设置初衷,很可能是为代替"双规";从"双规"出

---

① 民法留置主要是民法而非行政或刑诉概念,行政拘留是行政处罚、只能类比监察委员会的"处置"权,判处"自由刑"乃人民法院审判权范畴,与监察委员会留置措施从性质上显著不同,故可直接排除之。

② 参见施鹏鹏:《国家监察委员会的侦查权及其限制》,载《中国法律评论》2017年第2期。

③ 参见陈光中:《我国监察体制改革的几点看法》,载《环球法律评论》2017年第2期。

发,进而认知“留置”措施的性质及其合法性,这一认知路径的理论基础尚难自证正当,无法借此对“留置”做出合理评价。

笔者以为,刑事拘留尽管作为一种临时措施与留置还有较大差异,但相较于其他强制措施,基于更大程度保障公民实际基本权利之考量,从期限、决定或批准、执行方式、司法程序衔接乃至对公民权利的限制程度等来看,都更具可参考性:(1)从期限上看,一般情况下,刑事拘留的期限是14日;对于流窜作案、多次作案、结伙作案的重大嫌疑分子,提请批准逮捕的时间可以延长到30日;检察院必须在7日内作出批准逮捕或者不批准逮捕的决定,因此刑事拘留的最长时限是37天。(2)从决定(批准)和执行方式上看,刑事拘留是人民检察院“决定拘留”,公安机关可“先行拘留”,以此为参考,既赋予监察机关以充分自主性,又保证监察超级权力不滥用。(3)从公民权利限制程度上看,近期有学者评价吴建雄教授“留置与逮捕相似”的观点时,提出“留置与监视居住类似”,笔者以为二者皆有可取之处,但都难以准确描述留置的实质:其一,监视居住在限制人身权利之严厉程度方面与留置不可同语,刑事拘留和逮捕完全剥夺人身自由,与留置更具相似性;其二,监察体制改革后,留置和逮捕乃区分先后顺序的两种性质截然不同的措施。以刑事拘留参照确定留置措施的一般期限和最长期限,或许是比较合理的选择。

对于刑期折抵问题,监察体制改革之前,党的纪检机关对党员采取“双规”措施无法折抵刑期;就“双指”而言,根据《行政监察法》第20条规定,合法“双指”措施不包括“拘禁或者变相拘禁”(暂不论具体操作和实践情况),自然也不折抵刑期。北京师范大学研究员彭新林曾在采访中表示:“留置措施限制了被调查人的人身自由,当然应当折抵刑期。可参考刑拘,留置一日折抵刑期一日。”[①]山西政法委指导省高级人民法院制定的《职务犯罪案件证据收集指引(试行)》明确规定了该问题,不过公开资料未透露具体规定。2012 年修改的《刑事诉讼法》第 74 条规定“指定居所监视居住的期限应当折抵刑期”,无论上述“参照刑事拘留”最终印证与否,笔者以为,留置措施限制公民人身自由的程度至少不会低于指定居所监视居住,折抵刑期当属应有之义,后续立法应明确折抵计算方式。

(二)留置措施之执行

从试点改革公开资料来看,留置措施执行的探索集中在场所、主体和流程等问题。执行场所方面山西省“指定的专门场所”表述稍显含糊,未明确看守所还是纪检委常用的“规定地点”;各地探索的执行流程涉及比较多,如规范流程内容、强制录音录像、安全问题、保密问题和被留置人生活起居等问题。

留置措施是自行执行还是协助执行?这个问题值得深思。浙江省制度探索中,规定“采取搜查、技术调查、限制出境等涉及人身权利的措施,必须经监委主任批准,请公安机关协助执行”,笔者猜想,这种批准和执行分置的探索,出发点可能是这 3 项措施涉及限制人身权利[②]而纳入监委和司法机关分工制约机制。这表明,不仅逮捕,公权力机关限制或剥夺公民人身权利的其他措

---

① 高鑫:《北京“留置首案”释放哪些反腐新动向?》,载《京华时报》2017 年 6 月 5 日,第 3 版。

② 狭义的人身自由是指身体活动自由,包括积极作为的自由和消极不作为的自由;广义的人身自由还包括居住和迁徙自由、出入境自由等。我国《宪法》第 37 条、第 38 条、第 39 条和第 40 条规定表明,无论是狭义的人身自由还是广义的人身自由,都是我国宪法保护的对象。参见汪进元:《人身自由的构成与限制》,载《华东政法大学学报》2011 年第 2 期;童之伟:《从若干起冤案看人身自由的宪法保护》,载《现代法学》2004 年第 5 期。

施,亦应接受正当程序规制。[1]《中国共产党纪律检查机关监督执纪工作规则(试行)》亦作呼应,第28条规定“审查组可以依照相关法律法规……提请有关机关采取技术调查、限制出境等措施”。假如设置留置措施之初衷是用作取代“双规”“双指”的羁押举措,其目的可能是从法律正当程序出发赋予它以更大合法性,而非平白替换之;联系浙江省的制度探索,连限制人身权利严厉程度尚不如留置措施的搜查、技术调查和限制出境等措施,都需要公安机关协助执行,那么,如果留置措施反而可以自行执行,如欲达取代之“初衷”、赋以更大合法性之“目的”,此般制度设计也许还需要进一步考量。

留置执行人员和流程问题也有待进一步明确。比如,留置有无通知或类似程序?是否需要两名工作人员在场?是否需要见证人?是否需要出示证件和批文以及如何出示?还有,是否有家属通知程序?是否有告知陈述、申辩、辩护或申请律师的权利等程序?再有,留置期间录音录像的操作者是谁、是否需有律师在场?有程序缺陷的留置措施可否以及如何补正?

三、监察委员会留置措施的外部衔接

留置的外部衔接问题主要是与司法程序和纪检程序的衔接,前者主要包括与人民检察院、人民法院和公安机关之间的分工和制约,这主要涉及逮捕等强制措施、审查起诉、司法审判和协助执行等重要问题;后者主要是与“双规”之间的衔接问题。

(一)留置与司法程序的衔接

1. 如何实现从留置到逮捕或其他强制措施的有序衔接?前

---

① 《宪法》第37条仿效苏联的突出司法机关的主体模式,过于强调逮捕而忽视其他剥夺人身自由的方式。参见周伟:《保护人身自由条款比较研究——兼论宪法第37条之修改》,载《法学评论》2000年第4期。

置问题是，逮捕究竟由谁决定（批准）？谁来执行？这个问题很关键：如果监察委员会自行决定逮捕，或甚者由其自行执行逮捕，一则留置、逮捕二者分而置之并无实际意义，二则实践中不排除二者任意串联以实现长期剥夺人身自由的实例发生。前期曾就批捕权保留于人民检察院还是划归人民法院发生过热议，好在少有人主张监委自行决定逮捕。目前来看，浙江省和山西省的试点探索，采取的是人民检察院保留决定（批准）逮捕权，这一设置很可能被全面改革所采纳。

两地表述均为“决定采取强制措施”而未提及“批准”，这表明，可能监察程序期间不存在监委提请人民检察院批准逮捕之情况，若如此，则很可能蕴含一项重大信息：全面改革顶层设计或将监察程序与司法程序严格拆分。这至少包括以下两重含义。

第一，司法程序期间不涉及任何监察措施且不受监察机关影响。（1）监察程序与司法程序之间将存在一个显著程序作为衔接转换标志，该标志一旦发生，案件立即转入司法程序；（2）衔接转换标志乃人民检察院“采取刑事强制措施”，而非监委“移送司法机关”；（3）作为衔接转换标志的逮捕等刑事强制措施，与监察委员会亦无直接关联；（4）无论人民检察院采取何种强制措施，甚至不采取强制措施，既然案件已移送司法机关，则除非人民检察院“退回补充调查”或“决定不起诉”，否则案件仍处于司法程序；（5）只要在司法程序期间，案件将与监察委员会无直接关联。

第二，监察程序期间不涉及任何刑事强制措施且不受法律监督机关、司法审判机关直接影响。（1）只要在监察程序期间，案件与人民检察院、人民法院无直接关联，二者均无权决定（批准）留置措施，至于谁来决定（批准）留置措施此处不作讨论；（2）至于留置措施由监委自行执行还是请公安机关协助执行，有待后续明确；（3）只要在监察程序期间，都无关逮捕等刑事强制措施；（4）一旦人民检察院采取逮捕等刑事强制措施,案件立即转入司法程序。

从杭州上城区留置案来看,监察程序和司法程序衔接转换的标志应是检察院"决定逮捕",而不是监委"移送司法机关",由此实现二者时间上无缝衔接。无独有偶,从刑事拘留到逮捕,"检察院必须在7日内作出批准逮捕或者不批准逮捕的决定",由此刑事拘留最长期限从30天变为37天,可见其标志是"批准"而非"提请批准"。由此,留置和逮捕之间增设检察院"审查逮捕"期限并对此严格规定,当属必要。杭州上城区人民检察院从接受移送案卷材料到正式决定逮捕共历时3天。试比较"刑事拘留—提请审查批准逮捕—批准逮捕"和"留置—移送司法机关—决定逮捕"两个过程,从性质来看,刑事拘留一定程度上可视作逮捕的临时措施,二者同为司法程序,《刑事诉讼法》规定检察院"审查逮捕"期限是7日;从留置到逮捕,不仅是监察委员会到人民检察院的变化,更是监察程序到司法程序的性质上的重大转变,故"审查逮捕"期限有可能稍作宽限。但基于严格保障公民人身自由之改革意旨,职务犯罪案件"审查逮捕"期限不宜太长;另外,连审查期限都须严格限定,那么时间跨度远超审查期限的留置措施之期限就更需严格限定。

从留置到逮捕的有序衔接问题,还牵扯到逮捕的执行主体。我国《宪法》第37条规定:"任何公民,非经人民检察院批准或者决定或者人民法院决定,并由公安机关执行,不受逮捕。"若该规定不作修改,很难从中透析出"人民检察院执行逮捕"之意蕴。由此,当职务案件程序走入逮捕,与监察委员会无直接关联,逮捕之决定权归人民检察院,执行权归公安机关。

假如人民检察院不决定逮捕而采取其他强制措施,"留置"是否自动解除?假如人民检察院不采取任何强制措施,"留置"是否仍自动解除？实践中，前一情况可能比例不大，后一情况几乎很少发生，仍不妨碍作理论探讨。笔者以为，只要人民检察院作出某一决定，程序则自动转入司法程序，“留置”当然地自动解除。其一，“以人民检察院采取强制措施为衔接转换标志”并不考虑人民检察院采取的是逮捕还是其他强制措施；其二，即便人民检察院未采取任何强制措施，仍不妨碍案件材料已移送司法机关且案件程序已走入司法程序。至于后续事项一应由人民检察院决定，与监察委员会无直接关联。

所谓“其他强制措施”包括哪些？既然处于司法程序，那么是由人民检察院根据《刑事诉讼法》对符合条件的犯罪嫌疑人采取刑事强制措施，还是由国家监察法律体系另行规定办法？

2. 如何实现留置到审查起诉的有序衔接？案件从监察机关移送人民检察院后，可能情形如下：逮捕/其他强制措施→审查起诉→提起公诉/退回补充调查/自行补充侦查/决定不起诉。山西省探索如下：对监委移送的案件，如果检察机关认为“案件事实不清、证据不足”的，可以“退回补充调查”，并拥有“决定不起诉”的权力，监委对检察机关的不起诉决定，也有相关“复议程序”。

因此，留置到审查起诉的衔接顺序为：“留置（→逮捕/其他强制措施）→审查起诉→提起公诉/退回补充侦查/决定不起诉”。（1）留置，对应监察程序。（2）逮捕或其他强制措施和审查起诉，对应人民检察院司法程序；其中，是否采取和采取何种强制措施依具体案件而定。如果按照山西省探索的“案管中心受理分流”制度（侦监部门审查决定是否采取强制措施，公诉部门审查起诉和提起公诉），采取强制措施和审查起诉两个程序可能同时进行。但是，“侦监”部门一般是批准公安机关逮捕请求以起侦查监督作用，试点探索将职务犯罪案件的决定逮捕职能划给“侦监”不知是否为合并职能、提升效率，这一设置或还需稍作斟酌：其一，如果全面改革设计监察乃全新程序而非侦查程序,则叫“侦查”监督恐怕监督对象有误;其二,此时案件已移送人民检察院,逮捕乃人民检察院自行决定,而非监督其他机关;其三,若解释为侦监部门监督公诉部门,则又陷入内部监督和同体监督。(3)提起公诉,则进入司法审判程序。(4)退回补充侦查,则回到监察程序。(5)决定不起诉,则案件终结;如果按照山西省探索,监察机关还可对此“复议程序”;如果参照当前公安机关对决定不起诉的处理办法,未来亦可能增设监委“复核程序”。此外,“自行补充侦查”权限还应进一步斟酌。

3. 如何实现留置到司法审判的有序衔接?单纯从时间维度分析可能得出“留置—审查起诉—提起公诉—司法审判—执行”程序顺序由此认为二者无须衔接;跨越时间维度,对于留置这一剥夺人身自由的强制且封闭性的措施,尤其如果监察程序排除于司法程序之外,证据转化会是重要话题。有学者曾提出监察委员会调查活动取得的证据可不经转化而作为法庭证据,笔者以为不可取。我国《刑事诉讼法》第 52 条第 2 款规定,“行政机关在行政执法和查办案件过程中收集的物证、书证、视听资料、电子数据等证据材料,在刑事诉讼中可以作为证据使用”。可直接作为刑事诉讼证据的主要是合法的客观性证据,而将言辞等证据排斥于外,这样规定可能是言辞证据的取得容易因办案主体执法不规范而受较大影响,客观性证据则不容易失真。反观职务犯罪案件因其特殊性,证据本即多限于言辞类证据。尽管监察委员会并非行政机关,但同为外部程序进入司法程序,参照《刑事诉讼法》第 52 条的规定亦应经转化程序,否则何不由监委跨过检察院、直接向人民法院提起公诉更为便捷?

怎样实现留置期间的证据转化为刑事诉讼证据?如何规范实施留置措施才能更大程度保证证据合法有效,才能避免程序缺陷甚或被法庭判定为非法证据而排除？言辞证据将是工作重心。除了试点探索的全程录音录像以外，还要明确言辞证据向刑事诉讼证据转化的具体条件。一方面，言辞证据向刑事诉讼证据的转化不宜“一刀切”，否则，一则检察机关工作十分庞大，二则产生大量重复性工作，三则实践中可能变成为了转化而转化、效果反而不理想；另一方面，尽管不宜“一刀切”，仍须严格限定条件，否则我国职务犯罪案件的审查很可能长期滞留于以口供为中心的主观主义证据审查模式。此外，对于职务犯罪案件人民法院调查取证、证据审查规则、司法鉴定等诸多问题，是延续现制还是另行规定，都需进一步考虑。

4. 如何实现留置与公安机关的工作协调？山西省有关资料表述为“公安机关在监委查办职务犯罪案件中承担着大量的协助配合任务，查询、查封、扣押、搜查、勘验检查以及采取技术调查、限制出境等工作，都需要公安机关支持配合或具体执行”，几项强制措施的执行都需公安机关配合或执行。

（二）留置与纪检程序的衔接

试点《决定》未提及监察委员会监察职务违纪行为之职权，由此可能产生留置措施与“双规”之间的衔接问题。留置的党委书记审批制度探索并非外部衔接问题。

2017年年初通过的《中国共产党纪律检查机关监督执纪工作规则（试行）》[①]第9条规定，纪委调查包括线索处置、谈话函询、初步核实、立案审查、案件审理和处置；第28条规定，“审查组可以依照相关法律法规，经审批对相关人员进行调查谈话，查阅、复制有关文件资料，查询有关信息，暂扣、封存、冻结涉案款物，提请

① 《中国共产党纪律检查机关监督执纪工作规则（试行）》，载《人民日报》2017年1月21日，第3版。

有关机关采取技术调查、限制出境等措施”，未提及“规定时间”“规定地点”等，这一修改或因已认识到“双规”合法性困境，有意对接本次改革。但是其第 35 条又规定“未经批准并办理相关手续，不得将被审查人或者其他谈话调查对象带离规定的谈话场所”，可见具体办案中目前还难以跳出“规定场所”之现象。具体观察监察试点改革地区，山西省留置首案资料显示，郭某于 3 月 22 日接受组织审查，4 月 13 日被采取留置措施。山西省监委对“组织审查”和“留置”区分了明显时间顺序，不排除组织审查期间已对郭某采取“留置”之外许多措施如“双规”之可能。

这就是监察体制全面改革后必须直视的焦点：党纪检“双规”措施（“双指”将因《行政监察法》修改而不存在）与监察委员会留置措施的共存问题。试点《决定》未提及监察委员会监察职务违纪行为的职权，此设计若为全面改革所延续，有两个问题需解决：其一，仅涉及职务违纪行为的案件，是否仅接受纪委检查而不进入监委监察程序？其二，如是，原定性为职务违纪的案件，调查中取得更多证据表明可能涉及职务违法犯罪，怎样实现“双规”到留置的过渡？

四、当事人权益何以保障

保障公民基本权利始终应是政治体制改革的终极价值和目标。留置措施限制公民人身自由之程度极为严厉，除保证生命健康和人道主义待遇以外，程序性权利亦当重视。一方面留置的行使必须严格依照法律正当程序，另一方面还需对包括被留置人在内的当事人之程序性权利进行特殊考虑。

试点地区为保障被留置人权益已探索一系列措施，如保证留置安全等基本成为各地共识，浙江省还探索了全程同步录音录像，这一点从确保证据合法性和保障被留置人权益来看都是必要的,也为当前刑事诉讼法所规定。山西省则为被留置人"制定了合理的日常起居计划,严格按计划进行调查和讯问,充分保障了郭海的饮食和必需的休息时间",一定程序体现了其"依纪依法、保障权利"的基本原则。稍有不足者,如山西省所称严格维护被留置人"申辩权"现有信息还不多。

第一,监察程序期间(采取刑事强制措施之前),程序性权利不应受到任何限制。我国《宪法》第23条规定"中华人民共和国公民在法律面前一律平等"。我国《刑事诉讼法》明确规定未经法院判决不得认定有罪原则和疑罪从无原则;《公民权利和政治权利国际公约》第14条中指出"在未依法证实有罪之前,应有权被视为无罪","有相当时间和便利准备他的辩护并与它自己选择的律师联络"是人人完全平等地享有的一种最低限度的保证。[①] 可见,其一,作为我国公民享有的我国宪法规定的公民基本权利和刑事诉讼法规定的权利,在"法庭审判之前",不因其接受了任何调查或侦查而产生丝毫影响;其二,如果严格区分监察程序和司法程序,从时间顺序来看,留置程序还在刑事诉讼程序之前,故监察程序期间的人权保障程度至少还应在刑事诉讼程序之上,且不因接受监察委员会之调查或可能有职务违纪违法行为或涉嫌职务犯罪,而有丝毫影响。

第二,如童之伟教授指出,我国若干冤假错案发生的重要原因就在于宪法保护公民人身自由的程序性条款较多缺失,各法治国家宪法都确认的一些原则我国宪法并未确认。[②] 随着《刑事诉讼法》的修改,这些问题有一定程度的改善,但还有不短的路要走;国家监察体制改革之后,立法对监察活动尤其是留置措施中

① 《公民权利和政治权利国际公约》,联合国大会第2200A(XXI)号决议。

② 参见童之伟:《从若干起冤案看人身自由的宪法保护》,载《现代法学》2004年第5期。

保护公民人身自由的程序性条款更应重视。

第三,对于已被剥夺人身自由的被留置人,实际保障其获得辩护的权利,才可能有效防止职务犯罪领域冤假错案。试点探索的表述采取的是“申辩权”而不是“辩护”。笔者猜测这种表述基于两个原因,一是《宪法》第125条有权获得辩护的背景是人民法院审理案件;二是虽然我国《刑事诉讼法》以专门整章规定辩护与代理事宜,但目前改革动向来看,很可能将监察程序与司法程序严格拆分,另设一套法律体系以规制监察程序,由此原有刑事辩护的规定将不适用于留置——若行此设计,则应早作打算。在留置措施排除于刑事诉讼程序之外基础上,回避“辩护”这一刑诉领域的概念是有理由的,但采用“申辩”这一行政法领域的概念明显也不合适,何况申辩可能获取的程序性保护相对于严厉限制人身权利的留置措施来说实在杯水车薪。

第四,无论采纳何种外在形式和词语表达,在监察委员会职务犯罪侦查权系由人民检察院转隶而享有的背景下,既然当前辩护律师在侦查阶段即可介入,无理由未来监察委员会采取留置期间不得申请律师介入。监察体制改革后,借鉴《刑事诉讼法》第33条规定,当事人自被监察机关第一次讯问或者采取留置措施之日起,有权申请律师介入;律师应当可以为被留置人提供当前《刑事诉讼法》第36条、第41条、第46条和第47条所列举的帮助内容并享有第37条规定之律师权利。[①] 此外,被留置人的亲属或利益相关人是否得为

① 《刑事诉讼法》“辩护与代理”章节有关辩护权益的条款有8条,其中,第38条和第39条是审查起诉之后,故“侦查”期间辩护权益的有6条。明确提及“侦查”的有3条,分别是第33条、第36条和第37条,规定了申请律师介入的时间限定、帮助内容和辩护律师权利等;间接涉及或仅可能涉及“侦查”的有3条,第41条规定了收集有关材料、申请收集和调取证据、申请证人出庭作证的权利,第46条规定了保密权及其限制,第47条规定了申诉和控告的权利。

其申请律师介入、是否可与当事人见面等问题亦需进一步明确。

五、结语

试点地区对留置措施批准、备案、执行、期限、权益和衔接等具体问题的探索，恰好对应留置措施的事前决策、事中实施、事后监督、外部衔接和当事人权益保护，其中亦得透析留置权性质的踪影，它们共同构成留置措施的6大关键问题。

留置措施的批准和备案从源头和末端两处根本上影响个案正当性，批准主体的选取更关乎大国执政方式和策略的抉择；当前批准制度标准还需更加明确、备案制度有待真正发挥实效。期限和执行从过程中控制个案发展并直接涉及公民基本权利，当事人权益保护则贯穿留置措施之始终。留置措施与司法程序和纪检程序的衔接是实践中必须克服的重大问题，其与“双规”的短期和长期共存可能性还需进一步关注；试点探索对逮捕措施的表述是人民检察院“决定采取”而未提及“批准”，这可能透露全面改革顶层设计或将监察程序与司法程序严格拆分，若如此，留置措施与人民检察院、人民法院和公安机关的工作衔接机制和国家监察法与刑事诉讼法的联动互补，将成为未来立法的重中之重。实际上，只要构成实际基本权利的限制，都应接受正当程序限制，故从长远来看还需尽快制定恰当的程序法以规制留置措施。

第十三章　国家监察调查活动的法律规制

2017年5月2日全国人大网站公布《全国人大常委会2017年立法工作计划》，要求“着力做好深化国家体制改革的重点立法工作”，拟于2017年6月初次审议《行政监察法》修改为《监察法》，拟于8月初次审议《人民检察院组织法（修改）》，此外预备及研究论证项目还包括了《检察官法》，未提及制度“监察程序法”。此前，《决定》指出，监察委员会履行监督、调查、处置职责，调查的内容是“涉嫌贪污贿赂、滥用职权、玩忽职守、权力寻租、利益输送、徇私舞弊以及浪费国家资财等职务违法和职务犯罪行为”，为履行上述职权可以采取“谈话、讯问、询问、查询、冻结、调取、查封、扣押、搜查、勘验检查、鉴定、留置”12项具体措施。

监察体制改革是事关我国宪制结构的重大政治变革，不可避免打破了我国现有以《刑事诉讼法》为中心的职务犯罪侦查规制体系，同时其调查活动又不可避免涉及限制公民财产权和人身自由等多项实际基本权利，调查活动的行使和程序当然应该在法治框架内作必要讨论。《方案》也要求"强化对监察委员会自身的监督制约"，"这里的'自身的监督制约'应该理解为对监察委员会本身的监督制约，而不是监察委员会自己监督自己"。① 山西省曾公布了几起留置案件，省级监察委员会决定了自己并批准了下级监察委员会采取留置措施。② 这蕴含着一个影响未来监察体制改革走向的重大疑问：监察委员会是否有权自行决定采取留置措施？由此追问：改革后，监察委员会的职务案件调查活动是否需在法治框架内予以正当程序限制？怎样限制？这需要在拆析调查活动的调查程序和基本属性基础上，根据宪法精神和原则透析调查活动立法规制的目的与原则，基于多重因素具体制定调查活动的规制条款，针对监察委员会调查活动形成一套专门的法律规制体系。

一、监察委员会调查活动宜纳入法治轨道

（一）监察委员会调查活动接受法律规制之必然

监察委员会的调查活动涉及限制公民财产权和人身自由等多项基本权利，还涉及刑事诉讼的正当程序和犯罪嫌疑人、被告人的辩护权利，其行使和限制应当受到法律规制。

首先，这一推论的逻辑起点为：只要构成实际基本权利的限

---

① 童之伟：《对监察委员会自身的监督制约何以强化》，载《法学评论》2017 年第 1 期。

② 2017 年 4 月 13 日山西省纪委监委官网挂出消息，对山西煤炭进出口集团有限公司原董事长郭某采取了留置措施，对其涉嫌严重违纪违法问题进行调查；根据山西省纪委监委网站，此前 3 月 22 日郭某已接受组织审查。4 月 14 日，该省纪委监委网站又发布消息，经山西省监察委员会批准，运城市监察委员会对运城市水务局、林业局两名官员采取留置措施，对其涉嫌严重违纪违法问题进行调查。

制,都应接受正当程序限制。我国《宪法》规定了许多公民权利和政治权利,除第35条六大自由等未涉及限制性表述外,就基本权利限制的表达有规定明确程序(如第37条第2款)、"依法律规定"或宣告"禁止非法剥夺或限制"等几种方式。此外,英美法的正当法律程序的另一前提是承认任何人有生命、自由和财产的天赋权利;一种比较流行的说法是,社会主义人权理论体系将人权的存在形态划分为应有人权、法定人权和实有人权,其中"法定人权是应有人权的法律化,也就是说用宪法和法律将人理应享有的权利明确规定下来",实有人权则是"人们实际能够享受得到的权利"。[①] 在我国,有效保障宪法之"基本权利"还有一些问题有待解决,本章有意且不得已提出"实际基本权利"以契合我国实情。

其次,监察委员会调查活动涉及留置和搜查等极严厉的强制措施,稍不留意即或造成侵犯公民基本权利之恶果。《决定》指出试点地区监察委员会为履行上述职权可以采取"谈话、讯问、询问、查询、冻结、调取、查封、扣押、搜查、勘验检查、鉴定、留置"12项具体措施。从限制公民权利内容来看,冻结、查封和扣押限制财产权,留置限制人身自由权,搜查同时限制两种公民基本权利。公民基本权利之重要性自不必多言,我国《立法法》第8条将"限制人身自由的强制措施和处罚"纳入法律保留事项,又在第9条中规定该事项不得授权立法,可见公民的人身自由之于其他基本权利又有特殊。我国《宪法》第23条明确指出"尊重和保障人权",唯有在宪法法律框架内合理限制监察委员会调查活动的运行,方能保障公民基本权利不受非法侵犯,这不仅是对宪法文本的尊重,而且是对公民基本权利的保障。

---

① 参见广州大学人权理论研究课题组:《中国特色社会主义人权理论体系论纲》,载《法学研究》2015年第2期。

最后，犯罪嫌疑人和被告人之身份并不影响公民基本权利尤其是刑事诉讼权利的享有。我国《宪法》第 23 条指出“中华人民共和国公民在法律面前一律平等”，我国《刑事诉讼法》明确规定了未经法院判决不得认定有罪原则和疑罪从无原则，并以整章规定“辩护与代理”事项；《公民权利和政治权利国际公约》也在第 14 条中规定“在未依法证实有罪之前，应有权被视为无罪”，还规定“有相当时间和便利准备他的辩护并与它自己选择的律师联络”是人人完全平等地享有的一种最低限度的保证。可见，受调查者作为我国公民享有的我国宪法规定的公民基本权利和刑事诉讼法规定的权利，在接受调查后、法庭审判前，不因其接受了监察委员会之调查或可能有职务违纪违法行为或涉嫌职务犯罪，而产生丝毫影响；无独有偶，在接受调查之前，其权利更不应受到限制。

况且，我国《人民警察法》《行政强制法》《刑事诉讼法》等对强制措施尤其是刑事强制措施规定了极为严厉的限制，包括适用条件、决定和批准程序、期限问题以及执行操作问题等，尽管监察委员会的调查对象作为国家工作人员具有一定特殊性，但在法律面前人人平等和未经法院判决不得认定有罪原则之前提下，无理由放宽对监察委员会调查活动涉及的强制措施的法律规制。

监察委员会的调查活动可能限制多项公民基本权利，从尊重宪法、保障人权、正当程序等角度考虑，并参考其他法律文本，在法治框架内对监察委员会调查活动予以正当程序限制应是监察体制改革的应有之义。问题在于如何限制？这先要拆析监察委员会调查活动的基本属性。

(二)监察委员会调查活动的程序和属性

1. 拆析调查活动的程序与属性

这次改革试点,“将试点地区人民政府的监察厅(局)、预防腐败局及人民检察院查处贪污贿赂、失职渎职以及预防职务犯罪等部门的相关职能整合至监察委员会”,也就是说,“原来属于检察院的职务犯罪调查权或涉嫌职务犯罪案件的侦查权会随着其行使主体从检察院转移至监察委员会”。[①] 监察委员会通过监察机关反贪、预防犯罪等部门的转隶,实质拿走了职务犯罪侦查权,但却改称行政调查权。监察委员会调查活动的性质究竟是行政调查权还是刑事侦查权,这将对调查活动的运行和规制问题产生重大影响。

尽管笔者坚持:凡构成实际基本权利的限制,均应接受正当程序限制,故理论上说,即便调查活动定位于行政性质,在涉及限制实际基本权利时,仍应有正当程序限制之;但是,就我国立法现状而言,唯在《刑事诉讼法》中规定了“辩护与代理”条款;申言之,何止辩护代理,行政强制措施亦涉及限制公民实际基本权利,其接受的限制却远不如刑事强制措施的限制。这是否可归结为对“正当程序”之“正当”的理解差异?总之,调查活动属性的不同设定,影响甚巨。有人说,这与我何干?其实这关系到权力性质、属性定位的问题,关系到刑事诉讼法可不可以进入这个空间,关系到律师介入问题。还有,调查活动将仅受未来的《国家监察法》规制还是其与修改后的《刑事诉讼法》共同调整?

---

① 童之伟:《对监察委员会自身的监督制约何以强化》,载《法学评论》2017 年第 1 期。

抑或单设《监察程序法》以规制之?[①]

关于试点地区乃至将来国家监察委员会调查活动性质之探讨,目前如火如荼,尚无规范法律文件作出明确结论。有3种可能:单纯的司法侦查权、单纯的行政权和两种属性都有。就试点地区该问题的讨论,尚无学者赞同第一种情形,争议主要集中在后两种。

以马怀德教授为代表的学者持第二种观点,认为《决定》授权试点地区监察委员会的调查活动是单一的行政调查权,“这将有助于对国家公职人员涉嫌职务犯罪的行为实施调查”,“调查部门既有对违纪违法行为的调查,也有对涉嫌职务犯罪的调查”,可见其认为监察委员会之“调查权”属于调查而非侦查。[②] 另一派学者赞同第三种观点,认为监察委员会调查活动将具备行政调查和刑事侦查的双重性质。该派学者之间尚有许多不同意见,归纳可区分为两类:同时兼具两种属性还是分阶段厘清性质。两者共性有二:其一,均建立于调查活动亦有司法侦查属性之基础上;其二,就职务犯罪行为而言,且无论其间调查活动是否有行政调查属性,至少承认有司法侦查属性。两者本质差异在于对所谓“双重”的不同认识:同时兼具还是分阶段厘清?

赞同分阶段厘清性质学者内部对“阶段”的划分方式有争议:

---

① 监察委行使调查权的过程中,程序的规范问题是非常关键的问题,有不同思路,比如直接用《刑事诉讼法》适用过程之中,或者制定新的法律(如《监察程序法》),若后者,则应比照刑事诉讼法,对被调查人、嫌疑人的权利进行保护。参见郑戈:《如何走出歧路中的歧路?——评秦前红教授讲论监改》,载 http://mp. weixin. qq. com/s? __biz = MzU0MTAyODUzOA = = &mid = 2247483756&idx = 1&sn = 7219a3018b850e68e3900f740bdcd9aa&chksm = fb3178b9cc46f1af265b9116eaf1b14a7d00a3496cb3413e1f574ee9402ca1f9dc1e579add0e&mpshare = 1&scene = 23&srcid = 0501tPd3fph9UkEZmmqOHzGH#rd,最后访问日期:2017年5月1日。

② 参见马怀德:《国家监察体制改革的重要意义和主要任务》,载《国家行政学院学报》2016年第6期。

依调查措施类别划分、依调查对象的违法犯罪程度划分还是依调查的时间顺序划分？持依调查措施类别划分的学者比较少。以陈光中教授为代表的学者赞同依调查对象的违法程序分为一般调查和特殊调查，[①]如此则查职务违纪行为的时候是党内纪检调查权（就一般调查是否包括职务违纪行为尚有争议[②]），查行政违法时是行政调查权，走司法程序的时候是侦查权。所谓依调查时间顺序是指职务案件是否已经立案，就此还有单设“侦查”程序和增设“初查”程序两种。前者是指调查和侦查是监察委员会调查活动下依次存在的两个程序，且两者间应有显著标志——如“立案侦查”——以作区分；后者是指调查前增设类似当前实践中的人民检察院的“初查权”。就增设“侦查”程序而言，其弊端在于实质上将一般调查和特殊调查均划入了行政调查范畴，滑向“单纯的行政权”一派。就增设“初查”程序而言，其出发点在于进入调查前“先行分流”：预判案件涉及的是职务违纪、违法还是犯罪行为，以确定调查活动之性质。然而，一个重要问题是初查期间可否采取调查活动的 12 项措施。若可采取，则初查与调查内容重合，调查无实际意义；若不可采取，则初查期间是否可采取行政强制措施？否则，初查程序无权威高效的调查措施，效果难达“先行分流”之预估。还有学者提出《决定》未提及的技术侦查手段是否应转隶，[③]若转隶，技术侦查措施的性质同样影响监察委员会调查活动的属性，这主要涉及侵犯被侦查人员的隐私，较少涉及公民

---

① 原文表述是：“在试点过程以及正式修法时，不应将一般调查和特殊调查完全混同，而应当予以必要的区分，并使一般调查和特殊调查先后合理衔接，这样比较妥当。”参见陈光中：《我国监察体制改革的几点看法》，载《环球法律评论》2017 年第 2 期。

② 这一争议可能因为《决定》中并未提及改革试点地区监察委员会监察职务违纪行为之职权。

③ 参见陈光中：《监察体制改革需启动系统修法工程》，载财新网：http://china.caixin.com/2017-01-17/101044638.html，最后访问日期：2017 年 4 月 14 日。

财产权和人身自由。总之,割裂地看待监察委员会调查活动的行政调查属性和刑事侦查属性都是不合适的,“监察委员会调查活动的具体职能绝非单一的刑事侦查权或行政调查权所能涵盖”。[①]

明确调查活动涉及哪些程序也是必须解决的问题,上文拆析调查活动性质时作了比较模糊的说明,此处作一归纳。首先,前文已有观点包括:无论“调查”的性质,总归不宜在“调查”之外单设“侦查”程序。陈光中教授亦认为,全国人大常委会的试点决定称,监察委员会在调查后“对涉嫌职务犯罪的,依法移送检察机关提起公诉”,说明涉嫌职务犯罪调查与提起公诉之间没有也没有必要再设置侦查程序,即刑事诉讼法规定的刑事案件的侦查程序在办理职务犯罪案件中被监察调查所代替,由此总结监察委员会办理职务犯罪案件诉讼程序将是“调查—起诉—审判—执行”。[②]另外,前文还比较详细地分析了增设“初查”程序的可能,如若成真,对于初查权归监察委员会、人民检察院还是人民法院?性质几何?可否采取强制措施?如何具体规制?俱应规定于有关条款之中。

2. 关于职务违纪行为的调查

上文提到,《决定》中并未提及改革试点地区监察委员会监察职务违纪行为之职权。学术界对此探讨还不多,笔者认为这其实是个很重要的问题,它可能涉及监察委和党的纪律检查机关之间的关系,进而甚至影响调查活动操作上的许多问题。《决定》的说法是“党的纪律检查委员会、监察委员会合署办公”,比较模糊,暂时无法明确二者的关系。到底是“一个机构、两块牌子”(类似党的中央军委和国家中央军委之间的关系),还是“两个机构、合署

---

① 秦前红:《监察体制改革的逻辑与方法》,载《环球法律评论》2017 年第 2 期。

② 参见陈光中:《制定〈国家监察法〉保障被调查人权利》,载财新网:http://china.caixin.com/2017-03-29/101072187.html,最后访问日期:2017 年 4 月 27 日。

办公”？这有本质差异。

已经成立和即将成立的省市监察委员会，都采用了党的纪委负责人和监察委员会负责人完全重合的模式，似乎倾向前者；但从《决定》的表述上来看，似乎更倾向把它们视作“两个机构”，因为并未提及监察委员会有权监察职务违纪行为，这个权力目前来说掌握于党的纪委，另外，这还说明在检查职务违纪行为和监察职务违法犯罪行为之间还需要一些衔接工作。这或许也是姜明安教授提出“从工作便利上讲，二者不加区分，不分彼此，监督效率可能更高”①的出发点之一，如此，监察委员会就需要掌握监察职务违纪行为的职权。

3. 关于调查活动中的留置措施

此外，监察委员会调查活动性质的讨论，无法绕开一个更具体的问题：“留置”措施的性质。目前，有行政属性、司法属性、类比民事留置和类比纪委“双规”4 种说法。

《人民警察法》和《刑事诉讼法》有一些看似类似的规定，如留置盘查、监视居住、刑事拘留和逮捕等。华东政法大学陈越峰教授认为，“职务犯罪侦查的司法衔接应当适用《刑事诉讼法》的规定；行政性留置应当准用《行政诉讼法》予以法律救济”，②可见其至少认为留置有行政性质之可能；清华大学张建伟教授认为，“留置与逮捕有着相同的实质”，③这应当是当下对留置措施性质问题最严苛和保留性的看法。此外，还有一个有趣的比喻，说民法也有留置概念，这有把人当作物的嫌疑。当然，民法的留置与监委的留置措施是否只是名称上的巧合尚还不清楚。刑事诉讼法中

---

① 姜明安：《国家监察法立法的若干问题讨论》，载《法学杂志》2017 年第 3 期。

② 陈越峰：《监察措施的合法性研究》，载《环球法律评论》2017 年第 2 期。

③ 张建伟：《法律正当程序视野下的新监察制度》，载《环球法律评论》2017 年第 2 期。

还有“在押(羁押)”的概念,它更多是一种采取特定措施后的当然状态,而不是明确的措施,不过其中涉及自由刑、逮捕和刑事拘留的羁押问题①值得讨论。如此,则“留置”可能涉及有民法留置、留置盘查、行政拘留、监视居住、刑事拘留、逮捕、自由刑和“双规”共8种可能。考虑到民法留置主要是民法而非行政或刑诉概念,“留置”措施严厉程度远高于监视居住②和留置盘查,作为一种临时措施又不同于“逮捕”,③行政拘留是行政处罚、只能类比监察委员会的“处置”权,判处“自由刑”乃人民法院审判权范畴,“双规”合法性难证、无法引作参照,④故可与“留置”措施参照对比的主要是“刑事拘留”;尽管刑事拘留作为一种临时措施与留置还有较大差异,但相较于其他强制措施,刑事拘留的期限、⑤决定或批准、⑥执

---

① 依据我国《刑事诉讼法》及其他有关法律的规定,依法被逮捕、刑事拘留的犯罪嫌疑人,或被判处有期徒刑的罪犯,在被交付执行刑罚前,剩余刑期在三个月以下的,由看守所代为执行。看守所羁押的人员称为羁押人员。

② 《刑事诉讼法》第73条规定,监视居住“不得在羁押场所、专门的办案场所执行”。可见其限制人身自由的程序远低于留置。

③ 其他强制措施只是一定程度上限制人身自由,刑事拘留与逮捕类似,是对人身自由的完全剥夺,但不同的是刑事拘留只是逮捕前的一种临时措施,如它在期限上有严格的期限等。

④ 陈光中教授指出,“双规”实际上是和《行政监察法》第20条规定的“双指”结合实施的。但《行政监察法》第20条规定“双指”的实施“不得对其实行拘留或者变相拘留”,“双规”实际操作通常对呗调查人实行近似拘禁长达3个月之久,与《行政监察法》冲突。至于“双规”法治化,是用“留置”来代替,还是与刑事诉讼法规定的强制措施结合起来,尚需要作进一步研究。参见陈光中:《我国监察体制改革的几点看法》,载《环球法律评论》2017年第2期。根据陈光中教授的研究中不难发现,其一,“双规”措施具有正当性缺陷,监察委员会的“留置”措施之设置初衷,即很可能为代替“双规”;其二,从“双规”出发,进而认知“留置”措施的性质及其合法性,这一认知路径的理论基础不合法,无法借此对“留置”做出合理评价。

⑤ 在一般情况下,刑事拘留的期限是14日;对于流窜作案、多次作案、结伙作案的重大嫌疑分子,提请批准逮捕的时间可以延长到30日;检察院必须在7日内作出批准逮捕或者不批准逮捕的决定,因此刑事拘留的最长时限是37天。

⑥ 人民检察院“决定拘留”,公安机关可“先行拘留”。

行方式乃至对公民权利的限制程度，与留置措施都更具可参考性。

有一种说法，《决定》新增的“留置”措施，从办案的实效性考量，显然不同于《人民警察法》第9条规定的留置盘查的临时措施，而可能是用于取代“双规”“双指”的羁押举措。[①] 笔者猜测，“留置”措施之初衷或许确为赋予“双规”合法性，然则：初衷在此，与借鉴“双规”以明确“留置”之性质，即便前者合理，后者作为前者之逆命题亦有待进一步论证合理性。在山西监委留置郭某案中，郭某4月13日才被采取留置措施，却在3月22日即接受组织审查，所谓“组织审查”，当然不是简单的“审查”。按照2017年1月8日通过的《中国共产党纪律检查机关监督执纪工作规则（试行）》[②]［以下简称《规则（试行）》］第9条第2款的规定，纪委的调查包括线索处置、谈话函询、初步核实、立案审查、案件审理和处置；第28条第1款规定，“审查组可以依照相关法律法规，经审批对相关人员进行调查谈话，查阅、复制有关文件资料，查询有关信息，暂扣、封存、冻结涉案款物，提请有关机关采取技术调查、限制出境等措施”，通篇未提及“规定时间”“规定地点”等，不难猜测在国家监察体制改革背景下，中纪委已认识到“双规”合法性问题，并有意以《规则（试行）》对接本次改革；但是《规则（试行）》第35条又从反面要求，“未经批准并办理相关手续，不得将被审查人或者其他谈话调查对象带离规定的谈话场所”，可见在具体办案中，依旧存在“规定场所”之现象。山西省监委对于“组织审查”和“留置”区分了明显的先后顺序，不排除组织审查期间已对郭某采

① 参见施鹏鹏：《国家监察委员会的侦查权及其限制》，载《中国法律评论》2017年第2期。

② 《中国共产党纪律检查机关监督执纪工作规则（试行）》，载《人民日报》2017年1月21日，第3版。

取了“留置”之外许多措施，如《规则(试行)》第35条所谓“规定的谈话场所”之可能。

留置措施还有的一个问题是，从语义透析“留置”之意涵，“留”对人身自由的限制应有一前置的限制状态，而非初次限制，且二者无缝衔接。《汉语大字典》中“留”意为：停止在某一处所或地位上不动；不离去。可见，“留”在某处的前提需“在”某处。举未必恰当之例，如民法债务留置，其作为一种法定担保物权，区别于抵押的重要特征，即在于留置人已实现对物之“事先”占有；《人民警察法》规定的留置盘问也需“当场”盘问嫌疑人后才可能留置盘问。若山西第一案中郭某接受组织审查期间已被“双规”，或许符合“事先”“当场”的条件，然“留置”本或为取代“双规”而生，所谓“君生我未生，我生君已老”，二者断难长期共存；在《决定》列举的12项调查措施中，也无可达上述前置限制状态之措施。

(三)监察委员会调查活动法律规制之路径

监察委员会调查活动的具体职能绝非单一的刑事侦查权或行政调查权所能涵盖，可行的设定是，调查活动同时具有调查和侦查属性，且不再单设“侦查”程序。[①] 可以从3个层次来理解这一设定：

第一，监察委员会的调查程序上，不再单设任何性质的“侦查”程序，调查活动结束后，直接移交人民检察院审查起诉，即陈光中教授总结的“调查—起诉—审判—执行”程序。这符合《决

---

① 陈光中教授亦认为，全国人大常委会的试点决定称，监察委员会在调查后“对涉嫌职务犯罪的，依法移送检察机关提起公诉”，说明涉嫌职务犯罪调查与提起公诉之间没有也没有必要再设置侦查程序，即刑事诉讼法规定的刑事案件的侦查程序在办理职务犯罪案件中被监察调查所代替。参见陈光中：《制定〈国家监察法〉保障被调查人权利》，载 http://china.caixin.com/2017-03-29/101072187.html，最后访问日期：2017年4月27日。

定》“对涉嫌职务犯罪的,移送检察机关依法提起公诉”的表述。

第二,就监察委员会调查活动的基本性质,笔者认为,监察委员会的调查活动至少在涉及犯罪调查时要定位在刑事犯罪领域;①至于调查职务“违纪”和“违法”行为的性质,现在下定论还为时过早。这也是本章建构监察委员会调查活动规范体系的范围和框架。

第三,监察委员会调查活动应怎样纳入法治轨道?本章基于上述理论分析和框架预设,尝试设定如下的规制路径:其一,将监察委员会并入《宪法》第135条制约机制之中;其二,调查活动宜接受国家监察有关法律和修改后的《刑事诉讼法》双重规制,至于规制调查活动的条款处于哪部法律,有3种可能:在《刑事诉讼法》中增补,在《监察法》增设,或者单设《监察程序法》规制之;其三,从立法目的、原则和具体规则3方面构建监察体制改革后职务案件调查活动的法律规制体系;其四,调查期间,当事人有权申请律师介入;其五,调查活动之审查应采取客观审查模式。可作如下解释:调查活动既然兼具司法程序的性质,则当然同时接受《刑事诉讼法》规制;根据《刑事诉讼法》第33条和第36条的规定,辩护律师在公安侦查阶段即可介入,既然调查活动具备“侦查”的性质,只要《刑事诉讼法》这一规定不修改,②监察委员会

---

① 如陈光中教授认为,涉嫌职务犯罪(包括贪污贿赂犯罪和渎职失职犯罪)的监察调查,性质相当于刑事诉讼法规定的侦查。理由有三:其一,调查权来源于人民检察院职务犯罪侦查权的转隶,不可能因隶属关系的变化而改变权力的性质;其二,12项调查措施大部分是刑事诉讼法规定的侦查措施;其三,调查后的处置并无侦查程序,可见刑事诉讼法规定的刑事案件的侦查程序在办理职务犯罪案件中已被监察调查所代替。参见陈光中:《制定〈国家监察法〉保障被调查人权利》,载 http://china.caixin.com/2017-03-29/101072187.html,最后访问日期:2017年4月27日。

② 根据《决定》要求,试点地区“暂停适用”的规范法律文件或内容中,未提及《刑事诉讼法》有关“辩护与代理”的章节,可见全国人大常委会本次授权对律师介入“调查”程序这一问题持审慎态度。

"调查"期间当事人当然可申请律师介入。关于律师介入的问题将于下文论述基本原则时详谈。但是,根据《刑事诉讼法》的规定,为配合监察委员会对"特别重大贿赂犯罪案件"的"调查",[①]监察委员会"调查"期间律师介入的程度和程序应当有一定限制。当然,这建立在允许申请律师介入的基础之上。在此基础上,监察委员会对涉嫌职务犯罪案件侦查获取的证据,当人民检察院审查决定提起诉讼后,其可作为刑事诉讼证据使用。

退一步说,即便认定职务"违纪""违法"行为的调查活动是行政调查权,由此不得申请律师介入,此时,根据《行政强制法》《行政复议法》《行政诉讼法》的有关规定,在调查活动的规制方面,依然有一些办法,并由此产生许多有趣的问题。如调查"决定"是否需履行特定告知程序?被调查者收到告知后,是否有陈述、申辩和举行听证的权利?乃至被调查人就调查决定是否可申请上级监委复议?复议后是否还可向法院申请诉讼?复议和诉讼应依据《国家监察法》、单独制定《监察复议(诉讼)法》还是依据《行政复议法》和《行政诉讼法》?

假若采取分阶段厘清性质并认定职务违纪违法调查性质为单纯行政权,则解决好以下问题的前提下本文之建构依然有价值:其一,若职务违纪违法行为的调查活动——作为行政调查权——依然可采取《决定》规定的12项调查措施,却不受刑事诉讼法规制,那么在特殊情况下,不排除一些地方的监察委员会先行将某些案件预判为职务违纪违法行为,以规避刑事诉讼法影响的可能性;其二,故而,案件伊始的性质(是职务违纪、违法还是犯罪)预判决定了调查活动的性质,影响甚广,或许可增设"初查"程

① 《刑事诉讼法》第37条规定,"危害国家安全犯罪、恐怖活动犯罪、特别重大贿赂犯罪案件,在侦查期间辩护律师会见在押的犯罪嫌疑人,应当经侦查机关许可"。

序;其三,对起初预判为职务违纪违法的案件,后发现是职务犯罪行为,如何转切司法程序?比如,证据的起诉衔接怎么解决[①]等。

二、监察委员会调查活动的目的原则

(一)规制调查活动的目的

2012年3月第十一届全国人大第五次会议审议通过了刑事诉讼法修正案,首次把"尊重和保障人权"写入《刑事诉讼法》总则,坚持惩罚犯罪与保障人权并重的原则。这确立了我国刑事诉讼法的基本目标。"职务犯罪侦查措施的基本目的是实现惩罚犯罪与保障人权的统一,直接目的是及时快速实现侦查目的。"[②]一种观点认为,在当前职务犯罪侦查中,我国《刑事诉讼法》规定的5种强制措施法律功能实现的状况和程度令人担忧,而且与相关制度和措施的关系相当紧张,因此在立法上应当完善我国职务犯罪侦查中的强制措施,应寻求惩罚犯罪和保障人权之间的平衡,建构科学、实用的强制措施体系,并改革完善相关制度和措施。[③]

在监察体制改革背景下,试点地区人民检察院的职务犯罪侦查权经转隶至监察委员会,无论监察委员会调查活动之性质几何、本章分析是否存理,都不影响监察委员会职务犯罪侦查活动重要目的是"实现惩罚犯罪与保障人权的统一",以求最大限度地达到职务犯罪侦查措施适用与人权保障之平衡。

---

① 比如,《刑事诉讼法》第52条第2款就有规定,"行政机关在行政执法和查办案件过程中收集的物证、书证、视听资料、电子数据等证据材料,在刑事诉讼中可以作为证据使用",其中不包括调查笔录,那么职务违纪违法调查期间取得的调查笔录,怎样转为刑事诉讼证据使用呢?

② 王建明:《职务犯罪侦查措施的结构、功能及适用原则》,载《中国法学》2007年第5期。

③ 参见宋英辉:《职务犯罪侦查中强制措施的立法完善》,载《中国法学》2007年第5期。

(二)规制调查活动的原则

在此目标之下,参考我国宪法、刑事诉讼法原则和《公民权利和政治权利国际公约》的内容,对于监察委员会调查活动应规定以下原则。

1.《宪法》第135条规定的刑事案件分工负责、互相配合、互相制约原则

这一原则涉及的是当前学术界关于《宪法》第135条主体扩容的讨论。如若监察委员会调查活动兼具调查和侦查属性,首先要考虑的问题是:监察委员会应否加入我国《宪法》第135条规定的"分工负责,互相配合,互相制约"机制之中?

一种观点认为,《宪法》第135条所针对的国家审判权、检察权和侦查权对应的是审判机关、检察机关和公安机关,其核心价值在刑事诉讼中"互相制约",重在控制"侦查权",而对行政权的监督制约主要是对侦查权的监督制约。监察委是反腐败工作机构,不行使审判权、检察权,对职务犯罪等部分侦查权也并不作为主体行使,监察委侦查权是有限的且不进入刑事诉讼程序,且对职务犯罪提起公诉权仍由检察机关行使,因此性质和功能不符合宪法规范的要求。[①] 该观点的一些看法值得商榷:其一,既然承认监察委具备"有限的侦查权",为何不进入刑事诉讼程序?其二,检察权同时行使职务犯罪侦查和监督职能,这种自我监督的局限性本即监察体制改革要解决的问题之一,可见就"职务犯罪侦查"而言,《宪法》第135条"互相制约"之意旨其实很难实现。从该角度来说,《宪法》第135条的规定中加入监察委员会,在办理职务犯罪的刑事案件方面有一定意义,至于利弊优劣仍须进一步讨

---

① 参见韩大元:《论国家监察体制改革中的若干宪法问题》,载《法学评论》2017年第3期。

论。陈光中教授则认为，监察体制改革后监察委员会经转隶具备职务犯罪刑事侦查职能，应当加入该制约机制。[①]

笔者认为，监察委员会至少在承担职务犯罪刑事侦查职能方面，当然要当与人民检察院及人民法院互相配合、互相制约。至于其他两种职务案件，首先当前试点地区监察委员会并无监察职务违纪行为的职能，未来如果有，对职务违纪和违法行为的调查，本章基于对“调查活动”性质的基本观点和上文论述，认为也要纳入这一机制之中，但若最终将这两类案件的调查定位于行政权，则还需另作讨论，前文已列明一些需要解决的问题。下文提到的其他原则亦如此。

2. 被调查人有权获得辩护原则

《刑事诉讼法》在“辩护与代理”章节，有关辩护权益的条款是第 33 条、第 36 条、第 37 条、第 38 条、第 39 条、第 41 条、第 46 条和第 47 条，其中明确提及了“侦查”的有 3 条。第 33 条规定，犯罪嫌疑人自被侦查机关第一次讯问或者采取强制措施之日起，有权委托辩护人。第 36 条规定，辩护律师在侦查期间可以为犯罪嫌疑人提供法律帮助；代理申诉、控告；申请变更强制措施；向侦查机关了解犯罪嫌疑人涉嫌的罪名和案件有关的情况，提出意见。第 37 条规定，辩护律师可以与在押的犯罪嫌疑人、被告人会见和通信。这 3 条规定了申请律师介入的时间限定、帮助内容和辩护律师权利等。间接涉及或仅可能涉及“侦查”的也有 3 条：第 41 条规定了收集有关材料、申请收集和调取证据、申请证人出庭作证的权利；第 46 条规定了保密权及其限制；第 47 条规定了申诉和控告的权利。至于《刑事诉讼法》第 38 条和第 39 条，第 38 条

---

① 参见陈光中：《监察体制改革需启动系统修法工程》，载财新网：http://china.caixin.com/2017-01-17/101044638.html，最后访问日期：2017 年 4 月 14 日。

规定了查阅、摘抄、复制本案的案卷材料的权利，但是仅限于人民检察院审查起诉之后；第 39 条规定的申请调取的权利，看似提到了“侦查”和“公安”，实则从“未提交的”这一表述可知，这里也只涉及审查起诉之后，是指公安侦查机关向人民检察院提请审查起诉后，辩护人认为公安侦查机关未提交本条所列的证据材料，有权申请人民检察院调取。

监察体制改革后，当前《刑事诉讼法》上述 6 条规定在职务犯罪侦查中的延续问题值得探讨。以马怀德教授为代表的学者认为，调查活动乃行政调查活动，律师无权介入。① 以陈光中教授为代表的学者则认为，调查活动具有刑事侦查属性，应当允许律师介入，制定《监察法》应重点探讨保障被调查人的权利，包括刑事诉讼法规定的严禁刑讯逼供和保障辩护权等，②并提出，《刑事诉讼法》规定连比贪污贿赂罪和渎职犯罪更严重、更特殊的涉嫌国家安全犯罪和恐怖活动犯罪，犯罪嫌疑人在侦查阶段都有权聘请律师；③张建伟教授更进一步认为留置与逮捕有相同的实质，应依照宪法规定纳入司法权控制的范畴，允许律师为被调查人提供法律帮助。④ 笔者认为，对上述条款可作拆分理解。

第一，关于第 33 条和第 36 条指向的“侦查期间”的问题。目前，尚无明文规定调查活动之属性，亦无有效文件指出接受“调查”期间不得申请律师介入。试点地区“暂停适用”的规范法律文

---

① 参见马怀德：《〈国家监察法〉的立法思路与立法重点》，载《环球法律评论》2017 年第 2 期。

② 参见陈光中：《制定〈国家监察法〉保障被调查人权利》，载财新网：http://china.caixin.com/2017－03－29/101072187.html，最后访问日期：2017 年 4 月 27 日。

③ 参见陈光中：《我国监察体制改革的几点看法》，载《环球法律评论》2017 年第 2 期。

④ 参见张建伟：《法律正当程序视野下的新监察制度》，载《环球法律评论》2017 年第 2 期。

件或内容中，未提及《刑事诉讼法》有关“辩护与代理”的章节，可见全国人大常委会本次授权对律师介入“调查”程序这一问题持审慎态度。在监察委员会职务犯罪侦查权系由人民检察院职务犯罪侦查权转隶而享有的背景下，既然当前辩护律师在侦查阶段即可介入，无理由认为试点地区监察委员会调查活动期间不得申请律师介入。故监察委员会调查期间，当事人可申请律师介入，且辩护律师可为犯罪嫌疑人提供《刑事诉讼法》第 36 条所列举之辩护。

第二，关于第 37 条指向的“在押”问题及会见和通信权利。从刑事诉讼法的规定上看，“在押”指看守所羁押的人员，具体而言是被逮捕、刑事拘留的犯罪嫌疑人，或被判处有期徒刑或者拘役 3 个月以下，或者余刑在 3 个月以下，不便送往监狱的罪犯。但是在当下监察委员会之调查措施中，与逮捕、刑事拘留类似的“留置”措施之性质尚无定论，因此，对于监察委员会调查期间，辩护律师是否具有《刑事诉讼法》第 37 条提及的与犯罪嫌疑人、被告人会见和通信的权利，尚无定论。

第三，基于刚才第一点关于“侦查期间”的分析，改革后，辩护律师应当可以为犯罪嫌疑人提供《刑事诉讼法》现有第 36 条、第 41 条、第 46 条和第 47 条所列举的帮助内容并享有辩护律师权利等。

3. 未经法院依法判决不得认定有罪原则

我国《刑事诉讼法》第 12 条规定，未经人民法院依法判决，对任何人都不得确定有罪。就侦查活动而言，表现有二：其一，自 1996 年第八届全国人大四次会议修改《刑事诉讼法》后，受到刑事追诉者，在侦查和审查起诉阶段一律称之为“犯罪嫌疑人”而非“被告人”；其二，对补充侦查的案件，认为证据不足、不符合起诉条件的，公诉机关有权作出不起诉决定。此外，2017 年 1 月通过的《规则(试行)》对此亦有延续,第30条规定审查期间对被审查人不妨碍称其为“同志”。在监察体制改革背景下,毫无疑问,国家监察委员会采取调查措施,绝不意味对被调查者宣判其有罪,对被接受调查者之称呼与待遇,亦应在立法中加以明确。

4. 依法对调查活动实行法律监督

我国《刑事诉讼法》第8条规定,人民检察院依法对刑事诉讼实行法律监督。该监督贯穿于刑事诉讼活动的始终,如立案审查、审查批准逮捕、审查起诉、不起诉决定、监督法庭审理活动和监督判决执行,等等。这一监督区别于权力机关对监察机关的监督。该原则是我国《宪法》第129条的必要要求,也印证上文《宪法》第135条主体扩容之观点。监察体制改革后,监察委员会职务犯罪调查活动应涵摄于法律监督的对象之内;[①]对于职务违纪违法行为,有一种观点认为,行政检察乃法律监督重要内容之一,法律监督机关应督促纠正行政违法或不当行为,[②]若该观点无误,则法律监督之对象可涵盖监察委员会全部调查活动。至于应延续人民检察院法律监督之传统,抑或将监督监察委员会调查活动之职能划归人民法院,该问题涉及现行宪法对人民检察院之定位问题,有关讨论后文将提及,但学术讨论实难作定论,有待后续改革修宪修法活动加以明确。

由于监察委员会调查活动不涉及审判活动,监察权亦不涵盖

① 如张建伟教授认为,我国建立新监察制度,需要考虑将检察机关的法律监督延伸至国家监察委员会的调查领域。参见张建伟:《法律正当程序视野下的新监察制度》,载《环球法律评论》2017年第2期。

② 就法律监督权的外延,有学者认为,党的十八届四中全会《决定》指出:“监察机关在履行职责中发现行政违法行使职权或者不行使职权的行为,应当督促其纠正”,可见,检察机关对于行政权的监督,即“行政检察”是完善检察机关行使监督权的重要一环。参见湛中乐:《三个层面构建科学的行政检察监督体系》,载《人民监察》2015年第2期。

职务犯罪审查起诉职能，故如具有法定情形不予追究刑事责任、审判公开、独立行使职权等原则，本章不作进一步探讨；对保障诉讼参与人权利等非特有的原则，亦不再累举。此外，一些国际原则，如无罪推定原则、禁止强迫自证其罪原则等，尽管我国刑事诉讼法并未明文确认，亦不妨碍监察体制改革背景下对上述原则之吸收借鉴作后续研究。

三、监察委员会调查活动的具体规制

我国反腐败刑事司法制度现状是检察机关集职务犯罪预防、侦查、起诉和监督多权于一身，“检察监督模式无法回答检察机关对自身行使侦查权如何实现有效监督的问题”。[①]“同体监督”困境是本轮国家监察体制改革的重大背景；改革何以化解此困境？

（一）调查活动的审查批准

1. 实体审查：调查措施的适用情形

我国《人民警察法》《行政强制法》《行政监察法》《刑事诉讼法》以及有关法规规章，乃至纪检委工作规定等，对各项调查侦查措施，尤其是涉及限制公民基本权利的强制措施，一般都规定了严格的适用情形。唯有符合法定的适用条件，监察委员会才能采取相应的调查措施。

以留置措施为例，从近期公布的山西省 3 起留置案件来看，其信息用语是“涉嫌严重违纪违法问题”，且为接受组织审查一定时间后被采取留置措施。从中纪委和各地纪委此前公布的信息来看，“涉嫌违纪问题”“涉嫌严重违纪问题”“涉嫌违纪违法问题”和“涉嫌严重违纪违法问题”之间是有差异的，公布信息采取第四种用语的，后来多数结果是“对涉嫌犯罪问题移送司法机关

---

① 刘计划：《侦查监督制度的中国模式及其改革》，载《中国法学》2014 年第 1 期。

依法处理”,由此看出采取留置措施可能的条件有:必须涉嫌犯罪才能适用,必须达到一定的证据标准才能批准(如山西省留置案中接受组织审查期间已取得部分证据)。所谓“一定的证据标准”是指何种程度的标准?所谓“涉嫌犯罪”怎么确定?具体标准或数额在《刑法》未明文规定时,是否需参照“两高”就各项贪腐犯罪入罪标准的司法解释?

实体审查还涉及延长调查期限的问题:提请延长各项调查措施,需符合哪些情形?以刑事拘留为例,满足“流窜作案、多次作案、结伙作案”条件的重大嫌疑分子,经批准可延长到30天。应规定监察委员会在哪些情形下,可以延长调查期限或延长采取某项具体措施的期限。

2. 程序审查:调查措施的决定(批准)

试点地区监察委员会履行监督、调查、处置职责,包括谈话、讯问、询问、查询、冻结、调取、查封、扣押、搜查、勘验检查、鉴定、留置12项具体措施。监察委员会调查活动的程序审查主要指调查措施的决定或批准程序。有3个问题:第一,对于冻结、查封、扣押、搜查和留置等限制公民基本权利的调查措施,监察委员会是否可以自行决定。第二,其他调查措施是否可自行决定。第三,由此追问决定(批准)逮捕职能的归属。姑且拆析之。

第一,对于谈话、讯问、询问、查询、调取、勘验检查和鉴定等其他调查措施,因不涉及限制公民基本权利,考虑到监察委员会的宪制定位和反腐效用,这些没有涉及公民人身自由和财产权等基本权利的措施,其实施由监察委员会自行决定应无疑问。

第二,学术界就监察委员会可否自行决定采取强制措施的问题尚有争议。主要观点有两种:自行决定或提请其他机关批准。

前者还有两种不同看法,[①]一种认为地方各级监察委员会之强制措施批准权统一收归省级监察委员会;另一种则认为该设置降低了监察效能,应由上一级监察委员会批准下级监察机关采取强制措施。[②] 赞同提请其他机关批准者亦有提请人民检察院批准和提请人民法院批准之二分。此外,因"留置"措施将对公民人身自由造成极严厉之限制甚至剥夺,对其程序审查应作特殊考虑。

第三,逮捕虽非调查活动,但逮捕的决定(批准)问题牵扯甚广。多数学者对监察委员会自行决定逮捕持否定态度,各国反腐体制亦几无先例。[③] 争议集中于批准逮捕权的留、转问题。一种观点认为应延续当前人民检察院法律监督之传统,保留检察院的批捕权,"不宜将拘留、逮捕等侦查性质的权能归入监察权当中","监察委员会可向检察院提请批准逮捕,检察院侦查监督机构审查决定是否批捕,且批捕后应由公安机关执行;如此一来,可在检察院与监察委员会之间形成一定的制约机制,且符合宪法关于公

---

① 山西省监察委员会自行决定了采取留置措施,运城市监察委员会经山西省监察委员会批准而采取了留置措施。以现有资料,尚无法判断两个问题:第一,若延续山西省改革逻辑,县级监察委员会留置批准权归市级还是省级监察委员会;第二,全国性监察体制改革后,省级监察委员会可自行决定采取留置措施,还是需提请国家监察委员会批准。这也是上述两种观点的差异之所在。实际上,山西省的留置案件仅系改革试点地点监察委员会的探索,并非全国性监察体制改革未来走向之当然宣告。

② 参见佚名:《"监察留置第一案"透露的制度密码》,载 http://mp. weixin. qq. com/s? __biz = MzI2NjE2MzAxOA = = &mid = 2651399002&idx = 1&sn = d293c1cb3acb67a65c13811de4c0c710&chksm = f16fc57fc6184c69318942d7e7f423f3e38b897d787ece691dd4394d29dbd902a132c5fa8882&mpshare = 1&scene = 23&srcid = 0425yiDoCj98jm8ptxyhG8w7#rd,最后访问日期:2017 年 4 月 29 日。

③ "在各国反腐体制中,职务犯罪调查权(或侦查权)与逮捕权、起诉决定权通常都由不同性质的公权力机关分别行使;检察官直接行使调查权和起诉决定权都是有的,但对检察官获此权力的国家,除紧急情况外至少批捕一般须经法官批准;在检察官无职务犯罪调查权的国家,没有任何国家有不经法官批准行使逮捕权、绕过监察体系由监察官员直接行使提起公诉决定权的情况。"参见童之伟:《对监察委员会自身的监督制约何以强化》,载《法学评论》2017 年第 1 期。

民人身自由权的规定”。[①] 另一种观点认为“可在法院专门设立羁押审查庭”,“由法院根据《刑事诉讼法》第 93 条规定的公开开庭审查羁押的必要性并作出决定,从而加强法院对监察委员会羁押性强制措施的制约”。[②]

程序审查不仅要确定批准机关,还应明确批准机关的级别、具体批准的人、提请批准的格式办法等。对于可自行决定之调查措施,则应确定由本级批准、上一级批准还是省级批准？由首长批准还是委员会批准？对于提请其他机关批准的调查措施,需经哪一、何级机关的谁人批准？还有上述提请批准的文件格式、具体办法等,俱应在国家监察有关法律或《刑事诉讼法》中予以详细限定。

程序审查也存在延长调查期限问题:提请延长各项调查措施要怎么审查？经“谁”批准？若参考逮捕,其一般不得超过 2 个月,不同特殊情形下可经批准延长 1 个月、2 个月或更长,所谓“更长”就需要最高人民检察院提请全国人大常委会批准延期审理。

(二)调查活动的执行操作

对于调查措施的执行机关、执行人员、执行程序和执行地点等问题,都要在具体条款中加以明确。比如,执行机关,是监察委员会自己执行,还是公安机关执行？在执行人员方面,需要几人执行？是否要求现场有人民检察院、人民法院人员或见证人？就执行程序而言,执行前是否应出示、怎样出示有关证件和批准文件？至于执行地点,是当场执行,还是带到批准的场所执行？以留置措施为例,其涉及限制公民人身自由,这些执行问题直接或间接影响被留置者的权益。比如,留置应当由监察委员会自行执

---

① 秦前红:《监察体制改革的逻辑与方法》,载《环球法律评论》2017 年第 2 期。

② 童之伟:《对监察委员会自身的监督制约何以强化》,载《法学评论》2017 年第 1 期。

行，还是交由公安机关或人民检察院执行？是否要求两名监委人员同时在场？是否要求其他见证人在场？执行人员未满足要求可否或如何补正？在被宣布留置者是否有权查看甚至以其要求的形式查看执行人员的证件和留置批准程序？如果执行人员未出示且被调查者未要求查看，可否或如何补正？如果被调查者要求查看而执行人员拒绝查看，可否或如何补正？执行的地点是在看守所还是在纪检委常用的“规定的地点”？若未在法定的地点实施留置，可否或如何补正？在哪些情形下，因不合法的留置而取得的证据得以作为非法证据被排除？这些问题都应在具体条款中规定。

（三）调查活动的期限问题

监察委员会调查活动的期限问题涉及 3 个层面，即一般期限、最长期限和折抵刑期问题。其中，第二个层面不局限于延长的时间，还包括经批准延长的适用情形和程序问题。举几个简单的例子，《行政强制法》第 25 条规定，查封、扣押的最长期限是 30 日，情况复杂的经批准可延长 30 日；在刑事强制措施方面，拘传不得超过 24 小时且不得连续拘传，取保候审不得超过 12 个月，监视居住不得超过 6 个月，刑事拘留比较复杂，但最长也不得超过 37 日，逮捕一般不得超过 2 个月，不同特殊情形可经批准延长 1 个月、2 个月或更长（须经全国人大常委会批准），还规定了各项刑事强制措施与自由刑的折抵问题。

监察体制改革后，最优做法是严格监察委员会每项调查措施的一般调查期限、最长调查期限以及是否可折抵刑期。需注意：不同调查措施侵犯公民权利的类别和程度有很大差异，应作分别规定，不宜宽泛地规定整个“调查活动”的期限。

（四）技术侦查与通缉措施

一种观点认为，“尽管全国人大常委会的试点决定没有涉及技术侦查权行使问题，这实际上也应当转隶，改称为技术调查，由监察委员会决定，由公安机关执行”，[①]笔者认为技术“调查”的决定机关和执行机关有待后续商榷讨论，但赞同将职务犯罪的技术侦查权一并转隶至监察委员会的观点。理由有二：其一，从职能与措施的关联性来看，职务犯罪技术侦查本因贪污贿赂犯罪之特殊性应运而生，既已无职务犯罪侦查权，留技术侦查措施何用？其二，在实践层面，贪污贿赂犯罪案件难以达成客观证据与言词证据的印证统一，采用技术手段是收集客观证据必不可少的措施，一定程度说，这也是贯彻客观审查论的需要。

我国《宪法》第 40 条规定“公民的通讯自由和通讯秘密受法律保护”，例外情形是面临“国家安全或者追查刑事犯罪的需要”时，“依照法律规定的程序”，“公安机关或者检察机关”可以检查通信。目前，我国刑事诉讼有关法律对于检察机关适用职务犯罪技术侦查措施作了一些规定，但是仍有一些不完善之处。有学者提出应明确内涵外延、规范实体审查条件、确保执行适用程序正当和保障公民私人权利救济实现等四个角度最大限度地达到职务犯罪技术侦查措施适用与人权保障之平衡。[②] 这一观点和角度与本章所谓规制路径不谋而合，职务犯罪技术侦查职能转隶至监察委员会后，国家监察有关法律或《刑事诉讼法》应明确职务犯罪技术侦查的内涵和可采取的措施，从实体层面明确技术侦查措施的适用条件、从程序层面限制批准机关和批准程序、从执行层面指明执行机关和执行地点，明确监察措施的期限，并辅以技术侦

---

① 陈光中：《制定〈国家监察法〉保障被调查人权利》，载财新网：http://china.caixin.com/2017-03-29/101072187.html，最后访问日期：2017 年 4 月 27 日。

② 参见张云霄、温树飞：《论我国职务犯罪技术侦查措施适用与人权保障之平衡——以与国外职务犯罪技术侦查措施适用比较研究为视角》，载《法学杂志》2014 年第 7 期。

查权的监督办法。

陈光中教授还提出,监察调查中不可避免地会遇到涉罪潜逃的被调查人需要对之进行通缉,因此,我国刑事诉讼法规定的侦查中通缉措施也应当如技术侦查一样转录至监察调查,由监察委员会决定,公安机关执行。本章对此观点持对技术侦查相同的意见,规制路径亦可参考之。

(五)调查活动规制之走向

实际上,光是借鉴现有法律法规、做到以上规制,还远远不够,一个必须解决的关键问题在于明确实体审查的模式与路径:是延续以口供为中心的主观性证据审查模式,还是强化以客观性证据为主的客观性证据审查模式?有学者根据证据内容的稳定性与可靠性程度之差异,将证据分为主观性证据和客观性证据,并得出:前一模式无法有效审查核实案件事实,而后者可以有效地防止并纠正冤假错案。[①] 本章赞同此观点,并提出"变更取证思路"和"优化审查模式"双轨并进,以规制监察委员会调查权的行使和程序。其中,调查活动本身应加强对客观性证据的收集,实体审查则需高度重视对有关客观性证据的审核,落实完善客观性证据审查模式,辅之以无罪推定原则、疑罪从无原则和有效的非法证据排除规则,唯其如此,才有可能避免更多冤假错案的发生。

就侦查权不同的程序性控制模式,曾有学者归纳并认为在既有的法律框架下,侦查权程序性控制的制度远景是建立符合我国国情的司法审查模式。[②] 对于"司法审查"的所谓远景,也有学者

---

① 参见樊崇义:《论客观性证据审查模式》,载《中国刑事杂志》2014 年第 1 期。

② 除了制度远景外,该作者还提出了制度近景:以非法证据排除规则为后盾,与检察监督衔接,建立审前程序检察中心、审判程序法院中心的二阶层控制模式,辅以案例指导、国家赔偿和司法建议等配套制度。参见詹建红、张威:《我国侦查权的程序性控制》,载《法学研究》2015 年第 3 期。

从宪法视野出发，以历史解释和域外比较等多维视角考察其是否违反《宪法》第37条第2款规定的“任何公民，非经人民检察院批准或者决定或者人民法院决定，并由公安机关执行，不受逮捕”。该学者将该条款定位于“限制条款”而非“授权条款”，认为“如果刑事科学的研究认定，只由法院来决定逮捕，采纳‘司法令状主义’，能够更好地保护人身自由，则此种主张当然绝无抵触《宪法》第37条人身自由条款之虞”，由此认为无须修宪即可将逮捕权改由法院统一行使。[①] 有学者驳斥之，认为此项改革非经修宪不可完成；亦有学者认为，批捕权收归法院统一行使乃合理选项，宪法修改不应成为阻止改革的理由。笔者认为，对象限缩于职务案件，该模式或者说主义的一些观点值得深思，如侦查程序控制归于检察机关或审判机关还是二阶层共享？司法审查模式适用于我国权力一元结构背景的远期可能？非法证据排除规则在技术困境和政治等因素影响下何以真正保驾护航？更深一步地说，在现有的政治结构下，即便批捕权归法院，于司法正义而言也未必是一个帕累托改进。故笔者始终认为，没有民主制度的进步，则法治的进步其实不过是一种虚幻的梦境。

四、结语

应注意的是，本章框定于调查活动同时兼有行政和司法属性，应该说，至少在涉及犯罪调查时要定位在刑事犯罪领域，但断言职务违法违纪行为调查性质为时尚早，若采取分阶段厘清性质并定位后者于行政权，则若能解决本章所列问题，本章将依然有价值。该

---

① 参见张翔：《逮捕权配置与宪法相关条款的释义》，载《法制日报》2013年5月22日，第12版。值得注意的是，该文章作者亦注明，该文仅为从宪法解释角度说明逮捕权专属于人民法院的改革方案，大体可容纳于《宪法》第37条第2款的目的和文义之中，并无对该改革方案作价值判断之意。

预设乃不得已为之,困境在于我国立法现状对法律正当程序之忽视。故文末复言:凡构成实际基本权利之限制,都应接受正当程序规制。

监察委员会调查活动宜纳入法治轨道,并入《宪法》第135条制约机制之中,接受国家监察有关法律和《刑事诉讼法》双重规制,具体条款规定在何处,有3种不同路径,都有其合理性,立法机关应斟酌不同路径之利弊。具体建构上,可借鉴已有立法经验,从立法目的、原则和具体规则3方面构建监察体制改革后职务案件调查(侦查)程序的法律规制体系。监察体制改革应当在加强反腐效能和保障公民基本权利之间寻找价值平衡,接受法律监督,保障犯罪嫌疑人和其他参与人广泛的辩护权利,转隶职务案件技术侦查权至监察委员会,在实体审查、程序审查、执行操作、期限等方面具体规范监察委员会的调查活动。此外,本章还基于职务犯罪案件"调查—起诉—审判—执行"程序,质疑了调查之后单设"侦查"程序的荒谬,假设并分析了调查之前增设"初查"程序的多种可能。

重大改革要于法有据,"良性违宪"话题尚有争议,目前而言可肯定的是:国家监察体制改革是事关全局的重大政治体制改革,要"积极稳妥、依法有序进行",[①]故修法当慎之又慎;然则改革时不我待,如何借2018年全国人大会议之机,尽快研究出符合我国国情的监察法并修改有关法律法规以配套改革,乃至是否需修改现行宪法国家机构等条款,以赋予本轮改革以更多意义的正当性,都是亟须解决的问题。

监察体制改革不可避免打破了我国现有以《刑事诉讼法》为

---

① 《全国人民代表大会常务委员会关于在北京市、山西省、浙江省开展国家监察体制改革试点工作的决定》,载《人民日报》2016年12月26日,第4版。

中心的职务犯罪侦查规范体系,同时其调查活动又不可避免涉及限制公民财产权和人身自由等多项基本权利,将调查活动和程序纳入法治轨道应无异议,问题在于如何规制。

第十四章　国家监察制度与其他监督制度

国家监察体制改革是国家监察制度的顶层设计,这样事关全局的重大政治改革势必会牵一发而动全身,对既有的政治体制和权力运行机制产生深刻影响。[①] 作为法律监督机关,检察机关在监察体制改革中所受影响尤为明显,对这种影响进行理论分析,有利于降低改革风险,厘清各种权力的属性与边界,促进各个机关在监察体制改革后的衔接与配合。而审计机关在试点改革中则出乎意料地没有整合到国家监察体系之中,个中原因如何,也值得从宪理上予以充分研析。除此之外,人大司法监察与检察机关法律监督的衔接也是一个不容忽视的问题。

---

① 参见秦前红:《困境、改革与出路:从“三驾马车”到国家监察——我国监察体系的宪制思考》,载《中国法律评论》2017 年第 1 期。

一、国家监察制度与检察制度

(一)国家监察体制改革对检察机关的冲击

1.检察机关宪法定位及检察权的权力属性需要重新厘清

监察委员会的设立引起了检察机关职能的改变和调整,现实中检察权配置的动态变化实质反映了一定时期对检察权的权力属性及检察机关宪法定位的认识,因而在监察体制改革中需重新厘清检察机关宪法定位及检察权的权力属性。长久以来围绕这一命题理论界及实务界展开过广泛讨论,基于"检察一体"的权力行使方式,侦查权与公诉权行使之主动性,一种观点将检察权定性为行政权。而基于检察机关广泛参与司法活动,检察官自身独立性与中立性,另一种观点将检察权定性为司法权。上述两种观点均无法支持现实中检察机关不同性质监督手段的多元性,亦无法解释理论层面检察权自身属性的多重特征。理论界通过规范分析的方法,以《宪法》第129条规定为依据,将检察权区别行政权与司法权,单独定性为法律监督权的观点后来逐渐成为主流。这一观点从检察院法律监督机关的宪法定位出发,强调检察机关公诉、侦查、侦查监督、审判监督及执行监督所有职能都应该统一到法律监督权的属性中来。以检察院法律监督权主体唯一性、手段专门性、对象特定性的特征,区分了其与人大监督、党内监督、社会监督等其他监督权,并将其他监督方式定义为"监督法律的行为"而非法律监督权的行使。这一观点间接适应了检察权多重性质的特征,也符合现行《宪法》《检察院组织法》的文本意涵,然而随着监察委员会设立及其职权的逐步明晰,这一观点同样需要被再次反思。在国家监察体例改革中,人民检察院查处贪污贿赂、失职渎职以及预防职务犯罪等部门的相关职能将整合至监察委员会,意味着原先具有法律监督权属性的一部分监督职务犯罪的职能将移转至监察委员会。这种检察机关法律监督职能移转与上述理论中检察机关法律监督主体唯一性、手段专门性特征不符,随着检察机关原先具备的法律监督职能的分解,检察机关是否仍为宪法上唯一的法律监督机关同样值得反思。此外,即使说将检察机关职务犯罪侦查职能移转而保留其侦查监督职能,实现了侦查与侦查监督的分离,充分体现了检察权配置强调监督属性的趋势,那么未来检察权配置中又应该如何处理公诉权与刑事诉讼监督权之间的张力呢?

2. 监察委员会调查职责的属性及与检察机关职能的衔接

检察机关查处贪污贿赂、失职渎职以及预防职务犯罪等部门的相关职能将整合至监察委员会。上述检察机关反腐部门最重要的职能无疑是针对职务犯罪的侦查权,此次职能整合似乎意味着监察委将承担检察机关职务犯罪的侦查职能,但决定所具体明示的国家监察委员会职责中只有调查而非侦查。监察委员会调查职责的属性值得思考,它不但宏观影响监察委员会在政治体制中性质与地位,也微观影响着改革后检察机关与监察委会间职能的衔接。如果监察委员会调查权就是检察机关职务犯罪的侦查权,那么监察委员在监督执法中与检察机关工作衔接可以直接参考当前刑事诉讼中检察机关与公安机关之间的诉侦关系,即检察机关对监察委的调查权启动行使立案监督,对调查权行使全过程进行侦查监督,对其移交起诉的案件是否符合起诉条件进行诉前监督。如果监察委员会调查权并非是检察机关原先职务犯罪的侦查权,那么这种调查职责的属性究竟是什么,是类似人大制度中特定问题的调查权,还是具有纪律属性的纪律检查权,抑或是一种新的监督执法权。调查职责的不同属性,将直接决定检察机关是否可以参考现有刑事诉讼规则对其进行必要的监督,也将影响诸如调查获取的相关证据是否可以直接成为诉讼证据等诸多与检察机关职能衔接问题。

3. 人民监督员制度体系和监督职能面临调试和改革

人民监督员制度是人民群众有序参与司法渠道，健全和完善检察权依法独立行使的外部监督制约机制。党的十八届三中、四中全会强调加强人民监督员制度建设，明确其监督重点为检察机关办理职务犯罪的全过程。依据司法部会同最高人民检察院出台《人民监督员选任管理办法》，以及最高人民检察院出台《关于人民监督员监督工作的规定》两个文件，我们能够清楚地看到人民监督员制度适用范围是检察机关办理直接受理立案侦查案件工作中存在的 11 种情形。随着监察委员会的设立，及其对检察机关在反腐败特别是反贪机构和职务犯罪预防机构的职能的整合，以形成对检察权运行外部监督为初衷，且主要监督检察机关办理职务犯罪的人民监督员制度必然需要面临调试和改革。目前来看，有 3 种方式可以采取且各具优劣。

一是将检察机关中的人民监督员制度并入监察委员会中，并维持现有人民监督员制度的监督范围。

这种方式意味着，将检察机关原先负责人民监督员工作的机构和人员将一并划入监察委员会，维持人民监督员制度的监督范围即针对办理职务犯罪，只是将人民监督员制度实践中涉及检察机关的部分全部调整为监察委员会办理职务犯罪的相关部门。而其他如人民监督员制度的启动、人民监督员制度的适用范围，以及人民监督员评议复议制度皆可遵循既有的人民监督员制度规定，由监察委员会通过制定相关规范性文件或者通过制定《监察法》进行确定。这种方式优点在于尊重了人民监督员制度既有的实践经验，现实容易操作避免制度变革带来的不确定性，且有机会借助监察委员会立法契机将人民监督员制度通过立法加以确定。

二是将检察机关中的人民监督员制度并入监察委员会中，将其监督范围扩大到监察委员会所有监督行为。

不同于第一种方式，这种方法在将检察机关原先负责人民监督员工作的机构和人员将一并划入监察委员会的同时，扩大了人民监督员制度的监督范围，即不仅针对监察委员会办理职务犯罪的行为进行监督，而且扩展到对监察委员会所有监督行为进行监督。监察委员会的设立整合了反腐资源，提高了反腐效率。与此同时我们也应当看到，监督职能如此集中的一个机构在其职能形成和扩张过程中，自身也应当收到必要的监督和制约。除了来自纪委的内部监督外，人大及社会公众的外部监督同样不可或缺。这种方式丰富了新形势下人民监督制度的内涵，有利于通过社会公众对监察委员会形成必要权力制约。缺点在于人民监督员制度将面临职能调整和重新设计，由此也会产生较大不确定性。

三是维持检察机关人民监督员制度不变，将其监督范围调整为检察机关除职务犯罪外的其他法律监督活动。

这种方式意味着检察机关中原先负责人民监督员工作的机构和人员均保持不变，而将人民监督员制度的监督范围调整为检察机关除办理职务犯罪外的其他法律监督活动。这种方式适应了监察委员会对检察机关反贪、反渎职能的整合，同时也尊重了目前人民监督员制度实践经验。缺点在于与人民监督设计初衷相违背，即针对检察机关查办职务犯罪案件过程中容易出现问题、外部监督环节相对薄弱的环节而设立。此外，人民监督员制度在实践中的成熟度，以及人民监督员自身履职能力是否能够支持其全面进入刑事诉讼活动是值得论证和思考的。

4. 检察机关职能机构及工作重心面临调整和转变

随着监察委员会的设立及其职权逐步明晰，检察机关的职能机构及工作重心面临调整和改变，人民检察院查处贪污贿赂、失职渎职以及预防职务犯罪等部门的相关职能将整合至监察委员会。虽然上述决定只涉及职能的整合而并未具体明确如何进行机构撤并和人员转隶,但是检察机关中相关部门的职能和机构必将面临调整。由于检察机关内部各部门相互配合,除了决定明确提出的查处贪污贿赂、失职渎职以及预防职务犯罪的部门外,与上述部门在监督职务犯罪过程中业务衔接的其他部门同样面临机构调整或职能增减,包括负责查办和预防刑事执行过程中职务犯罪的刑事执行检察部门、受理和查办涉及职务犯罪各类控告、申诉和举报案件的控告申诉部门、以及为职务犯罪查办提供涉及技术性问题的证据进行审查或鉴定工作的检察技术部门。一直以来检察机关侦办职务犯罪是检察机关法律监督工作的重点,也是检察机关树立其法律监督权威性的抓手。随着反腐职能的移转,可预见的是检察机关工作重心也将随之改变,检察机关将更多地发挥其公诉权、审判监督权等其他法律监督职能,从而维持其自身的职能与价值。①

5. 司法体制改革中的关于检察机关的部分改革内容需要重新调整

随着监察委员会的设立及其职权逐步明晰,司法体制改革中的关于检察机关的部分改革内容可能熔断或需重新调试。这些改革内容主要是加强和创新检察机关反腐职能建设的司改内容,因检察机关反腐职能的移转而需要重新调整。例如,依据最高人民检察院发布的《关于深化检察改革的意见(2013—2017年工作规划)》,检察机关在司法体制改革中的重点任务有“健全反腐败法律监督机制,提高查办和预防职务犯罪的法治化水平”,而这其

---

① 参见童之伟:《对监察委员会自身的监督制约何以强化》,载《法学评论》2017年第1期。

中又涵盖了推动反腐败制度建设、加强查办职务犯罪规范化建设、加强查办和预防职务犯罪能力建设等一系列改革措施和制度创新。除此之外,随着监察委员会的出现,原先公检法分工负责、互相配合、互相制约权力运行机制被改变,如何实现上述机关与监察委员会制度的衔接将是司法体制改革不可回避的新命题,因而如《"十三五"时期检察工作发展规划纲要》中提及的"构建新型诉侦、诉审、诉辩关系"的司改内容,势必因为监察委员会缺位而将面临调整和改变。

(二)国家监察制度下监察权与检察权的关系

如前所述,国家监察体制改革作为一项重大政治改革牵一发而动全身,将对我国既有的国家权力结构和权力运行机制产生重大的影响。检察院查处贪污贿赂、失职渎职以及预防职务犯罪等部门的相关职能被整合至监察委员会,因此,可以预见,检察机关在国家监察体制改革中所受到的影响将十分明显和深刻,监察委员会自诞生之日起就注定与检察院发生千丝万缕的联系。监察委员会的职权如何规范运行、检察机关与监察委员会如何衔接等均是关系改革试点工作成败的重要问题。在监察体制改革的大背景下,检察制度自身如何改革和发展亦是必须面对的问题。然而,"在宪法上,每个国家机构都有明确的性质与功能",任何政治改革,以及必然伴随的具体制度设计都应当遵循这一宪法原则。[①] 因此,要解决这一改革和创新中的具体问题,必须先从理论上厘清国家监察权的属性和监察委员会的法律定位,并重新思考职能整合后的检察权性质以及检察机关的宪法定位。

---

① 韩大元:《论国家监察体制改革中的若干宪法问题》,载《法学评论》2017年第3期。

1. 基础概念:权力制约、监督与制衡

我国《宪法》第 129 条明确了检察院的法律定位是“国家的法律监督机关”,因此,长期以来关于检察权性质的争论形成了一个相对主流的意见,即检察权属于法律监督权。然而,监察体制改革的顶层设计使人们不得不重新思考检察机关的宪法定位和检察权的性质。监察委员会的出现打破了检察机关作为国家法律监督机关的唯一性,丧失了这个唯一性的检察机关继续坚守“国家的法律监督机关”这一宪法定位难免会受到正当性质疑。在判断国家监察权的性质和监察委员会的法律定位,以及检察权的性质和检察机关的法律定位之前,需要先界定几个基础概念:权力制约、监督与制衡。

无论是监察体制改革本身,还是改革引起的探讨和思考,全都围绕着一个关键词“权力制约”。对权力进行有效制约不仅是现代政治文明的必然要求,也是依法治国的核心要义,更是监察体制改革的根本目标。什么是权力制约?“从宪制控权的角度来理解和分析,‘制约’概念包含三层含义:一是控制,二是约束,三是阻止。”①“权力制约指以社会各种控制手段规范公职权力的合理界限的一切活动”,这些控制手段必然表现为一种权力,因此,权力制约实质上是“以权力制约权力”。② 古今中外,如何实现权力制约都是执政者必须解决的问题,也是政治学、管理学、法学等诸多学科重点研究的对象。然而,无论是理论界还是实务部门,往往混用“制约”“监督”和“制衡”这 3 个概念。要厘清监察权和检察权的性质,进而明确国家监察委员会和检察院的宪法定位,就必须先区分“制约”“监督”和“制衡”背后所蕴含的制度逻辑。

---

① 侯志山、侯志光:《行政监督与制约研究》,北京大学出版社 2013 年版,第 52 页。
② 林喆:《权力腐败与权力制约》,法律出版社 1997 年版,第 160 页。

从层级上看,权力制约应当是监督和制衡的上位概念。也就是说,权力制约包括对权力实施监督和制衡两种方式。监督是指由专门的监督机构对其他国家权力行使的过程和结果进行监察和督促。监督最根本的特点在于监督权独立于被监督的权力。这种独立性体现在3个方面:其一,监督权是一种独立的权力,从权力性质上不同于被监督的权力;其二,行使监督权的主体独立于被监督的对象;其三,监督权的运行独立于被监督的权力,即监督权的行使遵循自己的程序,不参与被监督的权力运行过程。可见,从本质上讲,监督权是一项不同于且外在于被监督的权力的一项专门权力。"监督模式下权力的结构是单向的,即监督与被监督的关系。"[①]制衡则体现了不同权力之间互相牵制的关系。事实上,"不能把制衡学说等同于'三权分立'。前者是由一种政治、法律思想发展而成的理论学说,后者则是运用这一理论学说所确立的国家政治体制"。[②] 所以,不能将权力运行的技术规则等同于国家政权架构,过分夸大其政治性,而忽略其科学性。在我国人民代表大会制度下,制衡体现的是权力主体之间的"分工负责,互相配合,互相制约",从而"保证准确有效地执行法律"。[③] 由此可见,所谓制衡即制约平衡的"典型特征就是在工作流程中给相互没有隶属关系的工作伙伴设置制度性关卡或限制,符合标准就放行,否则不予放行"。[④] 制衡的本质在于不同权力主体在同一事项中的共同参与和

① 夏正林:《权力制约中的监督与制衡》,载《检察日报》2017年2月22日,第7版。

② 曾龙跃:《制衡学说与检察机关的法律监督职能》,载孙谦、刘立宪主编:《检察论丛》(第1卷),法律出版社2000年版,第35~36页。

③ 我国《刑事诉讼法》第7条关于"人民法院、人民检察院和公安机关进行刑事诉讼,应当分工负责,互相配合,互相制约,以保证准确有效地执行法律"的规定,正是权力制衡在刑事诉讼中的体现。

④ 童之伟:《对监察委员会自身的监督制约何以强化》,载《法学评论》2017年第1期。

相互牵制,其中一个主体的行为可以影响整个活动的走向或者结果,各个权力主体之间是交互的关系。正因为制衡机制的存在,每个国家机关行使权力都不能肆意妄为,这在客观上能够起到监督权力运行的效果。然而,一种权力的行使能够起到监督的效果并不等于这种权力就是监督权。例如,法院的行政审判也能起到监督行政机关依法行政的效果,但这并不意味着法院的审判权属于监督权。

监督与制衡各有其优势与劣势。概言之,监督是单向的、高效率的,但是永远存在谁来监督监督者这一难题。制衡是双向的、稳定的和刚性的,但是必然在一定程度上牺牲效率。无论分权与制衡理论和社会主义监督原则对该问题之论述差异何其大,有一点共性不容置疑:权力制约原则乃宪法基本原则。厘清权力制约、监督与制衡这 3 个概念的目的,是为准确界定监察委员会和检察院的权力属性、职能以及宪法定位提供必要的理论基础。毕竟"设立监察委员会既是事关全局的重大政治改革,也是国家权力结构改革的重大举措"。[①] 无论是监察委员会还是检察院,其核心使命都在于规范权力运行,防止公权力滥用。然而,公权力不仅强大,而且行使的方式多样,因此,以权力制约权力也不能依赖单一的主体、固守单一的途径。正如韩大元教授所说:"对公权力的制约不能以单一机制来完成。"[②]唯有将监督机制和制衡机制相结合,方能构建完善的权力制约机制。同时,只有理顺权力制约体系中的监督机制和制衡机制的关系,让监察委员会和检察院各归其位、各司其职,才能实现二者职能的良好衔接。

---

① 李永忠:《权力结构改革与监察体制改革》,载《国家行政学院学报》2017 年第 2 期。

② 韩大元:《论国家监察体制改革中的若干宪法问题》,载《法学评论》2017 年第 3 期。

2. 监察委员会的法律定位及监察权的性质

在国家监察体制改革试点工作开展之前，我国的权力制约体系主要是在纪委的主导下，由行政监察、检察监督和司法监督三个部分组成。[①] 然而，这套权力制约体系中的各种机制在运行中暴露出了各自的局限。概言之，“主要问题是同体监督乏力，异体监督缺失，党纪国法断层，监察资源分散，对象难以周延等”。[②] 为了解决纪委监督对象狭窄、行政同体监察低效乏力、检察监督公信力缺失、司法监督具有被动性等问题，国家决定开始实施监察体制改革。从《决定》的内容来看，监察委员会全盘接收了行政监察部门的职权，以及检察院查处贪污贿赂、失职渎职和预防职务犯罪等部门的相关职能。等这一改革正式全面铺开以后，从监察部到各级人民政府的监察厅（局）、预防腐败局都将被撤销，检察院的机构人员也将面临重大调整。这一切说明，“监察体制改革的实质在于国家监督监察权的重新配置”。[③] 鉴于此，有学者认为“监察委员会的属性定位是监察体制改革的首要问题”。[④] 马怀德教授则呼吁，应当将明确监察机关的法律定位与运作机制作为制定我国《监察法》

---

① 行政监察和检察监督是权力制约机制的重要组成部分基本没有争议。法院对行政权的司法监督主要通过对行政案件的审判来实现。1989 年我国《行政诉讼法》第 1 条规定：“为保证人民法院正确、及时审理行政案件，保护公民、法人和其他组织的合法权益，维护和监督行政机关依法行使行政职权，根据宪法制定本法。”2014 年该条修订为：“为保证人民法院公正、及时审理行政案件，解决行政争议，保护公民、法人和其他组织的合法权益，监督行政机关依法行使职权，根据宪法，制定本法。”可见，监督行政权依法行使始终是行政审判的目的之一，而 2014 年修订后的我国《行政诉讼法》不再提司法对行政权行使的维护职能，更加突出了监督功能。

② 秦前红：《困境、改革与出路：从“三驾马车”到国家监察——我国监察体系的宪制思考》，载《中国法律评论》2017 年第 1 期。

③ 秦前红：《国家监察委员会职能地位亟需宪法明确》，载《财经》2016 年第 34 期。

④ 魏昌东：《国家监察委员会改革方案之辨正：属性、职能与职责定位》，载《法学》2017 年第 3 期。

的首要任务。[①]

根据来源的不同,目前对监察委员会属性和定位的表述大致可以分为两类。一类是官方表述,即监察委员会是“党统一领导下的国家反腐败工作机构”。[②] 另一类是理论观点,主要有“党统一领导下的国家反腐败工作机构”“独立于一府两院的新型监察机关”“履行监督执法职能机关”以及“与行政机关和司法机关平行的执法监督机关”。[③] 官方文件对监察委员会定位的表述是基于深化国家监察体制改革的目标,理论观点则更多地基于监察委员会的职能。这些表述分别从不同的角度揭示了监察委员会的属性,笔者于本章中是基于构建多元权力制约机制的目的,在国家权力结构中思考监察委员会的定位及监察权的双重属性。

我国既有的国家权力体系中并没有国家监察权,要明确这项权力的性质只能从多方面进行分析。从权力来源来看,这项权力是从行政权和检察权中剥离出来的,显然它兼具行政权和检察权的属性,[④]在某种意义上是一种“师出多门”的权力。[⑤] 从监察事项范围来看,监察委员会不仅监督检查公职人员依法履职、秉公用权和廉洁从政情况,还监督其道德操守情况,而这是属于党纪调整的范畴。从职责构成来看,监察委员会履行监督、调查、处置职责,其

---

① 参见马怀德:《〈国家监察法〉的立法思路与重点》,载《环球法律评论》2017 年第 2 期。

② 姜洁:《中办印发〈关于在北京市、山西省、浙江省开展国家监察体制改革试点方案〉》,载《人民日报》2016 年 11 月 8 日,第 3 版。

③ 参见韩大元:《论国家监察体制改革中的若干宪法问题》,载《法学评论》2017 年第 3 期;马怀德:《国家监察体制改革的重要意义和主要任务》,载《国家行政学院学报》2016 年第 6 期。

④ 这里所述的是形式意义上的权力来源。在实质意义上,我国一切国家权力都来源于人大。

⑤ 参见秦前红:《国家监察委员会职能地位亟需宪法明确》,载《财经》2016 年第 34 期。

中尤为引人关注的是调查权。陈光中先生认为这里的调查应当包含两大部分："一是针对违反党纪和行政法规的一般调查；二是针对职务犯罪的特殊调查，相当于原来的职务犯罪的刑事侦查。"[①]违纪调查和违规调查则具有执纪和行政的权力属性。从履职措施来看，监察委员会可以采取"谈话、讯问、询问、查询、冻结、调取、查封、扣押、搜查、勘验检查、鉴定、留置等措施"。谈话通常是一种诫勉手段，讯问、询问、查询、调取、勘验检查、鉴定是常见的调查取证手段，冻结、查封、扣押、搜查、留置则属于强制措施。尤其是"留置"这一新措施，其诞生的初衷是替代纪委的"双规"和"双指"，但又不同于行政拘留和刑事拘留。仅《决定》中确定的履行监察权的措施和手段就涵盖了行政权、检察权、司法权的行使方式。由此可见，监察权具有综合性和混合性。[②] 因此，按照那种一定要将某种国家权力归属于行政权、立法权或者司法权之一的传统思维习惯，的确无法为监察权进行准确的定性。[③]

事实上，判断一种权力的属性，不仅要考虑权力划分的基本理论，更要考虑国家的根本政治制度和宪制结构。我国实行人民代表大会制，在根本上不同于西方的两院制和三权分立的权力架构。"我国宪法所设计的国家权力结构是以国家机构为中心，而不是以国家权力的性质为核心"。[④]《决定》规定："试点地区监察委员会

① 陈光中：《关于我国监察体制改革的几点看法》，载《环球法律评论》2017 年第 2 期。

② 参见韩大元：《论国家监察体制改革中的若干宪法问题》，载《法学评论》2017 年第 3 期。

③ 张千帆教授认为：从根本上说，政府职能主要限于立法、执法与司法三种，无论这三种权力之间关系如何，任何国家的政府都必然具备这三种形式的权力及其某种方式的分工。参见张千帆：《宪法学导论——原理与应用》（第 3 版），法律出版社 2014 年版，第 287 页。

④ 莫纪宏：《论我国司法管理体制改革的正当性前提及方向》，载《法律科学》2015 年第 1 期。

由本级人民代表大会产生。监察委员会主任由本级人民代表大会选举产生;监察委员会副主任、委员,由监察委员会主任提请本级人民代表大会常务委员会任免。监察委员会对本级人民代表大会及其常务委员会和上一级监察委员会负责,并接受监督。"可见,改革者的意图是将监察委员会塑造成与政府、法院和检察院并列的、由人大产生并对人大负责的国家机关。监察体制改革将使稳定多年的人大之下"一府两院"的结构转变为"一府两院一委"的新结构。因此,监察委员会的法律定位应当是平行于"一府两院"的专门行使监察权的国家机关。随着监察委员会这一新型国家机构的诞生,监察权也随之"升格"为有别于立法权、行政权和司法权的独立的国家权力。有学者将之称为"现代公共权力'第四权'"。①

如前所述,监督最根本的特点在于监督权独立于被监督的权力。无论是监察权的属性,还是监察委员会的宪法地位,抑或是监察权的行使方式,都具备了独立性的特点。由此可见,监察委员会拥有的"集党纪监督、行政监督与法律监督权于一体"的监察权属于监督权的范畴,国家监察委员会属于监督机关。② 既然监察权属于监督权,由监督权自身的特点所决定,在改革试点探索和后续的制度设计中必须考虑两个方面的问题。其一,如何提高监督者的专业素质和监督能力。权力监督是外部监督,监督者是特定的,而被监督对象则遍及各个领域,这就必然对监督者的专业素质和能力提出很高的要求,既要熟悉监督权的行使,又要熟悉被监督者的业务特点和权力运行模式,否则,将要么因为"技不如人"而无法实现有效监督,要么矫枉过正而对被监督者的正常工作造成干涉甚

---

① 魏昌东:《国家监察委员会改革方案之辨正:属性、职能与职责定位》,载《法学》2017年第3期。

② 韩大元:《论国家监察体制改革中的若干宪法问题》,载《法学评论》2017年第3期。

至出现权力越界。其二,如何实现对监督者的监督。监察权作为一种综合性的、高效而强大的权力,其滥用会造成非常可怕的后果,因此,它也应该受到制约。

3. 职能整合后的检察院与检察权

在我国,关于检察权的性质,历来争议不断。代表性的观点有"行政权说""司法权说""双重属性说""法律监督权说"等。① 宪法将检察院定位为"国家的法律监督机关",因此,将检察权定性为法律监督权的观点占据了相对多数。这一观点从检察院的宪法定位出发,主张检察机关的一切职能都应该统一到法律监督权的属性中来。"检察机关作为法律监督机关的'专门'性则主要表现为监督主体的专门性和监督手段的专门性。"②虽然我国检察权性质的争议似乎渐渐淡去,但是监察体制改革再次"吹皱一潭春水"。检察机关反贪污、反渎职和预防犯罪相关职能整合至监察委员会所导致的直接后果就是检察机关丧失了其监督主体的唯一性和监督手段的专门性,继而引发了检察机关是否还是法律监督机关以及检察权是否还属于监督权的质疑。人们开始重新思考检察机关的宪法定位以及检察权的权力属性。有的学者认为由于检察机关的几乎所有权力皆与公共利益相关,因此应将检察机关重新定位为公共利益的守护者,检察权则是检察机关基于保护公共利益之需要,而向司法机关提起诉讼请求及为实现该诉讼请求而行使的一

① 参见陈卫东:《我国检察权的反思与重构——以公诉权为核心的分析》,载《法学研究》2002 年第 2 期;吴建雄:《检察权的司法价值及其完善》,载《中国刑事法杂志》2011 年第 10 期;龙宗智:《论检察权的性质与检察机关的改革》,载《法学》1999 年第 10 期;石少侠:《论我国检察权的性质——定位于法律监督权的检察权》,载《法制与社会发展》2005 年第 3 期。

② 韩大元:《坚持检察机关的宪法定位》,载《人民检察》2012 年第 23 期。

系列权力的总称。[①] 有的学者立足于职务犯罪侦查权转隶的现实和公诉权与诉讼监督权的异质同构性，主张将检察机关重新定位为公诉机关与诉讼监督机关。[②] 当然，也有人认为国家监察体制改革并不改变检察机关作为国家的法律监督机关的属性，除非有进一步的体制变革，否则检察机关仍然是国家的法律监督机关。[③] 显然，我国学者的学术观点之间存在巨大的分歧，但这也从侧面证明了重新界定检察权的属性和检察院的职能定位具有重要的理论价值和现实意义。

以公共利益为理论基础来界定检察院的法律定位和检察权，显然没有抓住问题的本质。行政权同样以保护和实现公共利益为目的，甚至更加直接，以行政许可、国有土地上房屋征收等常见的行政行为为例，无一不是有关法律明文规定以维护公共利益为必要前提。正因如此，有学者明确提出行政法在本质上就是以公共利益为本位的法。[④] 此外，司法机关和军事机关等国家机关，其职权的行使归根结底都是为了公共利益。因此，保障和实现公共利益是检察机关的价值追求，但并不是检察权区别于其他国家权力的根本属性。

将检察机关定位为公诉机关和诉讼监督机关的观点的主要理由在于职务犯罪侦查权是检察机关最具刚性和监督属性的权力，是我国宪法将检察机关定位为“国家法律监督机关”的主要根据和重要支撑，因此，侦查权的剥离直接导致检察院失去法律监督机关

---

① 参见陈冬：《监察委员会的设置与检察权的重构》，载《首都师范大学学报》（社会科学版）2017 年第 2 期。

② 参见胡勇：《监察体制改革背景下检察机关的再定位与职能调整》，载《法治研究》2017 年第 3 期。

③ 参见王玄玮：《国家监察体制改革和检察机关的发展》，载《人民法治》2017 年第 2 期。

④ 参见叶必丰：《行政法的理论基础问题》，载《法学评论》1997 年第 5 期。

的地位。[1] 姑且不谈这种观点的结论正确与否,笔者认为其理由就存在错误。

首先,职务犯罪侦查权可以被视为检察机关最具刚性的权力,但并非最具监督属性的权力。根据我国《人民检察院组织法》和我国《刑事诉讼法》的相关规定以及近年的检察工作实践,检察院的职能主要包括公诉、侦查、侦查监督、审判监督和执行监督,以及行政监督。"公诉权包括审查起诉、提起公诉、不起诉、撤诉、出庭支持公诉等一系列诉讼权力,是法律赋予检察机关在刑事诉讼中代表国家提起公诉、追究犯罪的专有权力,是检察权的重要组成部分。"[2]检察院可以对直接受理的案件行使侦查权,[3]也可以对公安机关侦查的案件行使补充侦查权。侦查监督包括批准逮捕、对公安机关的侦查行为进行审查决定是否提起公诉。审判监督及执行监督是针对法院的民事、行政和刑事审判以及刑事判决的执行行为进行的监督。行政监督权并非传统意义上的检察权,它是指检察机关在履行职责过程中发现行政机关违法行使职权或者不行使职权的行为,有权通过发出检察建议的方式督促其纠正。随着行政公益诉讼试点的实施以及该制度被正式纳入我国《行政诉讼法》,行政监督权开始成为检察权的重要组成部分。基于检察院是我国的法律监督机关,检察权的性质就是法律监督权这一理论前提,许多人将检察院的上述五种职能都归入了监督权。然而,笔者认为并非如此。公诉、侦查和侦查监督都是围绕刑事诉讼而开展的,这几项职能有共同的特点,即检察院都是作为一方主体参与到

---

① 参见胡勇:《监察体制改革背景下检察机关的再定位与职能调整》,载《法治研究》2017 年第 3 期。

② 谢鹏程:《论检察权的结构》,载《人民检察》1999 年第 5 期。

③ 检察院直接受理的案件包括贪污贿赂犯罪、国家工作人员的渎职犯罪和国家机关工作人员利用职权实施的特定犯罪案件。

诉讼过程中,任何一个完整的刑事诉讼都必须由包括检察院在内的多个国家机关的行为共同完成,参与其中的任何一个国家机关都可以通过行使各自的职权阻断、终结诉讼进程或者改变诉讼进程的方向。举例来说,对于公安机关侦查终结的案件,检察院经审查认为证据不足的,可以退回公安机关补充侦查,也可以自行侦查。公安机关侦查终结并将案件移送给检察院的目的是希望检察院提起公诉,从而使案件进入审判程序,但是检察院通过对公安机关侦查结果的审查改变了诉讼进程的走向,使案件重回侦查程序。如果案件经过二次补充侦查,检察院仍然认为证据不足,不符合起诉条件,则应当作出不起诉的决定,此举就终结了整个诉讼程序。检察院对自行侦查终结的案件,也是通过提起公诉、不起诉或者撤销案件的方式决定案件进程是否继续以及如何继续。这些显然符合权力制衡的本质特征。因此,有学者指出检察院的上述职权并不属于法律监督权,“都是诉讼中应有的制约机制,属于正常的诉讼程序。这在没有什么法律监督机关的其他国家的刑事诉讼中同样存在”。[①] 可见,检察机关的公诉权、侦查权以及对公安机关的侦查进行审查等权力并不属于监督权,而是刑事诉讼中的权力制衡的体现。进一步地说,检察院对审判行为、刑事判决执行机关及监所机关的执行行为,以及一般行政行为的监督才属于真正意义上的监督权。检察院对审判行为的监督是通过抗诉的方式来进行的,抗诉并不能直接改变法院的审判结果,只能启动再审程序。若发现监狱、看守所等特定行政机关的行为违法,检察院是通知执行机关或者主管机关予以纠正。对于其他行政机关的违法行为,检察院“应当先行向相关行政机关提出检察建议,督促其纠正违法行

---

① 陈卫东:《我国检察权的反思与重构——以公诉权为核心的分析》,载《法学研究》2002 年第 2 期。

政行为或者依法履行职责”，行政机关拒不纠正违法行为或者不履行法定职责，国家和社会公共利益仍处于受侵害状态的，检察院才可以提起行政公益诉讼。[①] 显然，检察院在行使这几项职权时并不直接介入被监督对象的权力行使过程，而是以独立的身份审视被监督者行为的合法性，这恰恰是监督权的本质特征。由此可见，检察院在改革试点中被整合至监察委员会的职务犯罪侦查权并不属于监督权的范畴，而其原有的监督职权全部被保留。更何况，由于监察委员会调查完毕后仍需将案件移送检察院审查起诉，因此，检察院是否应保留一部分职务犯罪侦查权目前尚无定论。[②] 如果检察院因审查起诉的需要而保留部分侦查权，则以丧失侦查权为由否定检察院法律监督机关地位的观点将更加无法自圆其说。

其次，职务犯罪侦查权并非宪法把检察机关定位为“国家的法律监督机关”的主要根据。如何正确理解我国宪法中检察院是“国家的法律监督机关”的含义，韩大元教授撰文进行了详细的解读。[③] 从理论上来讲，职务犯罪侦查权仅仅是检察院作为法律监督机关的“专门”性的表现之一。从实践情况来看，侦查权不过是检察院顺利行使监督权的无形后盾，将其视为检察院作为法律监督机关的主要根据显然是以偏概全。事实上，检察院作为国家的法律监督机关的主要根据在于两点：第一，在我国宪法确定的国家机构体系中，检察机关是在权力机关之下与行政机关、审判机关和军事机关并列的国家机关；第二，检察院的监督对象覆盖了司法权和行政

---

① 参见《检察机关提起公益诉讼改革试点方案》（最高人民检察院 2015 年 7 月 2 日发布）。

② 2017 年 6 月 1 日，《中国纪检监察报》发表《以首善标准完成监察体制改革试点任务——北京开展国家监察体制改革试点工作纪实（上）》，报道了北京市开展监察体制改革试点工作以来首例采取留置措施后移送审查起诉的案件。

③ 参见韩大元：《坚持检察机关的宪法定位》，载《人民检察》2012 年第 23 期。

权的主体,体现了检察机关对司法机关和行政机关职权行为合法性的全面监督。事实上,这两点均未因为检察院的职能整合而受到任何影响。

综上所述,笔者赞同监察体制改革并未改变检察院作为法律监督机关的定位的观点。不过,“检察机关是法律监督机关,但不能以此就得出结论检察权就只是法律监督权,因为检察权是外延远远广于法律监督权的一个概念,检察权是包含有法律监督的权力”。①

4. 监察监督与检察监督的关系

改革以后,监察委员会和检察院的关系自然成为一个不容回避的问题。有人认为“监察委员会就事实上取代检察机关成了真正意义上的法律监督机关”之说。② 有人则提出完全相反的观点,认为“监察委员会的成立,并不改变、更不取代检察机关的法律监督机关地位和属性”。③ 笔者认为,法律监督权并非排他性的权力。韩大元教授指出检察机关虽然是法律监督机关,但不是全面监督法律实施的机关,也没有去“统揽法律监督权”。④ 在完善的权力制约机制中,应当设置多元监督主体和多元监督机制。监察体制改革的目的并不是要剥夺检察院的监督权和法律监督机关的地位,而是要通过新设监察委员会来全方位规范和制约公权力的运行。对于检察院而言,则不妨以监察体制改革为契机,加强和完善自己的监督职能。既然监察委员会和检察院都拥有监督权,那么二者

---

① 王建国:《列宁检察权属性定位理论及其当代价值》,载《湖北社会科学》2012年第2期。

② 胡勇:《监察体制改革背景下检察机关的再定位与职能调整》,载《法治研究》2017年第3期。

③ 王玄玮:《国家监察体制改革和检察机关的发展》,载《人民法治》2017年第2期。

④ 参见韩大元:《坚持检察机关的宪法定位》,载《人民检察》2012年第23期。

是否构成了权力重叠或者冲突呢？仔细分析不难看出，监察委员会的监督和检察院的监督存在诸多不同之处，监察体制改革并非“叠床架屋”的制度浪费。

第一，监督对象不同。从《决定》的规定来看，监察委员会“对本地区所有行使公权力的公职人员依法实施监察”。无论“公职人员”的内涵和外延如何界定，至少可以确定的是，监察委员会的监督对象是自然人，而不是组织。检察院的监督对象则是国家机关，包括司法机关和行政机关。检察院的监督针对的是国家机关的行为，而非国家机关的工作人员。正如研究者所说，在现代国家政治权力结构中，立法权、行政权和司法权属于对事权，此次改革产生的监察权则属于对人权。[①] 监督对象即责任主体，也就是相应法律后果的承担者。一旦公职人员存在腐败行为，则应由其本人承受国家监察委员会对其进行的调查和处置。而检察院发现法院的裁判和行政机关的作为或者不作为违法，则由法院或者行政机关来承担相应的法律后果，即重新审理案件或者作出相应的行政行为。

第二，监督的范围不同。《决定》规定，监察委员会“监督检查公职人员依法履职、秉公用权、廉洁从政以及道德操守情况”。从这一规定可以看出，监察委员会监督的范围涵盖了职务犯罪、一般违法、违反党纪乃至违反道德规范。这一监督范围远远广于其他任何形式的监督。与之相应，监察监督的依据除了法律，还包括党规党纪和无形的道德规范。这说明监察监督遵循的是严格性原则，即对行使公权力的公职人员课以高于普通公民的义务要求。检察监督的范围则是法院的审判活动是否合法，刑事案件判决、裁定的执行和监狱、看守所、劳动改造机关的活动是否合法，以及行

---

① 参见李张光：《关注国家监察体制改革》，载《民主与法制时报》2017 年 1 月 1 日，第 5 版。

政机关的行政执法行为是否合法。检察监督遵循的是有限性原则，只能对监督对象行为的合法性进行监督，而不应干预其合理性；当然，监督的依据也只能是法律，不包括党规党纪，更不包括道德规范。在行政检察监督方面，监督的范围应仅限于具体行政行为，要排除抽象行政行为。[①]

第三，监督方式不同。《决定》规定了监察委员会履行监督、调查、处置3项职权和可以采取的12项相关措施。《决定》毕竟不是法律，因此有学者指出其确立的国家监察机关的监督权限和手段，大多过于抽象，尤其是“处置权有哪些处置形式，是否包括惩戒处分（记过、撤职、降职、开除等）和处理（如调离岗位、责令辞职、移交司法处理等）”。[②] 尽管这些问题最终有待出台我国国家监察法来予以解答，但是，现阶段仍然可以从《决定》的内容本身看出一些端倪。监察委员会对公职人员作出处置决定是在对“涉嫌贪污贿赂、滥用职权、玩忽职守、权力寻租、利益输送、徇私舞弊，以及浪费国家资财等职务违法和职务犯罪行为”进行调查之后。根据调查结果，处置决定可以分为两种：一种是“涉嫌职务犯罪的，移送检察机关依法提起公诉”，另一种虽然没有单独规定，但是可以轻而易举地推断出来，即监察对象的行为已构成违法违纪，但尚未构成职务犯罪，对这种情况，则应由监察委员会自行处置。在监察委员会设立之前，对此类行为的处理方式包括党内纪律处分和行政处分。既然监察委员会全盘吸收了行政监察部门的职能，并且与纪委合署办公，显然也就一并接收了相应的监督方式。由此可以推知，对尚未构成犯罪的公职人员违法违纪行为，监察委员会可以直接作出相关处理决定，这种处置权是实体性的权力，而对涉嫌职务犯罪

---

① 参见湛中乐：《三个层面构建科学的行政检察监督体系》，载《人民监察》2015年第2期。

② 姜明安：《国家监察法立法初探》，载《中国法律评论》2017年第2期。

的监察对象行使的处置权多数情况下是程序性权力,不是最终的处理权。[①] 不过,检察机关的监督方式基本都是程序性的。检察院如果认为法院的判决或者裁定存在错误,其监督的方式是提起抗诉。只是,抗诉启动再审程序后,依然是由法院独立行使审判权对案件重新作出裁判。因此,有学者指出"检察机关的抗诉权在本质上只是一个改判建议权"。[②] 行政检察监督的方式则是通知相关机关纠正违法行为或者发出检察建议,以及提起行政公益诉讼。这些监督方式都是程序性的,即不能直接改变监督对象的行为结果。因此,可以将检察机关称为"程序性"的法律监督机关。检察监督的"程序性"除了体现在检察权必须依法定程序行使,更重要的就在于检察权的行使仅具有程序的意义,而不是具有终局和实体的意义。[③] 众所周知,我国检察制度的形成和发展受苏联检察制度和列宁检察思想的影响颇深,从列宁对检察院作为法律监督机关的解读即可看出其程序性的特点。列宁认为:"检察长的责任是使任何地方政权的任何决定都与法律不发生抵触,检察长必须仅仅从这一观点出发,对一切非法的决定提出抗议,但是他无权停止决定的执行。"[④]

第四,监督的阶段不同。根据《决定》,3 个试点省市人民政府的监察厅(局)、预防腐败局及人民检察院查处贪污贿赂、失职渎职以及预防职务犯罪等部门的相关职能整合至监察委员会。可见,监察委员会的监督不仅包括对职务违法犯罪行为的事中监督和事

---

① 马怀德:《国家监察体制改革的重要意义和主要任务》,载《国家行政学院学报》2016 年第 6 期。

② 李桂茂等:《我国法律监督制度的改革与完善——论"监督法律关系"》,载《中国社会科学》1997 年第 2 期。

③ 韩大元、刘松山:《论我国检察机关的宪法地位》,载《中国人民大学学报》2002 年第 5 期。

④ 列宁:《列宁全集》(第 43 卷),人民出版社 1987 年版,第 196 页。

后监督,还包括事前监督,也就是预防。这就意味着监察委员会对公职人员的监督不受时间限制,实行终身监督。中国共产党十八届四中全会明确提出建立重大行政决策终身责任追究制度,就体现了对行使公权力的人员实行终身监督的政策导向。[①] 中共中央办公厅印发的《方案》提出监察体制改革的最终目标是要“构建不敢腐、不能腐、不想腐的有效机制”,[②]监察监督的终身性正是构建上述机制的必要条件。检察机关的监督通常是事后监督,无论是对法院的审判行为,还是对行政机关的执法行为,都是在监督对象的行为已经做出之后进行监督,在其他国家机关行使权力的行为作出之前,检察机关不得进行预先干预。即便是对行政机关不作为的监督,也是基于行政机关负有作为的法定义务而不履行,这种不作为已经构成了违法,因此检察机关督促其履行也属于事后监督。之所以存在监督阶段的不同,是因为监察监督的对象是自然人,而检察监督的对象是国家机关。从性质上来讲,检察监督是一种国家权力对另一种国家权力的评价,在被监督的权力尚未行使之前即予以评价,就属于权力的越界,事实上会形成法律监督权对其他国家权力的不当干预。

监察监督与检察监督的差异性恰好构成了二者的互补性,这是两者共同构建严密的权力监督机制的前提条件。在尊重监察监督和检察监督各自特点的基础上进行具体制度设计,方能实现二者职能的良好衔接。

5. 结语

检察院对国家工作人员职务犯罪案件自行侦查、自行提起公

---

① 参见夏金莱:《重大行政决策终身责任追究制度研究——基于行政法学的视角》,载《法学评论》2015 年第 4 期。

② 姜洁:《中办印发〈关于在北京市、山西省、浙江省开展国家监察体制改革试点方案〉》,载《人民日报》2016 年 11 月 8 日,第 3 版。

诉这一制度设计一直广受诟病，这种由检察机关对侦查实施一元化监督的中国模式存在重大缺陷，即对自行侦查的监督陷入同体监督的困局。[①] 在监察体制改革试点中，检察机关反贪污、反渎职和预防职务犯罪等部门的相关职能被整合至监察委员会，检察机关相应的侦查权也被监察委员会调查权吸收，检察院就不再对此类案件直接行使侦查权，这在某种程度上破解了上述困局。

监察委员会成立以后，我国将形成一个新的、更全面的权力制约体系。在这个体系中，监察委员会和检察院各司其职，分别从不同的角度和层面，以不同的方式实现对公权力的制约。监察委员会作为专门的反腐机构，对所有行使公权力的自然人行使监察监督权，通过约束权力行使者来实现制约公权力的目的。检察院则通过检察权的行使，一方面以分工合作的方式对其他国家机关的权力进行制衡；另一方面直接对其他国家机关的行为进行监督。此外，从监察委员会的法律地位、组织机构和职权来看，用“位高权重”来形容它应不为过。[②] 因此，对监察委员会自身的权力如何进行监督制约是一个无法回避的问题，《方案》也明确提出要“强化对监察委员会自身的监督制约”。有学者提出应由“其他国家机关对监察委员会的职权行使行为施以必要的制衡。这主要体现在检察机关通过侦查监督权、逮捕批准权等对监察委员会进行监督”。[③] 具体而言，当公职人员涉嫌职务犯罪时，对于监察委员会移送起诉

① 参见刘计划：《侦查监督制度的中国模式及其改革》，载《中国法学》2014年第1期。

② 童之伟：《对监察委员会自身的监督制约何以强化》，载《法学评论》2017年第1期。

③ 秦前红：《监察体制改革的逻辑与方法》，载《环球法律评论》2017年第2期。2017年5月27日，山西省盂县人民检察院完成与盂县监察委员会首例职务犯罪案件对接，职务犯罪批捕权仍由检察院行使。参见《我院完成与盂县监察委员会首例职务犯罪案件对接》，载人民检察院案件信息公开网：http://wx.ajxxgk.jcy.gov.cn/html/20170527/1/5789815.html，最后访问日期：2017年5月31日。

的案件，检察机关仍享有独立的审查和提起公诉的权力，[①]通过在刑事诉讼中的分工来实现检察机关对监察委员会的权力制衡。总之，国家监察体制改革是对我国的权力制约机制的丰富和完善。

当然，另一个问题同样不容回避。改革毕竟改变了既有的国家权力结构和不同国家机关之间的权力分配。检察机关被整合至监察委员会的职能向来被视为检察院的"牙齿"，也一直是检察监督能够得到被监督者充分尊重的"威慑力"。虽然检察机关作为法律监督机关的地位并未发生改变，同时"检察人必须树立正确的履职理念，法律监督并不一定非要以侦查权作为支撑"，[②]"一旦人们可以不受惩罚地不服从，人们就会正大光明地不再服从"。[③] 因此，在监察体制改革全面推行之前，必须要思考检察制度如何发展才能保证检察监督真正发挥实效。

二、国家监察制度与国家审计制度

国家监察体制改革的实质在于实现国家监督机构与职能的整合，优化国家监督权的配置模式。至于如何优化国家监督权的配置模式，此次试点工作的方案是设立监察委员会，作为行使国家监察职能的专责机关，并将政府行政监察、预防腐败和检察院查处贪污贿赂、失职渎职，以及预防职务犯罪等部门的相关职能整合至监察委员会。在中共中央办公厅于 2016 年 11 月印发《方案》之后，便有不少关于监察委员会职权的探讨与争论，其中争论的问题之一即为政府审计部门的审计职能是否有必要并入监察委员会。

---

① 参见陈光中：《关于我国监察体制改革的几点看法》，载《环球法律评论》2017 年第 2 期。

② 王玄玮：《挑战与机遇："监察委员会"时代的检察机关》，载《民主与法制时报》2017 年 1 月 5 日，第 7 版。

③ ［法］卢梭：《社会契约论》，李平沤译，商务印书馆 2015 年版，第 9 页。

笔者以为,审计职能不宜整合至监察委员会,但需实现审计监督与监察监督的有效衔接。因为审计职权的特性与监察机关的属性决定了审计职能不宜整合至监察委员会,即审计职权的行使具有独立性与专业性的特征,若整合至监察机关将致使此般特征遭到减损;加之监察委员会的属性定位乃是反腐败机构,而审计机关的职能却并不限于此。

(一)审计职权整合至监察机关有碍审计独立的实现

设立审计机关是现代公共财政制度的一种制度设置,现代民主国家大多设立了审计机关。现代各国审计体制虽各有不同,但均以保障审计独立为第一原则,独立性被视为审计工作最为重要的特征。最高审计机关国际组织在《利马宣言:审计准则指南》中便指出最高审计机关的独立性,认为审计机关必须独立于被审计单位之外。这是因为审计机关通常属于在经济领域中履行监督职责的机构,而监督的有效进行势必要求监督者保有相对于被监督者的独立地位。我国《宪法》亦有“审计机关依照法律规定独立行使审计监督权”的规定,同时《审计法》更是从组织结构、经费来源、人员产生等3方面对审计独立作了制度设计。此外,党的十八届四中全会审议通过的《中共中央关于全面推进依法治国若干重大问题的决定》亦明确提出“完善审计制度,保障依法独立行使审计监督权”。

当前的审计机关虽属于政府部门,但其并非单纯的行政审计,亦在某种意义上可认为是国家审计。[①] 因为“与本级人民政府财政部门直接发生预算缴款、拨款关系的部门、单位的预算执行情况和决算”亦属于审计监督的范围,如中央纪委、中央组织部、最高人民

---

① 参见程乃胜:《国家审计全覆盖视域中的我国审计法律制度完善》,载《法学评论》2016年第4期。

法院、最高人民检察院、全国人大常委会办公厅等单位的预算执行情况、决算和其他财政财务收支,便被纳入国家审计署的审计范围。如此一来,监察机关亦应属于审计之对象。于此层面而言,若将审计机关及其职权整合至监察机关,将在相当程度上致使审计权的独立行使难以实现;且独立于监察机关之外的审计权,亦将有利于制约监督监察权力。

(二)审计职权整合至监察机关有碍专业审计的达成

通常来说,国家审计是一种专职和专业监督行为,具有很强的专业性、技术性和政策性,对审计人员的专业知识水平和实践技能要求很高,故而审计人员必须具备与从事审计工作相适应的专业知识与业务能力。此外,在我国"八二宪法"制定过程中,便有人主张将审计机关置于全国人大之下,但负责宪法起草的彭真则指出,全国人大"主要是搞立法,搞不了审计"。与此类似地,德日等西方国亦将审计权交由专业人士执掌,而非有立法权的民意代表来掌握。于此层面而言,将审计职权交由审计机关行使更利于其效能与作用的实现和发挥。

与此同时,审计机关所审计的乃是国家财政收支和财务活动,而审计结论的真实与客观,则仰仗于审计机关对财政、财务工作的熟知。在我国的实践中,财政和财务活动大多是由行政机关所执掌,依此逻辑,由隶属于政府的审计部门来进行审计工作亦将有助于专业审计的达成。这也是国家审计署设置有教科文卫审计司、资源环境审计司、交通运输审计局、卫生药品审计局、广电通讯审计局、政法审计局等诸多内设机构和派出审计局的原因。同样地,在我国"八二宪法"制定过程中,有不少意见认为将审计机关置于全国人大常委会之下,但考虑到审计机关需要熟悉被监督单位,特别是熟悉它们的财政、财务开支和经济业务活动是做好审计工作的基本条件,反复考虑之后还是决定将审计机关设在政府之下。

从这个意义上来说，若将审计职能转隶至监察机关，将在相当程度上有碍于审计职权的有效开展，进而致使审计工作面临诸多障碍和困境。

（三）审计职权的效能包括但不限于贪污腐败的治理

国家审计是依法用权力监督制约权力的行为，由于其经济监督的专业优势，使国家审计天然具有反腐败治理功能。审计机关作为专门的经济监督机关，其通过审核检查被审计单位的财政收支、财务收支和有关经济活动，可以揭露出其中存在的违法乱纪、侵占资产和损失浪费等行为。从审计机关发挥的现实作用来看，反腐倡廉也是国家审计的主要成效之一。国家审计监督作为一种制度性设计，几乎覆盖所有财政资金和政府机构，其无疑最有条件发现国家财富被直接侵吞或间接侵占，也最有可能发现和揭露大案要案线索，在国家反腐倡廉建设中发挥着重要作用。由此可见，贪污腐败的治理乃是审计职权极为重要的效能之一，这也是人们主张将审计职能并入监察机关的重要原因。然而，审计职权的效能包括但并不限于贪污腐败的治理，审计机关还承担相当多的反腐之外的职能。例如，参与政府预算编制，进行预算编制审计；财政存量资金审计，揭示存量资金的规模、盘活存量等情况；揭示经济社会运行中的风险隐患，维护国家经济安全。

在当前进行的国家监察体制改革试点工作中，改革者为监察委员会预设的性质定位为反腐败机构。根据全国人大常委会审议通过的《决定》，所欲整合至监察委员会的职能是“人民政府的监察厅（局）、预防腐败局及人民检察院查处贪污贿赂、失职渎职以及预防职务犯罪等部门的相关职能”。这些需要整合的职能有一个共同点，即其皆为专门治理贪腐、整顿吏治而设。故而将此类职能并入监察机关这一反腐败机构自属必要与正当。而与之相对应的是，审计职能虽有贪腐治理的作用，但其亦不乏相当多的财政、金融等领域的效能。因此,若将审计职能整合至监察机关,既与监察委员会的性质定位不相符合,亦将有碍于审计机关其他效能的充分发挥。

(四)加强监察机关与审计机关在反腐败工作中的协作

诚如上述,主张将审计职能并入监察机关的原因之一即为审计是监察的重要手段。但并不能以此证成将审计职能整合至监察委员会具有充分的正当性与合理性,除上述理由之外,还在于权力的制约与平衡,这也是现代法治国家实现分权政制的原因。因为假若将监察所需的所有职能皆整合至监察机关,如审计、侦查、批捕等,势必造成监察机关"位高权重",进而失去必要的监督与制约。鉴于此,将审计职权保留至审计机关,批捕职权保留至检察机关,一则可以防止监察权的过分膨胀,二则可借此对监察权施以制衡。当然,鉴于审计机关是发现国家工作人员重大经济违法违规问题以及贪污贿赂、渎职等职务犯罪案件线索的重要部门,监察机关在履行职责是亦将难免需要借助审计的方法,对此,可于反腐败工作中,在监察机关与审计机关之间建立必要的协作配合制度,以此实现监察监督与审计监督的有效衔接。

其实在国家监察体制改革之前,作为惩治职务犯罪专门机关的检察机关便与审计机关建立起了一定的协作配合机制。早在1990 年 8 月,最高人民检察院与审计署便印发了《关于进一步加强检察机关和审计机关工作联系的通知》,此后,两单位于 2000 年 3 月共同发布了《关于建立案件移送和加强工作协作配合制度的通知》,在 2004 年 11 月最高人民检察院和审计署《关于进一步加强检察机关与审计机关在反腐败工作中协作配合的通知》也印发实施。随着监察委员会的设立,检察机关职务犯罪惩治的职能转隶至监察机关,同时转隶的还有行政监察和预防腐败,加之监察机关与纪委合署办公。鉴于此,有必要在借鉴检察机关与审计机关工作协作配合经验的基础上，建立监察机关与审计机关在反腐败工作中的协调机制。2014 年 9 月印发的国务院《关于加强审计工作的意见》亦明确提出“建立健全审计与纪检监察、公安、检察以及其他有关主管单位的工作协调机制”。简单来说，这一协调机制主要包括工作联系协调机构的建立，信息交流和情况通报，案件线索的移送等。

三、司法监督与法律监督的衔接机制

在国家监察制度被寄予反腐败重任之时，不应当忽视其他的监督制度，如人大司法监督与检察院法律监督。这些监督制度要发挥效果，必须相互之间建立良好的衔接互动机关。本章拟探讨人大司法监督与检察院法律监督的衔接。二者的衔接乃是人大制度实践创新以及我国司法体制改革实践中的新课题。司法监督与法律监督衔接的实践在近年来也初见端倪，湖北省人大常委会于 2014 年 9 月，就加强司法监督与法律监督衔接出台《湖北省人大常委会加强人大司法监督工作与省检察院法律监督工作衔接的办法》，这在全国属首次。① 但是类似实践在全国范围内依旧鲜有，同时，以此为主题的理论研究在相当程度上亦处于阙如状态。与实践鲜有和理论阙如相对应的是，司法监督与法律监督之衔接有着充分的理论基础，实现二者之衔接亦颇具现实意义。鉴于此，理论界与实务界皆有必要对司法监督与法律监督之衔接机制予以相当的关注。

（一）司法监督与法律监督衔接的制度含义

在中文语境中，所谓衔接指的乃是实现事物之间的相互连接，

---

① 参见胡新桥、刘志月、刘玉坤：《湖北出台全国首个衔接办法——加强人大司法监督与检察法律监督衔接》，载《法制日报》2014 年 12 月 6 日，第 3 版。

或者是事物之间相互连接的状态。于此意义上而言，司法监督与法律监督之衔接，便是实现司法监督和法律监督的相互连接，以及此两种相异的监督形式间相互连接的状态。在探究司法监督与法律监督衔接的法理基础和构建路径之前，有必要先厘清司法监督与法律监督衔接的制度含义。在此部分，笔者欲通过阐释司法监督与法律监督衔接的内在构成，以及其既有实践，来阐明其具体的制度含义。但是，笔者并不会在此部分对衔接机制的概念作一界定，因为其具体含义将在探讨其构建路径的过程中得以释明。

1. 司法监督与法律监督衔接的内在构成

诚如上述，衔接是指事物（要素）之间的连接，或者事物（要素）间互相连接的状态。因此，为了认识这个诸事物（要素）的连接状态，有必要对其进行分解和解剖，从而得到形成该连接状态的诸事物（要素）。借助对此类事物（要素）的分别阐释并加以整合，便可形成对该连接状态的整体“观念”和“图景”。司法监督与法律监督之衔接机制，同样是诸多事物（要素）之间的连接状态。其内在构成要素主要有人大及其常委会与检察机关，人大司法监督与检察院法律监督。因此，笔者将在此部分，对司法监督与法律监督衔接的内在构成要素展开论述。

（1）人大司法监督与检察院法律监督

司法监督与法律监督之衔接，便是实现人大司法监督与检察院法律监督的相互连接。同时，人大司法监督与检察院法律监督，既可表示两种不同的权力监督形式，亦可理解为两种具有差异的监督权。其中，人大司法监督是人大监督权的具体类型之一，而监督权是人大的一项重要权力，它同立法权、决定权、任免权等共同构成了我国人大完整的权力结构体系。但是，对于何为人大司法监督尚存在不同的认识。笔者认为，人大司法监督是指人大及其常委会对司法机关和司法行为所进行的监督活动。其主体是人大及其常委会，人大各专门委员会和常委会工作机构可以作为司法监督工作的具体执行者和实施者；[①]其对象为司法机关和司法行为，其中，司法机关如法院、检察院等，司法行为则如公安机关所为之刑事侦查行为等；至于监督方式，我国《各级人民代表大会常务委员会监督法》（以下简称《监督法》）等法律有较为具体的规定，同时亦不乏实践中探索而得的新方式。

检察院的法律监督权则是源于我国《宪法》的规定。《宪法》第129条明确规定："中华人民共和国人民检察院是国家的法律监督机关"，这是现行宪法对我国检察机关所作的性质定位。据此规定，检察机关的监督应当是法律监督。但是有人认为，检察机关的监督是司法监督，而不是法律监督；也有人认为，检察机关的监督应当定位为诉讼监督；还有人认为，检察机关的监督，就是检察监督。这些不同的称谓，反映了人们对检察机关监督的不同认识。[②]此外，还有将检察权与法律监督权、公诉权与法律监督权混淆与等同的观点。[③] 笔者认为，我国检察机关主要有以下几项职权：一是法纪监督权，如对职务犯罪的侦查；二是侦查监督权；三是审判监督权，如对生效判决裁定进行抗诉，故又称诉讼监督权；四是执行监督权，如对监狱、看守所的执行活动是否合法进行监督；五是公诉权。其中，将侦查监督权、审判监督权和执行监督权纳入检察机关法律监督权之范畴大多无异议，但法纪监督权和公诉权可否视为法律监督权则存在较大争议。

人大司法监督与检察院法律监督同属于权力监督，但是其在

---

① 参见蔡定剑：《中国人民代表大会制度》，法律出版社2003年版，第369页。

② 参见张智辉：《法律监督三辨析》，载《中国法学》2003年第5期。

③ 参见龙双喜、冯仁强：《宪政视野下的中国检察权——兼议法律监督权与公诉权的关系》，载《法学》2004年第11期；缪树权：《检察机关法律监督权的论争》，载《国家检察官学院学报》2006年第3期。

监督主体、监督对象、监督方式、监督效果等方面皆存在较多差异。这些差异性因素则成为实现二者衔接的前提条件之一,因为假若二者并无二致,实为同一事物(要素),便无所谓实现二者间的连接了。司法监督与法律监督除存在上述差异之外,尚充满着各种联系。例如,监督目的上存在统一性,即都是维护法制的统一和保障法律的实施;检察院法律监督是实现人大监督的方式之一,因为人大虽然有权对其产生的行政机关和审判机关实施监督,但这种监督只能是宏观的监督,而非经常、具体的。为弥补此不足,“就必须在人民代表大会下设立专司监督的法律监督权能,并将该权能赋予某一机关,使其成为专门的法律监督机关”。①

(2)人大及其常委会与检察机关

关于人大及其常委会与检察机关的关系,可以概括表述为:检察机关由人大产生,对人大负责,受人大监督。这一关系既体现在我国现行宪法和法律的规定当中,同样亦是我国现有体制运行的常态。当然,根据《宪法》和《人民检察院组织法》等的规定,检察机关实现双重从属制,既要对同级人大负责,又要对上级检察机关负责。至于检察机关如何由人大产生,如何对人大负责,以及如何受人大监督,我国《宪法》《监督法》《人民检察院组织法》等有详细的规定,在此不再赘述。

在谈及人大及其常委会与检察机关的关系时,除宪法和法律所规定的监督与被监督之外,尚需坚持监督与支持相统一,②实现“寓支持于监督之中”。但是在实践中,人大如何对检察机关既监

---

① 朱孝清:《中国检察制度的几个问题》,载《中国法学》2007年第2期。

② 参见张德江:《全国人民代表大会常务委员会工作报告——二〇一六年三月九日在第十二届全国人民代表大会第四次会议上》,载《人民日报》2016年3月20日,第1版;吴邦国:《在第十一届全国人民代表大会常务委员会第三十一次会议上的讲话》,载《中华人民共和国全国人民代表大会常务委员会公报》2013年第2期。

督又支持，则存在相当的讨论空间。对此，有论者指出：在行使立法权过程中既监督又支持，在行使监督权过程中给予有力支持，在行使任免权既监督又支持，在行使重大事项决定权过程中既监督又支持。[①] 此种观点乃是根据人大所享有的不同职权所进行的分类表述。此外，还有论者认为：落实好监督与支持相统一原则，关键在于准确把握监督与支持的尺度。[②] 与此同时，在实践中亦有各类相关的做法。[③] 但是，把监督与支持结合起来虽是我国人大制度的性质所决定的，但不可过于偏重"支持"而漠视"监督"。

以上观之，人大及其常委会与检察机关的关系，既有监督与被监督的关系，亦需将监督与支持结合起来。这一关系体现在二者职权行使的整个过程和所有环节，其中便有人大开展司法监督工作和检察院开展法律监督工作。具体来说，检察院所开展的法律监督工作需要接受人大及其常委会的监督，这种监督便属于上述的司法监督。同时，人大及其常委会还需要通过立法、决议、任免等形式，支持检察院开展法律监督工作。

（二）司法监督与法律监督衔接的既有实践

诚如上述，司法监督与法律监督衔接之制度化实践在全国范围内鲜有，最初尝试实现司法监督与法律监督衔接的当为湖北省人大常委会。当然，制度化实践的阙如并不意味着实践中未曾有零碎的、非体系化的实践。因为所谓制度化实践通常指的是借由规范性文件等形式，系统地对某一制度进行体系化的规定和安排。

---

① 参见戚建庄、王松钊、许展华：《正确处理人大对"一府两院"监督与支持的关系》，载《人大建设》2016年第3期。

② 参见佟克克：《坚持监督与支持相统一使人大监督工作更具实效》，载《中国人大》2015年第12期。

③ 参见陈冬琪：《从未获通过的"红脸"到高票通过的"笑脸"》，载《汕头日报》2015年12月31日，第9版；王绍兵、王振华：《坚持寓支持于监督之中——市十四届人大常委会监督工作综述》，载《海口日报》2012年2月13日，第A01版等。

1. 司法监督与法律监督衔接的制度化实践

湖北省人大常委会主任会议于2014年9月15日审议通过《湖北省人大常委会加强人大司法监督工作与省检察院法律监督工作衔接的办法》(以下简称《湖北省衔接办法》),并印发给全省实施。[①] 这是全国范围内首次以规范性文件的形式,系统地对衔接机制进行体系化的规定。在湖北省人大常委会制定此类衔接办法之后,湖北省部分地区亦制定了类似的衔接办法。如2015年3月27日湖北省恩施州人大常委会也审议通过了《恩施自治州人大常委会加强人大司法监督工作与州人民检察院法律监督工作衔接的办法(试行)》。从具体内容上来看,湖北省范围内的这些衔接办法并无太大差异。具体来说,主要有如下几个方面的内容。

其一,对属于检察机关职权范围的涉法涉诉事项,由人大工作机构转送检察机关办理。例如,《湖北省衔接办法》第4条便规定,省人大工作机构对收到的涉法涉诉事项依法依规转送有关机关处理,属于检察机关职权范围的材料依法转送省人民检察院工作机构办理。这些材料有反映国家工作人员职务犯罪的材料、反映侦查活动存在违法行为的材料等。

其二,对属于检察机关法律监督职权范围的问题,由人大内务司法委员会转送检察院工作机构办理。例如,《恩施自治州人大常委会加强人大司法监督工作与州人民检察院法律监督工作衔接的办法(试行)》第5条规定,对属于检察机关法律监督职能范围的问题,州人大内务司法委员会依照交办程序转送州人民检察院工作机构办理。这些问题主要有州人大常委会组成人员听取和审议专项工作报告时提出的比较集中的问题,州人大常委会在执法检查

① 参见翟兴波、陈宓夷:《省人大常委会召开主任会议》,载《湖北日报》2014年9月16日,第1版。

中发现的突出问题,州人大专门委员会、常务委员会工作机构在调查研究中发现的突出问题,等等。

其三,对人大代表关于检查工作的建议、批评和意见,由人大常委会代表工作机构交由检察院工作机构办理。例如,《湖北省衔接办法》第6条第1款便有规定:"省人大代表关于检察工作的建议、批评和意见,由省人大代表工作委员会按交办程序转送省人民检察院工作机构办理。"

其四,检察机关的审查与处理。在检察院收到人大工作机构转送的事项之后,需要在规定的期限内进行审查,提出处理意见,根据该事项是否属于其职权范围作出不同的处理。对于其中属于其职权范围内的事项,则需要在规定的期限内办理完毕。在办理完毕之后,需要将办理结果向人大及其常委会作汇报,人大及其常委会可以对此进行监督。

其五,人大及其常委会对检察院法律监督工作的监督和支持。既有宽泛意义上的监督和支持,如《湖北省衔接办法》第15条第1款规定:"省人大常委会在对省人民检察院转、交办案件及其他衔接工作中,监督和支持省人民检察院依法开展法律监督工作"。同时,还有表明具体形式的监督和支持,如《湖北省衔接办法》第16条便是人大常委会通过作出决议的形式对检察院法律监督工作予以支持。该条规定:"省人大常委会对省人民检察院法律监督工作中的重大事项可以作出相应的决议、决定,依法监督和支持省人民检察院开展法律监督工作。"

2. 司法监督与法律监督衔接非体系化实践

除上述湖北省范围内的制度化实践之外,体现司法监督与法律监督衔接理念的零碎的、非体系化实践则较为普遍。较为常见的主要有:检察机关办理人大转交案件制度、检察院与人大代表联络工作制度、信访案件交办督办制度,等等。此种非体系化实践在某种意义上而言便是基于司法监督与法律监督的差异性因素,将监督事项在人大与检察院之间实现合理的配置。简单来说,就是人大与检察院在日常工作过程中,若遇及属于其他主体职权范围内的事务,则应当依法转交该其他主体处理。试举一例,在上述案件转交交办制度中,省人大及其常委会将属于检察机关职权范围内的案件交由检察机关来处理。

毫无疑问,此类非体系化的实践在很大程度上能够促使司法监督与法律监督衔接之实现,但难以避免地存在以下问题:其一,这种衔接在某种意义上来说是单向的衔接,其更多的是监督事项(如待办案件、信访件等)由人大向检察院流动,而衔接的含义乃是事务之间的相互连接。当然,这种单向衔接的原因还在于人大制度之下人大与检察院的关系。其二,这种衔接主要是基于两种监督形式的差异,将监督事项在两主体之间进行配置。但却忽视了衔接过程中人大对检察院法律监督工作的监督与支持,以及检察院对人大司法监督工作的接受与配合。

(三)司法监督与法律监督衔接的法理基础

制度与理论不可分割,制度指导实践,理论则是制度的基础和依据。易言之,制度的建立需要依照一定的理论,而制度的运行同样需要以一定的理论为参照,并与此理论相符合。故而在此部分,笔者欲通过正当性和必要性的探究,来探求司法监督与法律监督衔接的法理基础。

1. 司法监督与法律监督衔接的正当性

根据我国《宪法》的规定,人大是我国的国家权力机关,其享有相当广泛的职权,其中之一便是监督权,而司法监督权更是人大所享有的监督权的重要组成部分。与此同时,我国现行宪法和法律皆将检察院定位为法律监督机关。在探究人大司法监督与检察院法律监督衔接的正当性时,同样需要基于二者的性质和职权进行

谈论。具体而言:

首先,司法监督与法律监督的衔接是人大作为权力机关的应有之义。根据我国《宪法》的规定,人大及其常委会有权对司法活动进行监督。我国《监督法》也对各级人大及其常委会对司法活动的监督作了较为详细具体的规定,如该法第 5 条便有规定:“各级人民代表大会常务委员会对本级人民政府、人民法院和人民检察院的工作实施监督,促进依法行政、公正司法”。与此同时,人大对检察院法律监督工作的监督与支持,以及检察院对人大司法监督工作的接受与配合,乃是司法监督与法律监督衔接的意涵之一。于此层面而言,实现司法监督与法律监督的衔接,可促使人大及其常委会作为权力机关所享有的监督权有效和积极地行使。此外,司法监督与法律监督衔接的初衷之一便是改善人大及其常委会监督权,尤其是司法监督权的行使现状。

其次,司法监督与法律监督的衔接是检察院作为法律监督机关的内在要求。检察院作为我国的法律监督机关,其所行使的监督权及进行的法律监督行为,在某种意义上乃是受制于作为国家权力机关的人大及其常设机构的常委会的,同时亦是在人大及其常委会的支持和保障下所进行的职责和工作。而这一内容所反映的正是司法监督与法律监督衔接的意涵。与此同时,设立包括法律监督机关在内的专门的监督机关,是我国一元分立权力架构下对权力进行制约监督的必然选择。[①] 因为人大作为权力机关的监督限于宏观领域,而检察院作为法律监督机关的监督则恰与之相对应,且能弥补人大监督的不足。这也体现了此两种监督形式的差异性,而存在差别的监督权和监督形式有赖于保持相当程度的融洽性与互通性。这同样是司法监督与法律监督衔接的意涵。

---

① 参见朱孝清:《中国检察制度的几个问题》,载《中国法学》2007 年第 2 期。

最后,司法监督与法律监督的衔接是推进人大制度理论和实践创新的需要。作为我国的根本政治制度,人民代表大会制度建立60余年来,在我国国家建设中发挥着举足轻重的作用,其中,按照民主集中制的理论,各级人大产生并监督其他国家机关,保证国家机关协调高效运转即为其关键作用之一。但是,随着时代的变化和现实情况的变迁,人大制度在实践中也遇到诸多挑战,因此,有必要推进人大制度理论和实践的创新。例如,如何加强和改进人大的监督工作,增强监督实效。在人大的监督工作中,司法监督无疑是其重要内容之一。从这个意义上来说,探究司法监督与法律监督的衔接机制,无疑可以丰富人大(监督)权力行使的实践,进而有助于丰富和完善人民代表大会制度的理论和实践。

2. 司法监督与法律监督衔接的必要性

以上所讨论的是司法监督与法律监督衔接的正当性问题,所回应的是此项制度设计在法律规则和法学理论层面是否可以证成。但可以证成的制度设计并非决然意味着其可以付诸实施,因为假若某项制度设计缺乏相当的必要性,那么将此制度安排付诸实践,所导致的结果只会是社会成本的浪费,在法律实施层面则体现为立法成本和法律实施成本的浪费。因此,在为司法监督与法律监督衔接的正当性进行辩护之后,我们需要回答的问题便是司法监督与法律监督的衔接是否有必要,以及其必要性如何?笔者以为,司法监督与法律监督衔接的必要性至少有如下几方面的体现。

其一,有利于改善当前人大监督不力的现状,形塑人大作为国家权力机关的权威。单纯从现行宪法和法律的规定来看,人大似乎享有“大得惊人”的权力,然而具有如此“大权”的人大,为什么在监督“一府两院”方面却难有作为,以至于在全国人大常委会工作报告中,屡屡出现这样一句话:“同立法工作相比,监督工作还是一个薄弱环节,亟待加强改善”。[①] 具体到人大的司法监督层面,长期以来,人大对司法的监督基本上流于形式,在实践中几乎很难听到人大监督司法的有力声音。[②] 于此层面而言,实现司法监督与法律监督的衔接,可以在相当程度上改善当前人大监督不力的现状。原因在于:实现二者的衔接可较为充分地促成两种监督方式的融会与贯通,这在另一层意义上乃是拓宽了人大司法监督的渠道和途径。此外,通过建立二者衔接的制度,可使人大司法监督权的行使更加制度化和规范化。

其二,有利于改善当前监督交叉的现状,实现两种监督方式的贯通。于理论层面而言,人大司法监督与检察院法律监督在监督层级、监督方式、监督效果等方面存在相当多的差异。但在实践中,此两种迥异的监督形式却存在一定的交叉和重叠。[③] 同时,人大的宏观监督与检察院的监督范围不明确,有些案件本应由检察院监督,人大也在施行监督,介入具体案件,包办代替检察院行使职权。[④] 毫无疑问,人大作为国家权力机关,其享有和行使的乃是“广泛的职权”,但此类职权并非借由人大及其常委会自身行使,具体事务的处理仍需交由其产生的“一府两院”来行使。但人大及其常委会享有的此般“抽象”而且“巨大”的权力,致使实践中民众凡是遇及监督事项,皆求诸人大及其常委会。例如,在实践中,人大常委会的信访工作部门便受理诸多“五花八门”的监督请求。但在此类监督请求中,相当一部分并非属于人大及其常委会(司法)监

---

① 参见林伯海:《人大监督权威缺失的传统政治文化探析》,载《政治与法律》2002年第5期。

② 参见汤维建:《论人大监督司法的价值及其重点转向》,载《政治与法律》2013年第5期。

③ 参见韩大元主编:《中国检察制度宪法基础研究》,中国检察出版社2007年版,第68~70页。

④ 同上书,第76页。

督工作,其中有很大一部分乃是检察院法律监督的范畴。于此层面而言,有必要建立人大司法监督与检察院法律监督相互衔接的机制。在分工明确的前提下,可以改善当前监督交叉的现状,实现两种监督方式的贯通。

其三,有利于改善人大对检察机关的监督方式,理顺人大与检察机关之间的关系。在我国,检察院受人大监督毋庸置疑,但检察院行使检察权的独立性亦不可否认,同时此独立性亦不容在实践中受到不合法、不合理的侵蚀。但在实践中,理应由检察院依法独立行使的检察权却常易受到人大的“干涉”。人大及其常委会对检察院权力行使的不当干涉,主要体现在人大及其常委会“越俎代庖”,将其权力行使的“触角”过分地触伸到检察院的职权范围之内。其中,较为突出的就有所谓的“个案监督”。但是,人大对检察机关的监督应为原则性的监督,而非个案监督。同时,宪法和法律已经设计一套制约检察权行使的机制,“人大首先要尊重宪法规定的权限分工,而不是时不时地就走到第一线,否则就会破坏既有机制功能的有效发挥,也会导致破坏不同机关权限分工界限的混乱”。[①] 而司法监督与法律监督的衔接,一方面是实现两种监督方式的融会与贯通;另一方面则是在制度层面为两种监督方式划定各自的界限。例如,人大常委会信访机构或人大法制机构,若收到有关诉讼监督的群众来访来信,其不得自行办理,或要求检察院(当然也包括法院)按照其意思来办理,而应当依法将此类信息转交检察院或是法院,要求其依法处理。当然,人大及其常委会作为国家权力机关,其对检察院合理、合法的监督是正当无疑的,因此,我们在理顺人大与检察机关之间关系的同时,也不得漠视人大及

---

① 韩大元:《地方人大监督检察机关的合理界限》,载《国家检察官学院学报》2011年第1期。

其常委会对检察院的监督。

（四）司法监督与法律监督衔接的构建路径

经由以上对司法监督与法律监督衔接制度含义的阐释，我们大致可知道衔接机制的内涵：一是以两种监督形式的差异性因素为依据，实现两种监督形式的融会与贯通；二是以人大与检察院的关系为依据，实现人大对检察院法律监督工作的监督与支持，以及检察院对人大司法监督工作的接受与配合。在此部分，笔者将具体探讨如何在理论层面建构出司法监督与法律监督的衔接机制，以及如何设计衔接机制的具体制度方案。

1. 司法监督与法律监督衔接机制的理论建构

前文对司法监督与法律监督衔接机制中的构成要素作了论述，具体而言，可归纳为以下两点：一是人大司法监督与检察院法律监督存在诸多差异性因素；二是人大及其常委会与检察机关是监督与被监督的关系，并需坚持监督与支持的统一。故而，从理论层面建构司法监督与法律监督的衔接机制，亦需从此两点出发：两种监督形式的差异性因素决定需要实现其融会与贯通；而人大与检察院的关系则体现为人大对检察院法律监督工作监督，以及两种监督形式的支持与配合。

第一，以两种监督形式的差异性因素为依据，实现两种监督形式的融会与贯通。人大司法监督与检察院法律监督作为两种不同的监督形式，其在监督主体、监督对象、监督方式、监督效果等方面存在较大的差异。因此，在实现这两种监督形式衔接时，则需根据二者存在的这些不同，将监督事项在人大与检察院之间实现合理的配置，进而实现其融会与贯通。通俗来讲，便是人大及其常委会与检察院在各自的日常工作过程中，若遇及属于其他主体职权范围内的事项，则应当依法交由该其他主体处理。试举一例，人大信访工作是人大及其常委会机关的一项日常性工作，是依法监督的重要信息来源渠道。但人大常委会信访工作机构收到的信访件并非皆属于人大及其常委会的工作权限范围或者不宜由其来处理，于此情形，人大常委会信访工作机构便可将属于检察机关职权范围的信访件交由检察机关研究处理。当然，此般做法在此前提及的诸多非系统化衔接实践中也较为普遍。但诚如上述，这种衔接在某种意义上来说是单向衔接。与此同时，相较于衔接机制的制度化安排而言，非体系化、非制度化的实践难免存在诸多弊病。

第二，以人大与检察院的关系为依据，实现人大对检察院法律监督工作的监督与支持，以及检察院对人大司法监督工作的接受与配合。根据我国现行宪法和法律的规定，检察机关由人大产生，对它负责，受它监督。因此，在建构衔接机制时也应当遵循这一原则。具体而言，这主要体现为人大及其常委会监督检察院开展的法律监督工作，以及检察院对人大开展的司法监督工作的接受。至于人大对检察院的此种监督如何实现，我国《监督法》等法律中已有规定，但其中不少监督措施在实践中仍需改进。与此同时，人大在对“一府两院”开展监督时，还需要“寓支持于监督之中”，故而人大对于检察院开展的法律监督工作也需要予以支持。这种支持在实践中可表现为法律的制定、决议的作出、人事的任免等。① 此外，尚需说明的是，人大及其常委会对检察机关法律监督工作的监督，不可僭越检察机关依法独立行使检察权的合理空间。同时，人大及其常委会对检察机关法律监督工作的支持，亦不可置监督于不顾。

2. 司法监督与法律监督衔接机制的制度设计

在经由理论层面的探讨之后，笔者欲从制度设计层面具体谈

---

① 例如在近年来，全国各地人大重视检察机关诉讼监督工作，先后有16个省、自治区、直辖市的人大常委会作出了关于加强诉讼监督的决议、决定。参见龙平川、段军霞：《人大支持下诉讼监督稳步推进》，载《检察日报》2010年11月24日，第1版。

论司法监督与法律监督衔接的构建路径。笔者认为,司法监督与法律监督的衔接,既包含实体层面的内容,即哪些内容需要衔接;亦包含程序层面的内容,即这些内容如何衔接。因此,此部分将从衔接机制的实体事项和衔接机制的程序实现两个维度来进行探究:

(1)衔接机制的实体事项

衔接机制的实体事项,亦可称为实体层面的衔接事项。结合以上关于衔接机制含义的探讨,笔者认为,衔接机制的实体事项可概括为二:一是人大及其常委会与检察院之间,根据各自职权范围不同而需要实现贯通的监督事项;二是人大及其常委会对检察院法律监督工作的支持和监督形式。此二者在国家和地方的法律和规范性文件中皆有所规定。例如,我国《监督法》中便有审议专项工作报告中的衔接事项,即人大常委会听取和审议检察院的专项工作报告,对专项工作报告中有关检察院法律监督工作的审议意见交由检察院研究处理;我国《全国人民代表大会和地方各级人民代表大会代表法》中所规定的代表建议中的衔接事项,即人大代表提出的有关检察院法律监督工作的建议、批评和意见,由代表工作委员会转交检察院研究处理。这些内容分散于各类法律法规中,衔接机制在此所做的便是将其系统化和体系化。

(2)衔接机制的程序实现

在谈论哪些内容需要衔接之后,需再作探讨的便是这些内容如何衔接。笔者认为,可以根据衔接机制当中的两类实体事项(衔接事项)分别确定其衔接程序。首先,对于需要实现贯通的监督事项,其衔接程序大致为:衔接事项在人大及其常委会与检察机关之间的转交程序、审查程序、处理程序和处理结果的反馈程序。试举一例,检察院在收到人大及其常委会交由处理的事项之后,应当在规定的期限内进行处理,并将处理结果向人大及其常委会作汇报。

同时,在检察院处理过程中或者处理完毕之后,人大及其常委会还可以提出新意见和建议,要求检察院据此继续或重新处理。其次,对于支持和监督形式的衔接事项,则体现为人大及其常委会如何监督和支持检察机关开展法律监督工作。但因为支持和监督的方式较多,故而衔接程序亦因此不同而有所不同。

第十五章　国家监察若干具体制度的构想

在厘清监察委员会相关理论难题的基础上，还应继续完善监察委员会的制度构建。“改革归根到底是制度创新，不仅涉及资源的重新配置，更涉及利益格局的重新调整。”①针对前文所论证的理论依据，笔者对当下监察制度改革的制度构建提出了以下 5 个方面的初步设想。

一、明确监察机关领导体制，合理规划内部工作机制

监察权属性的定位对监察机关领导体制和内部工作机制意义重大，直接关系监察制度改革的价值取向和功能定位。虽然笔者倾向于监察权是独立于行政权、司法权之外的另一种权力，但笔者并不否认监察权具有行政权和司法权的某些外在特

---

① 陈建华：《坚持党的领导，推进和完善司法体制改革》，载《红旗文摘》2014 年第 21 期。

征。当前独立的监察权运作模式还缺乏丰富的实践经验,行政机关和司法机关的领导体制及工作机制,对于监察机关的运作仍然具有借鉴意义。

从领导体制来看,行政机关一般奉行单一的首长负责制,检察机关的领导体制则较为复杂,普遍认为是检察长统一领导与检察委员会集体领导相结合的领导体制,①从保障审判独立的原则出发,上下级法院之间是监督关系,但实践中审判机关难以完全避免行政化倾向。② 根据监察机关的职能定位和结构设计,综合上述机关的领导体制,笔者认为监察机关的领导体制应该是首长负责制与集体领导的结合。第一,以高效保密处理监察案件为原则,监察机关应该实行首长负责制。监察机关处理的腐败案件大多案情复杂,涉及的对象往往位高权重,若缺乏强有力的领导体制,容易引发案件侦办虚与委蛇拖沓日久,既降低了办案效率,又将增大案件侦破的难度。同时,贪腐案件往往牵连广泛,并非以单个案件的形式孤立存在,查处过程中掌握的案件秘密,在一定期限内只能让特定人员知晓,故首长负责制最有利于监察机关案件侦办。第二,从监察机关的权属和性质来看,需采用集体领导体制。监察权是对腐败分子的巨大威慑,监察权的行使必须谨慎细致,否则滥用监察权将直接危害其他公权力的正常行使。从防

① 参见《人民检察院组织法》第3条规定:各级人民检察院设检察长一人,副检察长和检察员若干人。检察长统一领导检察院的工作。各级人民检察院设立检察委员会。检察委员会实行民主集中制,在检察长的主持下,讨论决定重大案件和其他重大问题。如果检察长在重大问题上不同意多数人的决定,可以报请本级人民代表大会常务委员会决定。

② 司法机关行政化的弊端主要作用于法院,检察机关本来就是行政体制(大陆法系国家的检察一体原则是上命下从关系的行政体制,苏联的垂直领导体制也是一种行政体制),行政化对于检察机关来说危害性尚在可容忍范围。参见张建伟:《超越地方主义和去行政化——司法体制改革的两大目标和实现途径》,载《法学杂志》2014年第3期。

止监察权无限膨胀规范监察权运行的视角分析，某些情况下监察机关内部适宜采用集体领导的原则。集体领导既能集思广益慎重行使监察权，又能避免监察机关负责人独断专行，将监察权作为打击报复的手段。将监察机关处理的各项事务进行简单归类，涉及个案处理、案件侦破等具体业务工作，适宜采用首长负责制；涉及监察机关内部重大事务，特别是内部重大决策，如监察机关五年工作规划等，则应该采用集体领导的原则。因此，采用类似于现行检察机关的领导体制最符合监察机关的宪法定位，笔者建议，在明确监察机关负责人领导地位的基础上，各级监察机关内部应该仿照审判委员会、检察委员会的制度模式，设立相应的监察组织作为集体领导的机构。

对公权力的制约是亘古不变的真理，而控制公权力的方式无外乎两种：一种是权力与权力之间的制约平衡，着重引入外部权力制约监督；另一种是权力内部运行体制的约束，强调法定程序对权力运行的制约。“现代政治应该是法治政治，意味着国家在依赖法律的同时应该服从法律，按法律的授权和程序行使法律赋予的权力。”①在明确监察机关领导体制后，完善其内部工作机制则顺理成章，监察机关的内部工作机制可以借鉴行政法对行政机关权限的划分，将监察工作机制划分为决策、执行和复议 3 部分，彼此之间相互独立相互制约。决策权与执行权分离符合现代行政的基本规律，是为了防止监察机关既当裁判员又当运动员，而复议机构的设置为当事人自我救济提供了可能，也是监察机关自我纠错自我完善的内在需要。“被监察者权利的保障与监察者权力的运用具有同等重要性，两者在实践上应当协调实现，不应片

① 张文显主编:《法理学》(第4版)，高等教育出版社 2011 年版，第 295 页。

面强调其中一方而牺牲另一方。”[①]在以往的行政监察模式下，除复议以外监察对象还享有其他救济手段，甚至采用诉讼形式维护自身利益。“在行政监察过程中，监察对象认为行政监察机关侵犯了自己的合法权益时，公民、法人或者其他组织应当依法提起行政诉讼。”[②]保障监察对象的合法权利，不仅是维护人权的应有之意，而且是一个国家法治文明的直接表现。

二、探索向省以上人大报告工作，根据工作内容性质分别报告

前文已经论证报告工作的必要性，接下来问题的核心是向哪一级人大报告工作，人大是否需要成立专门的审议机构，报告的内容应该包括哪些方面。监察委工作报告制度既要保证人大监督职能的落实，又要维护监察权的独立地位，还应该革除向人大报告工作可能导致监察权行政化和地方化的弊病。自党的十八大以来司法改革工作取得了初步成效，如省以下法院、检察院的人财物统一管理已在大部分省份试点铺开，为审判独立、司法公正创造了良好的条件。当下应该吸收既有司法改革的有益成果，不能简单以新的改革思路去质疑甚至否定旧有改革方案，防止改革碎片化和重复作业，避免监察体制改革直接将检察系统的司法改革熔断，间接导致其他司法改革措施必须暂时休眠或重新调试，陷入脱离改革顶层设计首尾不能兼顾的窘境。

我国香港特别行政区为了确保廉政公署在执行任务过程中能恪守职责公正廉洁，由行政长官任命成员组成 4 个咨询委员会

---

① 童之伟:《对监察委员会自身的监督制约何以强化》，载《法学评论》2017 年第 1 期。

② 戴建华:《论行政监察权的制约——以司法救济为视角》，载《贵州社会科学》2011 年第 3 期。

来监督廉署工作，[①]咨询委员会既是外部监督机构又是咨询机构，可以向廉署专员提供工作建议，又可以听取廉署工作报告监督廉署个案处理，咨询委员会作为独立的外部机构，对廉署个案处理的公正以及监督廉署工作人员的职务行为发挥了重要作用。“从客观实际情况来看，常委会会议结束以后，‘一府两院’对人大常委会的审议意见办理情况一般主动反馈的很少，办理的‘动作’存在很大的应付性。”[②]同理，为了提高监察机关向人大报告工作的实际效果和督促后续事项的处理，或许可以借鉴廉政公署的有益做法，在人大内部成立专门的监督机构。“设在相应级别人大常委会的机构应是专门委员会，可称为监察监督委员会。”[③]专门委员会可以通过专业知识完善监督短板，反映国家对反腐败工作的重视，不仅需要审议监督监察委的工作报告，还应当监督监察机关的各项职务行为，并对关注度高的问题提出质询，要求监察委员会限期答复等。

应该向人大报告工作，并不意味着事无巨细将方方面面的事务都向人大报告，报告内容必须仔细考量审慎确定。当前法院检察院向人大通盘报告工作，导致人大难以抓住工作重点，削弱了听取审议报告的实际意义。“审议的目的在于落实，审议质量最终体现于落实的效果，再好的意见建议不能有效落实，也只是一

---

① 廉政公署的4个咨询委员会包括：贪污问题咨询委员会、审查贪污举报咨询委员会、防止贪污咨询委员会、社区关系市民咨询委员会，其中贪污问题咨询委员会是最有权力的委员会，可以就贪污问题向廉署专员提供意见，以及在需要的时候，向行政长官反映引起委员关注的廉署运作或廉署面对的任何问题。

② 宁方民：《地方人大常委会审议专项工作报告实行票决制的探讨与思考》，载《人大研究》2016年第5期。

③ 童之伟：《对监察委员会自身的监督制约何以强化》，载《法学评论》2017年第1期。

纸空文。”①监察委员会应该根据工作内容的不同分别报告，笔者建议将监察工作内容分为：详细报告、简单提及以及无须汇报3个方面。如监察机关制定的规范性文件应及时报告备查，对已经侦办完结的案件，在不涉及国家秘密个人隐私的前提下，应该厘清条目详细报告；监察机关内部的决策机制和人员经费管理等，需要在工作报告中简单提及；其他与监察机关业务关系不大，涉及金额较少的事项，则可以不必向人大专门报告。将报告内容作以上划分，是为了使工作报告更有成效突出重点，防止连篇累牍包罗万象面面俱到：一则，监察工作本身具有特殊性。监察权的行使特别是在职务犯罪的调查阶段具有较高的秘密性，过早公开暴露监察案件的查处进展，不利于案件的后续调查。另外，某些监察案件情况复杂甚至涉及国家秘密，在案件彻底查清之前，不宜将其以工作报告的形式公开。二则，维护监察机关负责人权责对等的需要。如前所述法院向人大报告工作符合宪法的原则精神，但报告工作这种方式，极易导致权责不对等局面的出现，因为法院院长并不能干涉本院内部和下级法院的个案审理，而工作报告被人大否决，院长不可避免的将承担领导责任。同理，监察委员会负责人能否对委员会内部和下级委员会的所有个案侦办负责，目前还缺乏定论，因此，若将所有个案纳入工作报告还缺乏足够的法理依据，在向人大报告工作制度还不成熟的情况下，只报告已经办理完毕基本无异议的案件无疑是较为明智的选择。三则，防止监察权地方化。若监察委报告工作内容过于广泛，为了获得较高的通过率，无形之中监察工作将迎合人大代表的需要，削弱监察权的独立性。监察权与司法权类似，理应属于国家权力

---

① 马光影：《提高人大常委会审议专项工作报告质量的几点思考》，载《人大研究》2014年第2期。

而非地方权力,更不宜分割监察权将其地方化。须知,根据监察工作的实际情况分类报告,并不是排斥人大监督,而是希望消弭原有误区丰富监督方式,如人大代表若需知晓某些无须报告工作的详情,可以凭代表身份行使职权,依据《代表法》第3条第3项和第6项以及第14条,①获取监察工作的具体信息。

三、规范调查权的行使方式,做好与刑事诉讼的衔接

《决定》规定了监察委员会享有12项处理措施,其中绝大多数措施都能够在以往的法律法规中找到执行依据和执行方式,唯有"留置"是首次提出,无论是《行政监察法》还是《刑事诉讼法》都没有明确规定留置措施。因此,有必要深入研究"留置",确保其既有利于侦办案件,又不至于损害监察对象的合法权益。留置源于民法学的概念,是指债务人逾期不履行债务时,合法占有债务人动产的债权人有权留置动产并享有对该动产的优先受偿权。留置最初仅涉及财产权,但作为监察机关查处腐败案件的重要手段,将留置局限于财产权的范围则过于简单,还应该与监察机关的"双指"结合起来,②将留置扩大解释为人身强制。《决定》中并没有规定监察机关能否采取"双指"措施,而是新增加了留置的规定,据笔者分析应该是以"留置"逐步取代"双指",毕竟"双规"

---

① 《代表法》第3条规定:"……(三)提出对各方面工作的建议、批评和意见……(六)获得依法执行代表职务所需的信息和各项保障";第14条规定:县级以上的地方各级人民代表大会代表有权依照法律规定的程序提出对本级人民政府及其所属各部门,人民法院,人民检察院的质询案。当然,人大代表若要行使以上权利,还必须修改《代表法》,将人大代表对监察委员会的监督列入其中。

② 参见《行政监察法》第20条第3项规定:"监察机关在调查违反行政纪律行为时,可以根据实际情况和需要采取下列措施:……(三)责令有违反行政纪律嫌疑的人员在指定的时间、地点就调查事项涉及的问题做出解释和说明,但是不得对其实行拘禁或者变相拘禁"。

“双指”对被调查对象的基本权利可能造成一定损害，历来广受争议。今后如何规范“留置”措施的行使，需要着重考虑其基本程序、批准主体、留置期限、留置地点等因素，毕竟对人的强制措施影响重大必须慎重对待。

“侦查权的运行不仅要有法可依，还需要切实遵循立法所设定的正当程序，侦查组织中的‘长官意志’必须在某些领域受到限制。”[①]侦查手段特别是技术侦查手段使用不当，将侵犯被侦查对象的隐私权等多项权能，甚至引发恐慌情绪，毕竟法治发达社会不应该将秘密侦查方式常态化，当前侦查措施在《刑事诉讼法》中作出了严格的限定。“根据监控对象的不同，可分为记录监控、行踪监控、通讯监控和场所监控。”[②]然而不得不承认《刑事诉讼法》对如何适用技术侦查规定得较为笼统，不利于后续执行。“技术侦查的模糊授权未必有利于控制犯罪，也可能使侦查机关无法可依并造成法律的可操作性较差。”[③]故从宪法保障基本权利的视角来看，今后监察机关应该慎用技术侦查手段，需详细规定技术侦查的审批程序并严格遵循，限定技术侦查的时间期限。

从监察机关的职能定位和享有权限分析，涉及职务犯罪追责时与刑事诉讼关系密切，与其说是做好与刑事诉讼的衔接，倒不如说是对监察机关案件处理过程的监督制约，以及反腐败领域的分工协调。众所周知刑事判决的结果直接关系公民的生命权、自由权和财产权，刑罚是对犯罪分子最严厉的制裁，随着人权保障理念的兴起和法治文明的进步，现代各国均选择将刑事案件的侦

---

① 蒋勇：《社会转型视域下侦查权的功能论纲——兼论我国侦查改革的方向》，载《中国人民公安大学学报》（社会科学版）2016 年第 1 期。

② 王东：《技术侦查的法律规制》，载《中国法学》2014 年第 5 期。

③ 胡铭：《技术侦查：模糊授权抑或严格规制——以〈人民检察院刑事诉讼规则〉第 263 条为中心》，载《清华法学》2013 年第 6 期。

查、起诉、审判划分为三个相互独立的主体,如我国宪法规定刑事案件实行公、检、法相互制约的原则,[①]暗含了对现代法治文明的认同和呼应。但在涉及职务犯罪的刑事案件中,根据《检察院组织法》和《刑事诉讼法》的规定,侦查权与起诉权同属检察机关,仅由检察机关内部的不同科室分工处理,导致侦查与起诉同体的格局,此种模式容易造成反腐败领域公信力的隐性流失。监察委员会的成立正是破解这一困局的良药,反腐败领域的刑事案件将从检察机关与审判机关二元主体模式,重新演变为监察机关负责案件调查,检察机关依法提起公诉,审判机关独立审判的三元主体模式,是更科学的刑事案件处理模式。"审查逮捕与侦查主体相分离、审查逮捕职能与追诉职能的相异性也应成为我国审查逮捕权的正当性基础。"[②]今后在时机成熟时,还应该建立职务犯罪案件预审机制,由检察机关对案件事实和证据进行初步筛查,决定是否批准逮捕和提起公诉,证据不充分的案件,应该交由监察机关继续调查补齐证据。

四、因应监察体制改革,完善人民监督员制度

如前文所述,人民监督员制度有利于规范检察机关权力行使,督促检察机关完善业务工作,但实施效果与制度设计之初的功能定位尚有差距。"人民监督员制度创设之初衷在于消解社会对检察机关办理职务犯罪案件的疑虑,补强检察机关职权行使的民主性,防范检察权的滥用。"[③]该制度于 2003 年正式启动试点

---

① 参见现行《宪法》第 135 条规定:人民法院、人民检察院和公安机关办理刑事案件,应当分工负责,互相配合,互相制约,以保证准确有效地执行法律。

② 汪海燕:《检察机关审查逮捕权异化与消解》,载《政法论坛》2014 年第 6 期。

③ 秦前红:《人民监督员制度改革路径》,载财新网:http://opinion. caixin. com/2015 - 03 - 11/100790203_all. html#page2,最后访问日期:2015 年 3 月 11 日。

工作,目前已在全国检察机关全面推行。然而,随着国家监察体制改革的不断推进,有关"人民监督员制度向何处去"的疑问亦随之产生。根据全国人大常委会通过的国家监察体制改革试点工作决定,监察委员会监督的对象与人民监督员多有重合。如此一来,人民监督员制度何去何从的问题无疑值得我们认真对待。

首先,人民监督员制度作为颇具中国特色的外部监督形式和人民民主方式,当然应当予以保留。党的十八届四中全会亦明确提出完善人民监督员制度。但是人民监督员制度也应当顺应改革的大趋势,尤其是要实现其与国家监察体制改革的衔接协调,否则人民监督员的监督范围将极大限缩甚至不复存在。基于人民监督员制度的创设初衷,即在检察行为的自体监督之外引入外部监督,将此制度引入监察体制改革中,并将其与当前纪委的特邀监督员制度、检察院的行风监督等实现有效整合。

其次,为了落实党的十八届四中全会提出的关于"完善人民监督员制度"的战略要求,人民监督员制度应在厘清监督范围、完善监督程序、补强人民监督员的配套保障措施、提升人民监督员选任的民主程序方面作出更大的努力。尤其是要探索人民检察院与司法行政机关之间有关人民监督员管理服务制度的职权分工和程序衔接问题。

最后,实现人民监督员制度改革与监察体制改革的衔接,绝非意味着人民监督员制度自此与检察机关"一刀两断",需要考虑和认识人民监督员制度的功能以及与之相关的各类制度间的关联,如检察机关的自办案件侦查权、拟不起诉案件和作为人民群众有序参与司法渠道的人民监督员制度等。①

① 秦前红:《实现监察体制改革与人民监督员制度改革的衔接》,载《法制日报》2017年9月27日,第9版。

至于改良后的人民监督员制度的样态，我们认为，至少有以下几层意味：一是人民监督员的监督范围将以监察委员会的监察行为为主，并要顾及检察机关的部分行为；二是人民监督员的选任与管理仍然以司法行政机关为主，以此维护人民监督员的中立地位；三是鉴于监察委员会的权威，更有必要完善人民监督员知情权保障机制；四是待改革经验成熟之后，推进人民监督员制度立法。

五、合理确定修宪时机，审慎考量修宪内容

前文已经论证监察改革作为重大政治改革，突破了宪法的规定，需要及时修改宪法，因此，今后需要重点关注修宪的时机以及如何修宪。对于何时修宪学界有不同的看法，有些学者比较急迫，希望2018年3月新一届全国人大召开之时，即开始讨论修宪议题。理论上而言，应该在试点结束之后面向全国推广之前修改宪法，根据以往改革试点的经验，试点一般经过两三年左右才能看出效果，再将试点方案中可行的做法以法律的形式固定下来，及时排除方案中不切实际的想法，修改完善有待提高的制度。监察制度改革毕竟不同于一般的司法改革，这是对整个宪制体制的完善，兹事体大切忌操之过急，此次不仅需要修改宪法，还需要修改若干基本法律，并制定几部新的法律。[①] 期望一步到位的想法，往往欠缺对宪制改革的宏观思考，监察改革应该循序渐进，使监察委员会在试点地区充分运作，经过长时间的沉淀积累，再观察试点方案的得失。

---

① 第十二届全国人大常委会第二十五次会议于12月19日审议了《全国人民代表大会常务委员会关于在北京市、山西省、浙江省开展国家监察体制改革试点工作的决定（草案）》，草案对行政监察法、刑事诉讼法等相关法律条款的暂时调整或者暂时停止适用作出了规定。

在借鉴试点地区经验的基础上，有的放矢逐步完善试点方案，笔者认为，应该从以下3个层次修改宪法：第一，在宪法中增加规定监察委员会的条款。监察委员会作为全新的国家机构，其宪法地位不亚于法院检察院，应该在《宪法》第三章增加单独的一节规定监察委员会。从六中全会公报将监察机关列在司法机关之前，以及反腐倡廉是中国共产党一贯的主张来看，监察委员会不宜直接放在第七节与法院检察院并列，否则难以突出监察权的独立性。第二，修改宪法中与监察委员会相关的条款。监察制度并非孤立的制度，更不是单一的公民权利，牵涉整个国家权力的横向配置问题，是宪法中国家权力配置的核心要素。增加监察委员会的专门篇章之后，还会触及与监察委员会相关宪法条款的修改问题，如人大职权中将增加对监察委员会负责人的任命条款。"新增加的国家机关权力的设定和行使，不仅对原有的国家权力横向和纵向配置格局产生广泛的影响，而且事实上也可能引起公民基本权利总量的增或损。"①宪法从根本上包含国家权力配置和公民权利保障两个维度，权利保障条款较为简单，只是单纯的权利增减问题，基本不会牵涉其他条款修改，权力配置条款则不同，相互之间联系密切，一个条款的修改会牵连其他若干条款的修改。第三，修改宪法性法律契合新的宪制模式。2004年人权条款入宪时，基本没有修改其他宪法性法律，因为人权入宪本质上属于宣示性条款，象征意义远大于实际意义。"监督权配置模式的调整，除了作为根本法的宪法需要做出修改之外，其他法律同样需要进行相应的'立改废'。"②监察制度改革不仅包含宏观抽象

① 童之伟：《将监察体制改革全程纳入法治轨道的方略》，载《法学》2016年第12期。

② 秦前红：《国家监察委员会职能地位亟需宪法明确》，载财新网：http://opinion.caixin.com/2016-12-27/101030844.html，最后访问日期：2017年1月5日。

的原则性条款,还牵涉许多具体宪法条款的增加修改,因此,将增加一系列与之相关的宪法性法律的调整,如《组织法》《代表法》《立法法》的修改将提上议事日程。

第十六章　余论：法治化反腐及其面临的难题

在社会大众对党的十八届四中全会的诸多期待中，法治化的反腐成为其中的一个重要选项。党的十八大以来以中纪委为主导的高压式反腐取得了重大成效，但能否深入、持续进行下去也让社会大众高度关切，因此党的十八届四中全会之后如何在法治中国的主题之下科学建构法治反腐的制度体系，将成为执政党面临的重大挑战。

一、腐败存量的理性认识

腐败已成为当下中国高频度流行的词语。而如何破解腐败迷局，于官方和民间而言，俱是在兹念兹，心有戚戚。正可谓是“此情无计可消除，才下眉头，却上心头”。何以如此进退失据，四顾彷徨？除了腐败现象本身的复杂性、艰巨性之外，更重要的是对待腐败，社会长期既不能在意识形态上脱敏——我们怯于承认在一个追求先进性、真理性的政党的领导下，竟然可能陷于结构性、系统性腐败的围城；又不能理性对待高压反腐的局限性，社会上绝大多数人甚至对强力反腐有着浪漫主义预期，以为只要经过一轮又一轮的急风暴雨式反腐运动，就能迎来一个风清气正的明天。

"制度反腐专家"李永忠主张要用制度化解"腐败呆账"，用特赦腐败分子来消解改革阻力。他认为处理"腐败呆账"，有上中下三策可供选择：其一，通过全国人大立法，设定特殊的具体时间和金额。除已经在查的重大案件以外，一定数额以下的贪污受贿，予以特赦；以减少阻力，换取对政治体制改革的支持。其二，通过人大立法，在规定时间内，如数退清赃款本金者，全部予以特赦，且其职务待遇不受影响。其三，继续保持高压态势，坚持发现一起查处一起，直到案件越查越难，潜伏期越来越长，反腐成本越来越大。

李永忠的主张未必会获得社会全体一致的肯认和接纳，甚至可能招来众多质疑。但作为一个有社会良知的人，还是应该抱持理想，直面现实。专家只要不自封绝对正确，其任何建议便只是奉献了一种可供讨论的立场。

他山之石可以攻玉，这是先贤教给我们的精进之道。在我国香港特别行政区，其公务员的廉洁高效闻名于世。但只要熟悉香港特别行政区问题的人都清楚，香港特别行政区能有今天也是渡尽劫波、浴火重生的结果。1971 年港英政府颁布了全新的《防止贿赂法案》，该法案扩大了犯罪概念的范畴和惩治范围，加重了刑罚。1974 年 2 月香港廉政公署成立。到 1977 年 10 月，廉署在反贪污行动中逮捕了 260 名警官，引起警务人员强烈不满，数千警务人员游行示威，廉署总部遭到袭击。在这种压力下，总督颁布了"部分特赦令"，要求廉署对 1977 年 10 月 1 日前的贪污行为停止追究。后来,廉政公署迫于压力,不得不宣布:1977 年以前曾经贪污但是没有被起诉的政府公务员都可以获得特赦。这样,这场"警廉冲突"才得以平息,廉政公署作为一个机构的地位也稳固了下来,并最终被原有的体制——公务员体系接纳。由此可见,反腐之道迂回曲折,并非只有披坚执锐迎面而击的唯一之选。有时退一步进两步未必就不是可接受的策略选项。

所谓特赦,是指国家元首或者最高国家权力机关对已受罪刑宣告的特定犯罪人免除其全部或部分刑罚的制度。我国 1954 年《宪法》规定了大赦和特赦,并将大赦决定权赋予全国人大,特赦的决定权赋予了全国人大常委会,大赦令和特赦令由国家主席发布。1975 年、1978 年和现行《宪法》都只有特赦的规定,这表明我国已经取消了大赦制度。根据我国现行《宪法》第 67 条和第 80 条的规定,特赦经全国人大常委会决定,由国家主席发布特赦令。新中国成立以来,我国共实行了 8 次特赦;第一次是 1959 年在中华人民共和国成立 10 周年庆典前夕,对在押的确已改恶从善的蒋介石集团和伪满洲国战争犯、反革命犯和普通刑事犯实行特赦。第二次、第三次特赦分别于 1960 年、1961 年实行,都是对蒋介石集团和伪满洲国罪犯确有改恶从善表现的进行特赦。第四次、第五次、第六次分别于 1963 年、1964 年、1966 年实行。与前两次相比,只是在特赦对象上增加了伪蒙疆自治政府的战争罪犯。其他内容完全相同。第七次是 1975 年,对全部在押战争罪犯实行特赦释放,给予公民权。第八次是在 2015 年,为纪念中国人民抗日战争暨世界反法西斯战争胜利 70 周年,对参加过中国人民抗日战争、中国人民解放战争等 4 类罪犯实行特赦。特赦由过去君治下的特权、皇恩浩荡的开示,到民治下的促进社会团结、凝聚社会共识,借由宪法规定的正当法律程序,化解难返积重,抖掉历史包袱。

二、法治化反腐的要素

关于法治的认知从古至今就呈现一种众声喧哗的状况，在表达“法治”的话语体系就有所谓的“以法治国”“依法治国”“依法执政”“要法治不要人治”“法制不等于法治”林林总总，因此若要尝试处理、消除上述认知上的差异，对概念的必要厘清、界定是非常重要的。只有这样才能在法治问题上找到最大的公约数，形成对话的交集。抛除关于法治概念关于学理式的纠缠而进行通识性、整全性的解读，法治从弱到强大概有三重意涵。最弱的法治意涵是指“以法而治”，即“公权机关做任何事情都需要有法律，没有法律就不得做”。这是一种法律工具主义的观念，它的局限性在于法律不能限制公权机关的侵害，而政府可以随时满足自己的恣意而对法律予废予立。这样的法治理念在当今几乎已经销声匿迹，但在实践中却时隐时现。更强一些的法治意涵是具有“形式合法性的法治”，此种法治主张法律的制定、公布必须依循一些特定的程序，满足一些特定的质素。比如，法律必须是可预期、普遍、明确、公开和相对稳定的，法律不得溯及既往，禁止刑事法律类推适用，而且为使上述原则、规则生效，还必须建立公正、权威、有效的司法运行机制。但形式合法意义上的法治因为对法律的内容本身没有要求，容易导致法律的掌控者以法律之名行侵害之实。为了克服形式法治的弊端，因此便有了最强意义的法治理念也就是实质正义的法治。此种意义的法治除了要求上述形式法治的诸多质素以外，还要求法律必须切实促进人权的保障，全面维护人的尊严，有序而平等地促进公民的社会福利。

通常来说，法治化反腐必须具备以下要素。

有一套由立法机构事先制定的且体现程序正义的反腐法律制度，反腐权力由依法设立的国家机构专享；任何涉及公民基本权利限制的反腐措施必须实行法律保留原则；反腐专门机构依法成立，独立于任何组织和个人；反腐专门机构的职权法定，且严格遵循法无授权即禁止的职权行使原则，反腐专门机构不得利用自己的强势地位任意扩张权力；反腐专门机构行使职权必须严格依照事先已经公开公布的法定程序，反腐专门机构只能执行代议机构依照民主程序制定的反腐法则，而不能任意制定反腐规则，既当运动员又当裁判员；反腐专门机构既要致力于促进政府的廉洁高效，又要尊重保障人权，包括反腐对象的正当合法权益，避免僭越反腐权限，杜绝打着反腐旗帜进行扩大或者选择性的“合法加害”；反腐专门机构的行为必须依法接受司法审查，反腐对象有权要求迅速及时的审判。另外，还需强调的是法治化的反腐还必须做到，媒体对反腐机构行为正当的新闻监督，权力机关（人大）对反腐机构充分监督，公民在反腐问题上的言论自由权与充分的知情权，等等。

法治化的反腐能保证社会的有序运转；法治化的反腐是充分激活现有国家机构的职能，不是叠床架屋、另起炉灶，不是因人设制、因人废事，因而成本最小；法治化的反腐因为遵循了公开、透明的规则，因而能够做到反腐面前人人平等。

法治化反腐既要解决制度供给不足的“瓶颈”，又要解决制度建设的科学化问题。就以近来社会热炒的官员财产公开为例，国外或我国香港特别行政区成熟的经验是区分公务员的不同类别，进行制度化的分别对待。凡选举产生的政务类官员为了获得更多选民支持，也是为了解决选民选择的信息对称性问题，不仅制度上要求且候选人主观上也愿意公开自己的财产。而对那些依靠考选或荐选进入的事务类官员，稳定、尊严与廉洁是共同尊奉的价值，公务员个人信息的隐私性是尊严价值的重要组成部分，因此，制度上一般要求他们定期申报财产但并不强制性要求向社会公布财产。除非有明显事实表明其涉嫌巨额财产来源不明或者严重权钱交易等不良行为。法律程序上对公务员的惩罚以事后追惩为主并且给予其充分的救济权利。官员财产公开可能遭遇的更大制约，来自中国历史上宗法制度和家庭整体主义的传统积淀。时至今日，在中国绝大多数家庭里，夫妻财产不分、家庭成员财产不分几为常例。市场经济和计划生育固然带来利益观念的变化和家庭结构的改变，但在一个核心家庭里，罕见家庭成员财产有着契约式的明确析分。家庭财产除了个人生活用品之外，大抵均集中登记在某个家庭成员名下或者由某个家庭成员集中管理。比如，房屋、车辆等名为家庭成员共同出资，而形式上却仅仅登记在某个名下。最高人民法院出台的《关于适用〈中华人民共和国婚姻法〉若干问题的解释（三）》，涉及离婚时夫妻婚前婚后财产处理，其中所规定的不动产谁登记谁拥有的原则曾引发社会强烈质疑。原因也在于此项规定与社会的通常观感大相抵触。鉴于此，社会热盼的官员财产公示，不仅有操作上的巨大技术难题，而且若率尔操觚，还有可能损害其他相关方的财产权益和人格权益，最终给制度的推行带来巨大阻力。理性、务实的改革之道只应是官员个人的收入公开，以杜绝官员挟权而自肥的情况发生。中国人习惯持有大量现金，财富的累积与移转通常与银行信用无涉，庞大家族和熟络的人情关系也为隐匿和转移财富提供巨大便利，有价消费券、代金券广泛流行，等等，这些因素都造成对官员财产监管的困难。

实行法治化反腐，必须防止斟酌执法便宜制度。选择性对待制度，则必导致制度选择性失灵。比如，政府采购制度，本来是指一般意义上的公共采购，是指各级政府及其所属机构为了开展日常政务活动或为公众提供公共服务的需要，在财政的监督下，以法定的方式、方法和程序，对货物、工程或服务的购买。政府采购制度应有助于政府日常工作的正常进行、公共服务设施的建设及特定的社会经济政策目标的实现。政府采购应重在保护纳税人权益、最大限度减少政府运作成本并秉持公开、公平、公正的原则。但在实际运行中,政府采购却沦为地方利益和部门利益保护的工具。制度设计中的优化资金使用效益、调整经济结构、防止腐败的目标却不能达成。其所以如此,就在于没有遵循政府采购制度运行的一整套规律,而只是本着为我所用的实用主义立场,选择性对制度进行切割,导致制度的碎片化、离散化,从而妨碍制度整体权威的形成。

三、民意时代的反腐前景与忧虑

在当下中国,腐败与反腐恐怕是最能引发社会各界关注的公共话题。无论是早先"天价烟局长"的垮台还是晚近"表哥"杨达才的落马,这一批官员之所以最终受到党纪国法的处分很大程度应归功于以网络为代表的民意作用。得益于信息技术的发展,公民表达观点与获取信息的能力较诸过去有了极大提高,不少网民将"人肉搜索"奉为反腐利器。这才使"一人网络报料,众人舆论跟进,最终司法介入"的新型反腐模式具备现实可能。区别于过去纪委检察院相对秘密封闭的办案方式,中国的反腐斗争无疑已经进入了"民意时代"。

所谓的"民意时代",不仅是指爆料人的平民身份,更重要的是指通常素不相识呈现零散化的公民个体以某个疑似腐败案件曝光为契机,以网络媒体为纽带,以意见领袖为核心,迅速形成了就某一问题抱有强烈倾向性观点的意见集团。毫无疑问,这个集团有着不容忽视的强大舆论力量,更是在反腐实践中取得了若干辉煌战果。"群众的力量"在新的时代借助新的方式又收获了无数赞扬,但其目下成果越是非凡,笔者就越担心其将来越是难测。

这种担心来自民意与法治之间一直存在的紧张关系。通常而言,在法治国家,任何人不经法庭审判不得被认为有罪,这也被称为"无罪推定"原则,要求司法机关必须取得扎实完整的证据链方才能够对嫌犯课以刑罚。而现实中的"网络反腐"恰恰以反法治的"有罪推定"去诉求群众心目中的正义。考虑到普通公民既不能实地调查更不能自己侦查的客观局限,最为普遍的反腐方式只能是以某些疑似腐败如名烟名表等行为作为突破口,希冀用搜索引擎找到更多的疑似腐败行为并以此形成"不腐败不可能这么有钱"的强烈印象去引发更大范围的舆论围攻和司法介入,这样的网络道德审判无疑满足了许多人发泄不满的精神需求也实现了若干个案的正义。

然而,冷静下来之后,我们会发现这样的群众运动既有可能一击即中惩奸除恶,却也有可能以讹传讹混淆视听。而无论结果如何,"民意反腐"所指涉的阶层对立、仇官仇富情结都会借机喷薄而出,成为一笔巨大的社会成本强迫每个社会成员为其埋单。

面对腐败这个深入中国社会肌理的恶疾,人们在"网络反腐"上投入的热情说明了社会公众对于政府廉政的期望与需求,更说明了我们政府自身应对腐败问题还远不能达到及格标准。同时,网络本身所具有的匿名性和迅速扩散性的特点,极易夸大腐败事件的不利影响并且过分刺激社会本身的反腐期待,是以如何将反腐导入理性化、制度化的轨道,乃为中国反腐的当务之急。

反腐要解决制度建设的科学化问题。以网络、微博、微信为代表的新媒介的兴起,宣示了一个人人都是媒体的时代到来,但也造成了表达的无序与混沌,加大了制度监管的成本,因此如何探索网络虚拟空间的治理规律,并建构与之适应的制度安排,是极具挑战性并亟待破题的一个重要选项。

附录：上海交通大学凯原法学院“张元济法学讲座”演讲稿

——国家监察制度改革的逻辑、方法及限度

主讲人：秦前红

主持人：高全喜

评议人：郑戈、林彦

时　间：2017年4月28日(周四)

地　点：上海交通大学徐汇校区工程馆202室

主持人高全喜：诸位同学，今天的凯原法学院建院15周年庆典活动“张元济法学讲座”第二讲，有幸请来了武汉大学秦前红教授为我们主讲。秦前红教授是我国著名的宪法学家，是中国宪法学界中最具有现实感、最能和时代脉动契合的学者之一。今天秦教授给我们带来的讲座题为《国家监察制度改革的逻辑、方法及其限度》，这是中国目前大家共同关注的主题，涉及宪

法学、行政学和政治学等一系列重要的领域。古希腊、罗马时期和中国传统王朝的政治实践,近代以来苏联的政治实践,以及1949年以来的政治实践,监察权、监察制度都与之有密切的关系。

政治权力是要受到监督的。但是,如何设计监督机制、如何实施监督机制,是我国宪法制度乃至政体、国体都面临的一个重大问题。随着国家监察制度改革,秦教授深入推动了这个极具现实感的研究,可以说是国家监察制度最主导性的理论家之一。

现在处于党的十九大前的重要时期,国家监察制度改革的逻辑、方法以及困境究竟是什么?我们现在就有请秦教授给我们做讲座。

主讲人秦前红:尊敬的季卫东院长、高全喜教授、郑戈教授、林彦教授、冷静教授、郭延军教授都是多年的同人、好友。很高兴受季院长的盛邀做讲座第二讲。讲座的第一讲是梁治平教授,我做第二讲,这样的机会与有荣焉。

近半年多来,我可能是中国写监察制度的文章最多的学者之一。我粗略统计一下,自己独立撰写5篇,与学生合作撰写5篇,共计10篇。中国几乎所有关于监察制度的高端学术会议我都参加了。我也写过很多咨询报告,得到了高层领导人的肯定和嘉许。

我今天讲的内容大致围绕这样一个领域,也许会发散一点。国家监察制度改革推进到了今天,我们学者能够做的研究是什么?逻辑推演,能够做的大家都去做了;而有的需要进一步去延展研究的,如对3个地方监察制度改革的试点、这项改革与司法改革的关系问题,以及国家监察制度立法的草案。我今天跟大家交流的内容主要是基于我个人的经历和思考,并参考、综合其他学者的文章,在讲座中把当下监察制度改革中的问题做一个总体呈现,以及其中所存在的一些问题。

(一)试点取样与制度模板

在中共中央的改革方案和全国人大常委会的授权决定中,将国家监察体制改革的试验定位为一项重大政治改革,它是一个集中反腐败的机构。党的十八大以来,中国在反腐败问题上取得了巨大的成功,各种决议报告里面都强调党的十八大以来我们反腐败问题上取得了很大的成绩。在反腐败问题上取得很大成绩的情况下,为什么突然会有一个制度横空出世?如果司法改革是一个马拉松,那么国家监察制度改革的横空出世则是一个百米冲刺。在既有成绩的情况下,本应惯性地延续原有模式,为何却横空出世一个国家监察制度?它的逻辑究竟是什么?

根据我的思考,首先,党的十八大以来的反腐败虽然取得了巨大的成就,但它是高压式的反腐、运动式的反腐,面临稳定性和连续性的问题。因此,在党的十九大即将召开之际,必须要思考反腐败的法治化和制度化建设问题。

此外,我们看看国家监察委员会试点选取了哪三个地方?第一个是浙江,第二个是山西,第三个是北京。选浙江的原因是什么?很多媒体都这样解读:浙江之所以被选为样本,原因是浙江是民营经济发达的地方。中国的改革开放的一直伴随一个命题,就是民营经济是生下带有原罪的,也曾经有人说腐败是改革开放的润滑剂。在 1988 年制定的《私营企业暂行条例》和《城乡个体工商户管理暂行条例》是怎么确定私营经济的?到 2004 年修宪中对私有财产的规定前面还要强调“合法的”3 个字。在《物权法》的争论里,也都会考虑民企在经济发展中的贡献、资产和负能量问题。以至于 2017 年中央政法委的文件里,都会强调在改革开放过程中要重视民营企业家、民营经济作用,不要太纠缠在特定历史条件下民营经济发展中存在可能不干净的“原罪”问题。在中国当下的经济困难里面也有一个重要的现象叫作“民企不投资”,甚至所谓“反腐败一举惊醒梦中人”。很多人说,我自己挣的钱,个人一辈子用不完、家族一辈子用不完,为什么还要去拼命地创业和投资?假如在创业投资冲动之后,贪污问题把民营经济绑进去了怎么办?如何解决这种问题是浙江试点要去考量的。

选择山西的原因又是什么?山西是严重的资源依赖型省份,也是一个腐败的重灾区。在山西这样一个国企高度垄断、腐败塌方的地方,国监委制度又该怎么去积累反腐败的经验?

选择北京作为一个样板,是因为北京是首善之区。北京几乎在所有的方面都是中心:政治中心、文化中心、科技中心。现在用创建雄安新区去中心化,就是因为首都的功能不堪重负。很多写反腐败小说都要写“跑部钱进”,都要写秘书长政治,都要写驻京办的问题,这就是在北京发生的问题。“到了北京你才知道官大不大”。在北京一个小小的检察院或是其他一个小小的机构,通常碰到的腐败对象比它级别高很多。监察委员会以后也会遇到这个问题。在这种情况下怎么积累经验,也是在试点时要考量的。

有了这样循序渐进试点的考量之后,还要考虑一个问题是,我们要建立一种什么范式的制度?监察委员会定位为反腐败机构,应该去找什么样的制度模板?应该是个什么样的制度?当然寻找一个制度模板时,我们要集合古今中外的智慧,站到人类一切文明的制高点上。当我们有这样期许的时候,很明显的制度模板至少有3个。

第一个模板就是历史上的监察御史制度。“百代皆行秦政治”,中国从秦代就开始设“三公”:设太尉管军事,设宰相统领百官,设御史监察百官。从秦以后,历朝历代尽管名称叫法不一,但大概就是这样的制度。这个制度到了明朝发展为一个顶峰,出现了锦衣卫、东厂、西厂的问题。今天我们没有时间对监察御史制度做一个深度全面的评估，但它肯定是发挥了作用。在世界上的文明体系之中，中华文明体系之所以能延续，御史制度、科举制度、言官制度都是起到作用的，学统、道统、政统相分的制度也是起到作用的。

监察御史制度发展到最后的两个弊端是什么？正如著名的反腐败专家李永忠教授所说，它当初设计的是异体监督，但是却在很多情况下发生了蜕变。它是一个监督者，却最后与被监督者融合为一体。监察御史制度存在的空间是封建社会的皇权不下县、乡绅自治，它需要地方自治、学统、正统和道统相分离的思想自治空间，监察御史制度最后却把这些空间都给蚕食掉了。

第二个制度模板是什么？孙中山的监察院制度。孙中山在《建国纲领》里筹划和设想的“建国大计”中，中国要分“军政”“训政”“宪政”三步走。孙中山众采古今中外之特点，设想出一种特殊的政体架构“五权宪法”。他在西方立法院、行政院、司法院分立的情况下，结合中国古代传统增加了考试院和监察院。监察院的初衷是什么？他认为所有的中国的政治家们都有一个同样的问题意识，这个问题意识是什么？历史学家唐德刚认为中国历史存在三峡“瓶颈”现象，毛泽东也跟黄炎培讲过周期律。为什么一个王朝在建立之初无比强大，叱咤风云、生机勃勃，过不久就灰飞烟灭了？基本上汉人做皇帝的，除了唐朝外，三个皇帝之后，这个王朝就腐朽了。甚至有秦朝和隋朝二世而亡。我们如何去改变这个情况？这是很多政治家，包括孙中山、毛泽东都思考的问题。这个问题的根源是什么？王朝之所以不能够持久，之所以出现了官逼民反，就是因为官吏的权力太大，而遏制和限制他们权力的办法就是设立监察院。

第三个制度取样是什么？就是我国香港特别行政区的廉政公署。中国要反腐，需要一个有高度权威、高度效率的反腐机构，这个愿景的模板就是香港特别行政区的廉政公署。香港电影中刻画的廉政公署放大了我们对廉政公署制度的崇拜。不过,2006年我在香港访学,郑戈、冷静教授也在港大执教。我曾经见过廉政公署的官员和立法会的成员,那时候内地也在思考反腐败如何找到新办法的问题。那么,内地是否要学习香港特别行政区的廉政公署呢?

一个廉政公署的官员认为,内地实施这个制度很困难。他总结了廉政公署的三个条件:第一,你要请外国人领导廉政公署。第二,廉政公署当年对于腐败的存量要赦免。反腐败有去库存的问题,去库存就是要赦免。李永忠教授认为,反腐需要赦免制度。按照清华大学孙立平教授的说法,中国腐败存在结构性、全面性的问题。同时,当下中国社会是一个风险社会和维稳社会,一个重要的原因是什么?就是历史的包袱太重了,我们把新中国成立以来的所有历史包袱都背起来了。第三,对于腐败的增量怎样?要零容忍。在反腐败的供给侧改革里面要零度容忍,这在中国的人情社会里面也很难去做到的。例如,在农村里面的红白喜事,既有人情往来、投桃报李的功能,也有一个社会集资的功能。什么叫社会集资的功能?就是过去农村家里盖个房子,突然没钱买瓦了,就“遍撒英雄帖”,家里新房要搞一个封顶仪式。亲戚朋友都来了,每一个人送点红包就把房给盖起来了。在这种仪式、社会游戏里面,是在区域共同体里反复做的,假如反腐把这个切断了,以前的投资就都白投资了。这些问题都是中国所面临的特殊问题。

(二)改革的逻辑、实践与可能的困境

从制度取样来看,三种制度的模板各有利弊。我们现在试验的监察委员会的制度可能遭遇一些什么样的困难?我们在沙盘推演上、逻辑推演上的结论落实到实践上又有哪些需要研究的问

题？我大概总结以下几个问题：

第一个大问题，改革的逻辑是什么？在社科院法学所的一个监察制度讨论会上，社科院法学所的李林教授向我提出，改革有两种逻辑，一种是规范主义的，即要尊重宪法权威，尊重法治的秩序的稳定性和安定性，保护人权；另一种是政治学研究的政治发展的逻辑，自古以来的变化、变更或者变法，很多制度就是用法的形式形塑出来的，变革就是要打破这些框架。变革、改革时，我们领导层又表示改革要于法有据、于宪有据，要用法治思维、法治方式的逻辑来进行改革，那么，就存在如何妥善处理法律与改革的结构性张力关系的问题。于是，在过去曾经显性后来又潜藏的问题，今天再度浮现成为一个问题，也就是早年的“良性违宪论”问题。童之伟教授、郝铁川教授都在上海，一位主张不可以良性违宪，另一位主张可以良性违宪。现在就再度呈现如何去处理这个问题的情形。

第二个大问题，机构的性质是什么？从古今中外来进行考察，对反腐败机构性质进行划分，在近代立宪主义发展之后，各个国家政治文明的样本中基本上把权力进行三分：立法权、行政权、司法权。尽管可能是具体的国家机关不一定对应这三种权力，可以设 6 个国家机关、6 个国家机关或者仅仅这三种国家机关体系。但权力究竟是立法权还是行政权和司法权是明确的。那么，我要追问，当下我们设计的国家监察制度中的监察权是什么权？即将成立的国家监察委员会是一个什么权力性质的机构？它是行政权的性质，是司法权的性质，还是立法权的性质？

为什么有人讲是立法权的性质？在很多国家，监察机构是一个行政机构，主要进行行政监察。我们现在设计的监察委员会既把行政机关下的行政监察机构纳入，又把检察院的反贪、反腐预防职务犯罪的机构纳入，还把纪检机构也放进来。这一个机构差不多就成了集立法权、行政权、司法权，以及党权的性质于一体的机构。

孟德斯鸠和洛克在《法意》《政府论》中认为，司法权是判断，立法机构是民意表达，行政机构是执行。不同性质的权力有不同的运行机理，一个融合了不同权力属性的机构用一套什么样的机理来运作？如何设定它的组织化的规则、内部的议事性的规则，是一个巨大的难题。

此外，在机构性质的问题之下如何理解监察制度的改革与司法制度、司法改革的关系？我在发言的时候就提及，国家的监察制度改革其实把司法改革给“熔断”了。

第一，司法体制改革所有的设计方案都是以检察院的几项职能不变为基础的。在改革方案中，从来没有想到把反腐败从检察院中分离，而设立监察委员会就意味着我们司法改革中与监察制度有关的部分都要重新设计，与审判权、侦查权相关的问题都要重新设计。

第二，司法体制改革中有一个重要的制度设计叫人民监督员制度。社会和学界曾经对检察院自侦、自捕、自诉是颇有疑问的。在 1998 年的第一轮司法改革里面，有人提出把这些职能从检察院中分离。为了对检察院的自侦、自捕、自诉进行监督设立了人民监督员制度。这向中国人民、也向全世界宣告我们走了一条中国特色的制约权力专横制度，就是人民监督员制度。人民监督员制度是因为要解决自侦、自捕、自诉的合法性与正当性问题，现在将这些职能分离后以后怎么解决人民监督员制度的存在性？我提出三种方案：第一种，由于人民监督员制度是与侦查、逮捕和起诉三项职能配合的，那么人民监督员制度就跟着进入监察委员会。第二种是把人民监督员撤销了。第三种办法是把它重新“包装上市”。毕竟人民监督员制度已经写入了党的十八届四中全会，过去人民监督员只是检察院一家的事情，四中全会以后是司法部和检察院两家共同的事情。据说全国遴选的人民监督员有将近30万名左右。中国改革的一个智慧就是不要轻易去动人头，否则牵涉到一系列的岗位、管理、待遇的问题，兹事体大。那么重新“包装上市”是什么？就是随着检察院的新职能、新变化，人民监督员去搞新的执法监督，看看能否做一个新的嫁接。例如，行政公益诉讼等别的领域。

第三，监察委员会的出现给司法体制带来的改革碎片化问题。司法体制改革涉及法院系统的改革、检察院系统的改革、公安系统的改革、司法行政系统与律师公证制度的改革。在国家监察体制改革以后，一些现有的制度就出现了难以为继的情况，出现了很多制度客观实际效果与制度设计初衷相背离的情况。举例来说，检察系统的公益诉讼制度，包括行政公益诉讼和民事公益诉讼制度，是作为党的十八大以后中国司法改革的一个重要战略举措。公益诉讼制度也走了很多程序，如全国人大常委会的授权试点等。2017 年 6 月，公益诉讼授权的两年试点期已经到期，面临下一步怎么办的问题，即下一步是要修法还是延期授权的问题。我们的三大诉讼都刚刚修过，延期授权我们则没有怎么做过。现在将公益诉讼交给检察院是中国的一个特殊的战略考量。检察院做行政公益诉讼能做下去，是因为它利剑在握，手上有一件重武器。这个重武器是什么？就是反腐败。与反腐败职能配合才能把公益诉讼强力推进。现在，没有这些权能之后，地方某些党政部门可能对公益诉讼有抵触。这个问题如何去解决就是司法体制改革的要考虑的问题。

它就跟司法体制改革存在衔接问题。如果国家监察权是行政权，那么监察委员会的行为当然接受司法体制的审查。如果监察委员会有侦查权，那就一定要受到《宪法》第 135 条的约束——

在刑事诉讼案件的办理过程中,司法机构之间要互相制约、互相配合。如果不明确国家监察制度的属性,那么是否需要接受司法审查、是否受到分工制约?这是一个大的难题。

第三个大问题,国家监察体制改革总体来说是法治改革的思路。我一直坚持反腐败一定是民主和法治并举的,包括中国的法治发展。这不仅是我一个人的观点。中国的法治发展至今,建立了完整的法律体系,法律的权威却不升反降,它的一个重要的原因是什么?民主没有协调、没有匹配。反腐败,在民主的进路上至少有三种途径:

第一,竞争性的选举。通过选举,至少可以去解决政务官的腐败问题。郝铁川教授最近有一句名言,在网上也很红:“法治和人治,管得住一把手的就叫法治,管不住一把手的就叫人治。”大家最近都在看《人民的名义》这部电视。在电视里有一集,省委书记沙瑞金和省纪委书记田国富有一个对话。沙瑞金很谦虚、很有亲民地讲:国富书记请你监督我。田国富说我怎么敢监督你呢?沙瑞金说:你一定要以对党事业负责的态度监督我。沙瑞金是一个有亲民作风、民主精神的领导,他真诚给一个比他职位低的人授权,请他来监督自己。但是假如像周本顺这样的书记,他的纪委书记能管得住他吗?以后监察委员会的主任管得了他吗?

韩国前总统朴槿惠现在处于刑事追诉程序中,她到底有罪还是无罪还不好下定论。有的人说,朴槿惠案里的独立检察官真厉害。但是,大家想想,虽然独立检察官厉害,可是没有韩国的制度,能够让独立检察官有这样的权力吗?现在很多反腐败的问题就是来自选举的一种停滞甚至是倒退。衡阳贿选、辽宁贿选以后,全国人大有关部门领导把我找过去谈,提及怎么解决贿选的问题。我说,贿选出现在某种程度上有一定的辩证性的意义,证明选票被重视了。要解决贿选的问题,就要用更公开、公正的选举办法来处理这个问题。领导说,这个意见可以,但是缓不济急。于是,我们现在解决贿选的办法就是加强组织部门的筛选和管控。我跟有关领导讲:我心有戚戚,但是,过去贿选是要搞定几百个省代表或者是市代表;而现在是采取这个办法,只需要搞定一个组织部长或者是搞定一个干部处长就有可能达成目的。

第二,财产公开。我们设计反腐败的制度时差不多绞尽脑汁、穷尽了一切人的智慧,甚至讲反腐败的贤内助,即党管 8 小时之内,老婆管 8 小时之后。但是腐败还是屡禁不止。其实有一个办法可以解决,即财产公开。但是,财产公开问题遭遇到一个巨大阻力,就是改革开放以后,形成了一个阶层固化、贫富悬殊的问题。从政治考量和政治判断而言,官员职业阶层也积聚了大量的财富。官员有那么多的财产,一旦公开就会造成局势不稳。因此,我们现在尽管有财产的申报制度,这个申报制度也越来越全面系统,但是并没有所谓的财产公开制度。

第三,即媒体监督的问题,这当中包括一些值得研究的新问题,还有待今后进一步关注。

(三)国家监察的限度

国家监察体制改革还有一个限度问题,所谓"全覆盖"的问题。国家监察体制改革要求对国家公职人员的"全覆盖"。"全覆盖"不仅是我们刑法上讲的国家工作人员,也不仅是行政法讲的国家公务人员。改革中讲的"全覆盖",是指凡是拿国家工资的人、由国家公共财政供养的人员都在"全覆盖"的范围之内。那么,"全覆盖"的范围可能是什么情况?我做了一个资料收集和初步估算。现在中国有 8000 多万名党员。8000 多万名党员和财政供养人员,按照刑事犯罪学的研究,侦查 1 个嫌疑人至少会影响 3 个人,那么也就意味着各级监察委员会能够影响和覆盖的范围达到两三亿人左右。

“全覆盖”就牵涉一些具体的问题了,在前边的讲座中我们还没有全面延展讨论的问题。例如,监察委员会的“全覆盖”,怎么去监督人大?人民代表大会制度是中国的基本政治制度,我国《宪法》第2条讲一切权力属于人民、人民行使国家权力的机关是各级人民代表大会,《宪法》第3条的民主集中制原则规定其他国家机关由人大产生并对人大负责。如果现在设立的监察委员会是可以监督人大的,那么“监督人大”到底是监督人大的什么?

我在讨论监察委员会监督限度的文章里有几个说法:首先,可以监督个人,不能监督机关;可以监督人大的工作人员,不能监督人大本身。其次,可以监督他的工作人员,不能监督人大代表。

这几个说法有什么理论根据?首先就是中国的人大宪制的地位。此外,还有近代代议制度的机构自治原理。代议制度机构自治原理中通行的原则包括:规则自治、机构人员自治、财务自治,以及所谓的警察权自治,或者叫基于惩戒权的自治。我曾经向全国人大提出了两个咨询报告,建议在人大内部成立独立的纪律机构问题。

但是,如何解决其中的一些问题?例如,如果“全覆盖”可以监督人大代表,那么,宪法中规定的言论保障权、发言表决不受追究权以及人大代表人身的特殊保护权怎么体现?对此,也存在另一个难题,就是中国的人大代表很多都是兼职代表,他同样是党政机关的官员。当监察委员会不监督人大代表的时候,那么兼职的人大代表也不受监督吗?他要是受到监督,那是否不许监督开会期间的人大代表?如何界定什么是开会期间、履职期间?这都是要理论上去解决的。

“全覆盖”所带来的另一个问题是什么?在中国制度的架构里有几个自治制度的设计,包括民族区域自治制度、街道居委会和村委会的基层群众自治制度等。现在基层群众自治制度中,存在一个“上面万条线，下面一根针”的情况，即所有的社会管理职能都向基层延伸。村委会主任、村党支部书记都变成吃“皇粮”的干部了。那么，国家监察制度的“全覆盖”里是不是把村委会主任、街道居委会主任都纳入“全覆盖”的范围里？有人说基层的村长很多都是恶霸，选举出来的村长不大可靠、不大能掌控的。于是，我们也看到了中国的基层自治呈现的萎缩或停滞状态。在中国的民主之路里，我们有一个理论假定——民主不仅是一个权利，更是一个素质的提升，是从提升素质的试验里去扩展民主的。于是就有一个自治制度的安排，当你是“全覆盖”时，这个自治还是否保留的问题。

另一个问题是什么？现在有很多非国家机关，如政协在中国政治的惯例里面把它称为“四大家”，他们的人员实际上也是财政供养。但毕竟在法律的定位上它不是一个宪法机关，也不是一个公权力的机关。那么“全覆盖”中存在一个如何去给政协机构进行定位的问题，是否重新定义为公权力机关的问题。

“全覆盖”还有一个问题需要研究，就是“全覆盖”里对司法机构的人员怎么进行监督？具体来说，未来的监察委员会可不可以对办案过程中的司法人员进行监督？监察委员会如何处理审判独立问题？是否已经被考量到了？这是需要理论上去研究的。

还有一个问题，就是修不修宪的问题。在国家监察体制改革中，行政法学者最早发声，很多学者认为是不用修宪的。但是，童之伟教授、韩大元教授和我都主张应当修宪。行政法学者当初的理据是《宪法》第 62 条规定全国人大制定关于国家机构基本法律的权力，于是认为制定一部《监察法》就行了。宪法学者就跟他们讨论，认为涉及宪法解释理论的问题。这一条是不可以用文意解释的，它必须用体系解释和目的解释的方法来看待这个条款。《宪法》第 62 条对全国人大职权的规定，仅是包括对宪法上已经有的机构立法。也就是说,将它的职权具体化或者是解决它的运行程序问题的时候,可以由全国人大制定法律。但是,改变政权组织形式或者是改变政体的机构、建立全新的国家机关,必须是宪法保留的问题,必须要修宪。

再一个是国家监察委员会调查权的问题,这是整个改革里最拉锯、也是社会最聚焦的问题。开始仅是宪法学者和行政法学者的对话,现在很多部门法的学者都进入这个战局之中了。为什么要关注这个问题?国家监察制度改革将检察院反贪、反腐、预防犯罪的职能纳入监察委员会,它将会有12项职权。监察委员会对财物可以扣压、搜查和冻结,对于人可以“留置”,留置3个月、90天。那这项权力的存在就会自然产生一个它是什么性质的问题。监察委员会的调查是行政调查权的性质,还是司法侦查权的性质?有人问管他是行政调查权还是司法侦查权,很重要吗?它背后关系到的更重要的问题是什么?

答案是因为性质属性的定位问题,关系到《刑事诉讼法》可不可以进入到这个空间、律师能不能去介入的问题。有人最开始抱有的想法是把它称为行政调查权。我曾追问一个深度介入国家监察体制改革的学者:明明是侦查权,为什么叫它调查权呢?为什么不希望律师介入呢?兹事体大,“留置”90天、对财产可以进行重大的处置,如果刑事诉讼法和律师都不能进入,便是一个不可思议的问题。但是要去解决这个问题,还需要很多精细化的研究。

关于有没有这个调查权,是单纯的行政调查权还是单纯的司法侦查权?还是这两种属性都有?是有分阶段的查行政违纪和党内违纪、行政违规的调查权,还是有司法犯罪的侦查权?如果它是行政调查权,那么这个取证可不可以作为进入刑事诉讼的证据?在这个调查过程中可不可以采取对一种人身的强制措施?

还有这些留置的决定权、批准权在谁的手上？

山西的监察委员会已经办了一个案子——煤炭进出口总公司国海公司的案件，这个案子中就出现了刚才讲到的一系列问题。我的总体想法，关于调查权，至少在涉嫌犯罪的部分是个司法侦查权的性质，一定要受到《刑事诉讼法》的调控，否则会制造人权灾难。中国的改革陷入了一个很特殊的情况，为了保持改革的一致性、保证改革决策的贯彻，从司法体制改革、监察体制以及改革其他的深化改革里面看到了一个现象是什么？改革所涉及的对象是集体沉默的。国家监察体制改革，检察院就是受伤至重、至少是影响至深。检察院系统是集体噤声的，没有一个人发言。这个时候，一定要有追求、有担当的学者站出来理性地发声。

最后是审计制度何去何从的问题。最先设计国家监察制度改革的时候，是想把审计制度并到监察委员会里面去的。后来，党的十八届六中全会公报里保留政协监督、人大监督、监察监督、审计监督。审计监督为什么独立？其实审计对于监察委员会发现案件的线索、对办案的顺利进行是很重要的手段——因为很多贪污腐败的问题都涉及财务问题。今后，审计部门在行政系统，而国监委是一个独立系统。审计和监察之间会之间的张力问题是很值得观察的。

还有一个问题，也是一个一直讨论的问题：把行政监察系统并入监察委员会后，行政部门本身需不需要监察系统？行政监察系统纳入国监委系统，纳入的是廉政监察。行政系统里面有政令畅通的问题。因此，还有所谓的效能监察问题——如何保证政令的畅通，行政系统有什么机关来保证？

过去我们把检察院叫作法律监督机构，韩大元教授有一篇论文认为，检察院之所以称为法律监管机关是凭借自己的一项重要职权——反贪——的重要支撑。把这一权力拿走以后，检察院还叫法律监督机关吗?还是有什么变化吗?这个需要我们法律共同体、法律学人加以研究。

嘉宾评议

主持人高全喜:秦教授的讲座娓娓道来,把问题谈得非常细密。我感觉听得非常清楚又非常糊涂。因为他把这个问题清晰地提出来,同时又展示了改革的复杂性。我在思考,在中国法治30年的改革过程中,我们到底是用减法原则还是用加法原则?现在,我们在改革过程中有“叠床架屋”的问题。我同意秦教授的提法,中国法治建设要回到最基本的基础上去,回到民主与法治,这是基本前提。国家监察委员会涉及了立法、行政、司法以及党权,这四权在这个新的制度架构下,大家重新在各种各样的制度之中纠结,一些老问题又在这个新的制度里纠结。但是中国近100年历程还能走出歧路复又歧路吗?我觉得最基本的问题就是回到最简单的民主与法治的宪法制度去,弄清楚法治怎么回事。有了之后,国家监察委员会相关的立法、行政、司法的权力怎么配置、怎么办,我们党在这个权力系统中发挥什么作用都更清晰了。如果最基本的原则性问题没有搞清楚,就会存在糊涂。

当然,我的感觉不一定很准。秦教授的讲座确实呈现了国家监察委员会制度的深度和挑战性。这是我个人的感受,谈得不好,我们还是请两位评议人加以评议。

先有请郑戈教授。

评议人郑戈:谢谢高老师。秦老师精彩的讲座,可以在不用PPT、不用稿子的情况下娓娓道来,把国家监察制度所涉及的最重要的方面基本上都点出了,使我受益匪浅。既然是评议,表扬的话就不多说,我想提几个具体的问题向秦老师请教:

首先是关于模板的问题。您在谈到我国国家监察制度的时候提到可能有几个比较明显的模板。第一个是中国古代的监察御史制度;第二个是“五权宪法”中的监察院制度;第三个是中国香港特别行政区的廉政公署。香港特别行政区的廉政公署是反复被提到的。在20世纪80年代设立反贪局时,人们就认为是在仿照香港特别行政区的廉政公署,现在的监察委员会又说仿照廉政公署。我国内地的很多学者或官员都经常到香港特别行政区去考察廉政公署制度。我觉得这里面有一个很大的误区,您刚才提到,廉政公署官员认为这个制度很难在内地实施,他提到要让老外来当头。其实只是在殖民地时代是这样的,回归之后7位廉署专员全部都是中国公民。甚至在回归之前最后一位廉署专员叫梁文建,他已经是中国公民了,但是这并没有妨碍廉政公署回归以后发挥很好的作用。

当然有一个现象就是,廉政公署在香港社会无论是民意评价还是国际评价其实都是在降低的。比如,我在港大任教期间打交道比较多的汤显民专员,在卸任以后陷入了腐败丑闻。2016年香港特别行政区律政司决定不对他进行刑事检控,但是他确实是深陷在一系列的腐败丑闻里。他的这些腐败在我们很多内地人看来都算不上什么事,主要就是在和内地官员打交道时送礼。香港特别行政区过去的廉政标准是非常高的,确实就是所谓的零容忍。

其实,还有一个模板就是新加坡的贪污调查局。新加坡在国际透明组织廉洁度的排名里是远远超过我国香港特别行政区的。新加坡贪污调查局学的就是香港特别行政区的廉政公署,它是直属于总理的,不对其他任何机构负责。香港特别行政区廉政公署或者新加坡贪污调查局模式,都是对一位掌握实权的最高负责人来汇报工作。那么,这里面就会提到谁来监督“一把手”的问题。中国是一个大国,而新加坡和我国香港特别行政区都是弹丸之地,它们的“一把手”管理的人口大概也就是我国内地地区一个市的水平,甚至是一个比较小的市。在我国不仅人口众多而且非常复杂的情况下,这种模式是根本不可能实行的。所以凡是提到要模仿我国香港特别行政区廉政公署或者是新加坡的贪污调查局模式的,完全没有考虑到中国问题的复杂性。

秦老师的讲座对我启发最大的是民主与法治的关系问题。这就又回到高老师提的问题,要把问题简化而不是“叠床架屋”。迄今为止,在我国的改革过程中,凡是公权力所造成的问题就是试图增设公权力去解决它。这其实是一个怪圈。为了解决腐败问题,在检察院内部设立了反贪局,结果发现反贪局成为腐败重灾区。国家监察委员会成立以后,是不是又会同样的结果?它的权力这么大,是不是在将来要设立一个新的机构去监督国家监察委员会?这样下去,整个公权力就会不断地膨胀。这样就陷入了一种逻辑困境,而在其中一些具体的制度设计上,如竞争性选举,是很难的,因为我们是中国共产党领导的国家。竞争性选举只有在党的内部竞争,这是根本的政治底线。

财产公开这个问题就更复杂了。因为财产公开表面上是技术性的、行政法的问题,其实是一个根本的宪法问题。我国作为一个社会主义国家,主要的生产资料,包括土地和自然资源,都是归国家所有的。按照这个宪法和法律的定义,国家所有指全民所有,但是全民所有的财产又是由政府和政府官员来代为管理的。那么,财产增值以后如何进行分红,其实就涉及利益冲突的问题。那么财产公开在别的法治比较发达的地方,都是作为利益冲突法的一部分来提出的,其意义远远超过财产公开本身。那么,官员作为人民的信托人来经营人民的财产的时候,就要严格区别他的财产和他受托照管的财产。这是解开我们社会主义国家的宪法制度如何落实的关键所在。我很高兴看到秦老师点出这一问题作为我国的反腐机制里面非常重要的环节。

时间很有限,我最后一个问题就是关于调查权的问题,这个确实也是非常重要的环节。其实,监察制度里面的“留置”就是以前的“双规”。留置是把人当成物了。留置是民法的概念,把人“留置”了比“双规”还要更加不堪。从这个角度来讲,在留置或监察委员会总体行使调查权的过程中,整个程序如何去规范,确实是一个非常关键的问题。基本上会有几种不同的思路,比如,直接把刑事诉讼法适用到这个程序中,或者直接制定一部《监察程序法》之类的新法律。那么,如果是另立新法也应该比照《刑事诉讼法》对嫌疑人权利的保护,包括通知家属、聘请律师、90 天时限。这个问题确实是一个至关重要的问题。

主持人高全喜:我再补充一点,秦前红教授和郑戈教授谈到了关于侦查权的问题,这里还涉及苏联背景。从某种意义上来说,克格勃的调查权也是有这个方面的内容的,党政合一的调查权也是一个背景。下面我们请林彦教授做一个评议。

评议人林彦:非常感谢秦老师的约稿,就是有关国家监察体制改革的问题。秦老师对于这些问题的论述,我非常有同感,下面我谈一些自己的感想。

从改革初衷来说,我觉得监察委的改革也好,宏观上的国家治理体系、治理能力的建设也好,都说明这届的中央没有回避问题。从这个意义上来讲,改革的决心可以和 1978 年改革相提并论。但是,一些改革的思路和方法还有待商榷。出发点非常好、初衷也非常好,但能不能实现改革的目的,很大程度上在于我们对产生问题背后原因的挖掘。这会直接决定我们所设计出来的办法到底是治标还是治本。

回到现代中国改革元年的 1978 年,邓小平提出的党和国家领导体制改革里,有几个措施是完全是针对改革前、特别是“文化大革命”的状况提出的。比如,破除领导终身制、分权等。这些改革措施的最终结晶是现行宪法。我们的现行宪法,传统教科书说是一部好的宪法,我再往上一个层次去褒扬它:这是一部写得相当好的法律。有关于国家监察体制改革是要解决腐败问题,这个问题在我们现行宪法的框架下能不能解决,需要进行判断。如果不能解决,可以去设计新的机构。但是能不能解决在很大程度上,还是要去追溯导致腐败的根源在哪里。秦老师说得很好,即存在一个全方位的腐败,它的根在哪?我觉得最主要的根是决策重心位移的问题,也就是说一定程度上,我们没有完全依赖人民代表大会制度这个现行宪法所构建的根本政治制度的决策平台。

举一个最简单的例子,腐败是怎么产生的?在很大程度上,是任期制和干部任期制度出现问题。如果任期制没有贯彻,就会导致问责非常难,并导致遴选干部变成向上负责的机制。

我们任期制最严的是中央,省以下任期制都很难贯彻。任期制没有得到贯彻,就是因为选举制度从大平台移到小平台,从大会位移到常务委员会,然后通过对常务委员会决策过程的控制来实现党管干部的意图。在很多腐败的案件中,我们可以看到“一把手”也是通过这种方式去破坏人民代表大会制度的非常好的土壤——我们的选举制度。

另外,就是我们宪法里面也有很明确的分权制度。例如,《宪法》第62条、第67条规定,全国人大及其常委会都不能够撤销最高人民法院的判决。这是对审判独立的保障。例如,全国人大常委会只能撤销国务院的决定而不能改变它的决定。这样规定也同样是对行政权的尊重。但是,这些规定在某种程度上由于党政一元化而在某种程度上被修正,也就会改变宪法本身所具有的那些监督的土壤和机能。

在监察体制改革问题上,我的意见跟秦老师相似,一直在呼吁一定要通过修改宪法来实现。但是,我一直在纠结,如果我们给修宪的时间非常有限,那么很可能修宪过程中会出现一些我们没有意料到的问题。3 个省的试验是试验一年,还是给予充分暴露问题的时间,给 5 年、10 年？这都是值得讨论的问题。一年很难暴露问题,机构有可能都没有配置,程序也没有完善,就开始改革了。

所以在夜深人静时,我想是不是还先不修宪。先让子弹先飞一会儿,看看在几个试点省市的运行有哪些问题。秦老师讲得非常清楚,问题很多、还没有解决。那么,在没有解决这些问题的情况下仓促修改宪法,不仅很难有效解决我们希望通过监察体制改革去解决的反腐败问题,而且有可能给既有的体制带来巨大的问题。如果我们没有想好问题,就不能大动干戈,要三思而后行。

我就做这样的补充,谢谢,再次感谢。

现场互动

主持人高全喜:保守改良的宪法当然是这样。但是,中国确实处在 3000 年未有之变动之中,所以我们既急迫又需要渐进。这是政治学、宪法学和行政法学面临一个最大的纠结。

现在我们还有一点时间,留给在座的同学们向秦教授请教。

学生一:您好,我是 2010 级法律硕士。讲座已经提到了监察制度有我国香港特别行政区廉政公署的模板,也有“五权宪法”的模板。我想问的第一个问题是,监察权与考试权从背后有什么法理上的联系？第二个问题是,共和国的宪法也有自己的传统,“五权宪法”体系的监察制度的法理基础,与社会主义的法理基础是不是冲突？

主讲人秦前红:这个问题最好的回答者是高全喜教授。我就简单说一下关于考试院和监察院的问题。在孙中山的构想中,考试权是解决选人的问题，监察是解决用人时是如何受到监督的问题。孙中山的“五权宪法”跟共和国宪法的差异还是很大的。孙中山的“五权宪法”是把西方的三权分立加上他对中国古代文明的选人用人的经验打造一个混合物。共和国的“五四宪法”则是基于苏联1936年《宪法》、阿尔巴尼亚1946年《宪法》经验的产物，它是党的一元领导下的议行合一制。两者之间的思想基础是有很大的区隔的。当然，我还是认为二者之间有勾连之处，无论如何区隔，只要有国家、有成文宪法，必须将国家机关划分为立法权、行政权和司法权的样态。

学生二：秦老师，您好，我是华东政法大学的学生。您今天提到了国监委的性质定位问题，它与立法、司法、行政都存在难题。我更想问的是国监委跟党权之间的关系问题。举一个最简单的例子，国家监察委员会与党的纪律委员会联署办公。这种联署办公不仅是一个地点上的联署办公，那是不是应该还有一种国家理性政党的逻辑？

主讲人秦前红：这个问题是设立监察委员会最大的难题之一，这个问题根据当下的理论也不大能够说清楚。

第一，按照试点的情况已经合署办公了。按照原来学者们的预期，这个合署办公中的机构是分离的。有纪检的部分，负责查违纪行为；有行政监察的部分；有犯罪刑事侦查的部分。但是，从我们摸底的情况来看，是要做成我们军事改革的战区一样，海陆空武器齐备。它的一室、二室、几室这些机构是所有功能都结合的。从纪检、监察到侦查都齐备了，就是长枪、短炮都齐备。而国家理性是体现在立法层面的建构、设立，一直是一个难题。

第二，是刚才我还没有讲的，监察委员会一定有郑戈教授所说的谁来监督它的问题。那么大的一个机构，马怀德教授说，不担心——我们有人大监督，有新闻监督，有人民监督。我说，如果这些东西有用我们还要设立监察委员会吗？现在的问题是，监察委员会、纪委合署办公。法律上监察委员会对人大负责，但是怎么样去区分哪一部分是以国家机构名义做的，哪一部分是以党的名义做的？假如在回避责任的过程中，说这是以党的纪检机构名义做的，需要不需要向人大报告工作？

还有和童之伟教授讨论的问题。刚才郑戈教授理解的是用“留置”取代“双规”，把“双规”嵌入国家机构，让它法律化。但现在据说在有的试点地区，准备有了留置权以后，还保留“双规”。这就让我们云里雾里，无法解释了。

学生三：老师您好，我是法律系的一名学生。研究法律的过程中不免会接触到一些错案。比如，前一段时间聂树斌案 20 年最终得到平反，造成了社会上很大的反响。在我们这样的一个改革形势之下，对错案有一个怎样研究的视角？

主讲秦前红：有很多很多的原因导致冤假错案，但是其中一个重要的原因是我们在制度设计中制约机制没有体现。公检法应该做魏蜀吴，相互警惕，后来搞成刘关张了，成了兄弟。公安机关、检察机关、法院之间一定要体现制约机制。

监察委员会的第一案——山西的郭某案，就出现了过去检察院的那个问题。现在把这个问题放大了。留置权自己批、自己决定，最后起诉。这个起诉有什么问题吗？起诉不是有检察院制约吗？但问题是监察委员会如此大的这种权力、在党内如此高的政治地位，它今后决定起诉后检察院能够不起诉吗？法院能够不照它的意思判吗？我们以审判为中心的制度设计、公检法的制约，一下子被冲得稀里哗啦。所以这个问题应该受到高度关切，关系到每一个人。

最后关于错案的问题，我的态度跟大家可能会有所区别。过去呼格案、聂树斌案，江平老师等认为一定要追究冤案的制造者，绳之以法、严惩不贷。但是我与他们略有分歧，认为要有赦免制度、宽恕制度，正义的转型是需要宽恕的。如果穷追猛打，会对其他冤案的平反制造巨大的阻力。还有一个很重要的原因，过去很多冤案是普遍的刑事政策造成的，严打制造了一批冤案。我觉得对此需要有一个策略性的选择和考量。

主持人高全喜：下面我们就最后一项，请卫东院长做一个总结致谢，以及给秦老师的礼物。

季卫东：秦前红教授今天的演讲，对于国家监察体制的改革各个方面重要的问题进行了非常透彻的分析，既深化又生动。上通天眼，下接地气。从现场的氛围来看，这个演讲确实是非常精彩的。我代表上海交通大学凯原法学院对秦教授今天精彩的讲演表示由衷的感谢，同时也希望今后进一步加强交流和合作。这是感谢状，由院长和学术委员会主席联署的，礼品虽然轻，但情谊很重，请秦教授笑纳。

主持人高全喜：今天我非常荣幸主持秦教授的讲座。大家讨论非常精彩，谢谢大家。

后　记

国家监察体制改革可谓牵一发而动全身,搅动“一池春水”,既重新配置了国家权力,又重构了国家反腐败体制,为“打老虎”和“拍苍蝇”织下密网,几乎所有人都可能被纳入该制度之中。这毋宁说是当下中国最根本性的宪制变迁。本书试图对这一重大宪法问题作出理论梳理。

本书是合作作品,各部分具体的写作情况如下:序,秦前红;第一章“国家监察改革——从‘三驾马车’到‘一马当先’”,秦前红;第二章“国家监察制度改革的宪法价值”,秦前红、叶海波和李雷;第三章“国家监察制度改革的宪法问题”,秦前红、李雷;第四章“监察制度试点授权的理论反思”,秦前红;第五章“国家监察制度改革的宪法界限”,叶海波;第六章“国家监察制度改革的程序思维”,秦前红、底高扬;第七章“国家监察制度试点的法治路径”,叶海波;第八章“国家监察制度改革的修宪之道”,秦前红;第九章“国家监察制度改革的逻辑、原则与路径”，秦前红；第十章“国家监察‘全覆盖’的可能与限度”，秦前红、刘怡达；第十一章“国家监察调查权的性质分析”，秦前红、石泽华；第十二章“国家监察留置措施的实践透视”，秦前红、石泽华；第十三章“国家监察调查活动的法律规制”，秦前红、石泽华；第十四章“国家监察制度与其他监督制度”，秦前红、夏金莱、刘怡达；第十五章“国家监察若干具体制度的构想”，秦前红、李雷；第十六章“余论：法治化反腐及其面临的难题”，秦前红；后记，秦前红。全书由秦前红、叶海波编辑修订而成。

本书部分内容在期刊上发表，感谢这些期刊慨允结集修订出版。

秦前红

于武汉大学珞珈山

2017年10月12日星期四

本书第二次印刷时，第十三届全国人民代表大会第一次会议已通过《中华人民共和国宪法修正案》和《中华人民共和国监察法》，为方便读者，特添加文本二维码。

《中华人民共和国宪法》

《中华人民共和国监察法》

图书在版编目(CIP)数据

国家监察制度改革研究 / 秦前红等著. -- 北京 :
法律出版社, 2017(2019.3 重印)
ISBN 978 -7 -5197 -1868 -8

Ⅰ. ①国… Ⅱ. ①秦… Ⅲ. ①监察-政治制度-改革
-研究-中国 Ⅳ. ①D630.9

中国版本图书馆 CIP 数据核字(2018)第 000320 号

国家监察制度改革研究
GUOJIA JIANCHA ZHIDU GAIGE YANJIU

秦前红
叶海波 等著

策划编辑 沈小英
责任编辑 刘晓萌
装帧设计 汪奇峰

出版 法律出版社
总发行 中国法律图书有限公司
经销 新华书店
印刷 固安华明印业有限公司
责任校对 马 丽
责任印制 吕亚莉

编辑统筹 法治与经济出版分社
开本 A5
印张 10.625
字数 260 千
版本 2018 年 1 月第 1 版
印次 2019 年 3 月第 3 次印刷

法律出版社/北京市丰台区莲花池西里 7 号(100073)
网址/www.lawpress.com.cn
投稿邮箱/info@lawpress.com.cn
举报维权邮箱/jbwq@lawpress.com.cn
销售热线/010 -83938336
咨询电话/010 -63939796

中国法律图书有限公司/北京市丰台区莲花池西里 7 号(100073)
全国各地中法图分、子公司销售电话:
统一销售客服/400 -660 -6393
第一法律书店/010 -83938334/8335 西安分公司/029 -85330678 重庆分公司/023 -67453036
上海分公司/021 -62071639/1636 深圳分公司/0755 -83072995

书号:ISBN 978 -7 -5197 -1868 -8
定价:66.00 元
(如有缺页或倒装,中国法律图书有限公司负责退换)